北京高等学校"青年英才计划"

JINGWU SHIZHAN JINENG
YU ZHANSHU JIAOXUE YANJIU

警务实战技能与战术教学研究

顾明 著

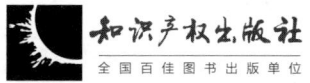

图书在版编目（CIP）数据

警务实战技能与战术教学研究/顾明著. —北京：知识产权出版社，2016.3
（2025.8 重印）

ISBN 978-7-5130-4101-0

Ⅰ.①警… Ⅱ.①顾… Ⅲ.①警察—训练—教学研究—中国 Ⅳ.①D631.15

中国版本图书馆 CIP 数据核字（2016）第 060050 号

内容提要

为适应治安形势的发展及公安工作的需要，提高广大公安民警同犯罪作斗争克敌制胜的业务能力和实战水平，提升民警的警务实战技能与战术教学是其重要的组成部分。民警如何在战斗现场发挥警务实战能力和战术的独特作用，维护社会治安，保证人民群众及自身的生命安全，已是广大警务实战训练者最关心的问题。本书是一本适用于公安院校学历教育、警察在职培训教育及警察在实战过程中依法制敌、避免伤亡的业务指导用书。

责任编辑：龚 卫	责任校对：董志英
封面设计：SUN 工作室	责任出版：刘译文

警务实战技能与战术教学研究
顾 明 著

出版发行：知识产权出版社有限责任公司	网　　址：http://www.ipph.cn
社　　址：北京市海淀区西外太平庄 55 号	邮　　编：100081
责编电话：010-82000860 转 8120	责编邮箱：gongwei@cnipr.com
发行电话：010-82000860 转 8101/8102	发行传真：010-82000893/82005070/82000270
印　　刷：天津嘉恒印务有限公司	经　　销：各大网上书店、新华书店及相关专业书店
开　　本：880mm×1230mm　1/32	印　　张：10.5
版　　次：2016 年 3 月第 1 版	印　　次：2025 年 8 月第 6 次印刷
字　　数：310 千字	定　　价：35.00 元
ISBN 978-7-5130-4101-0	

出版权专有　侵权必究
如有印装质量问题，本社负责调换。

前　言

为适应治安形势的发展及施展有效打击犯罪工作的需要，提高广大公安警察同刑事犯罪分子作斗争克敌制胜的业务能力和实战水平，笔者根据相关法律、法规和国内外有关警察临战、实战工作处置的经验和方法，编写了《警务实战技能与战术教学研究》一书。这是一本适用于公安院校学历教育、警察在职培训教育及警察在实战过程中依法制敌、避免伤亡的业务指导用书。

警务实战技能与战术涉及面广、危险性大，其操作技能要求高，应用战术要求灵活。公安警察面对尖锐复杂的治安形势和繁重的斗争任务，只有提高自身业务素质能力，才能在智与勇的较量、生与死的抉择中立于不败之地。

据统计，新中国成立以来，全国有 10 000 多名公安警察献出了宝贵生命。这样的数字足以说明公安机关面临的社会治安形势的严峻性和公安警察职业的危险性。在实战斗争中，我们不能绝对的避免伤亡，但是尽量减少伤亡是可以通过有效的训练及培训做到的。为此，我们要大力加强公安院校的学历教育及广大公安警察的业务培训，把教育培训的重点放在警务实战技能与战术运用方面，提高公安警察实战能力水平。

《警务实战技能与战术教学研究》一书，针对公安警察在实战中遇到的对抗性强、危险性大的问题，结合具体工作实际情况，提出公安警察在警务实战指挥与战术、清查、车辆控制、对持枪犯罪嫌疑人的抓捕及人质解救战术等一系列警务实战的处置原则、处置技能和战术运用，并提出了几种常见警务实战情况的应急处置方法。本书具有实用性强、内容广泛、贴近公安实际工作的特点，是公安警察依法执行警务工作，避免或者减少人员伤亡的有效指导用书，可以作为公安院校及相关业务培训部门的训练教材。

本书所提出的操作技能和应用战术，还仅仅是公安实践工作经验的初步总结概括，仍需要在实战中进一步丰富和发展。广大公安警察在警务实战工作中要因地制宜、因情施策、灵活变通，举一反三，只有这样才能从根本上提高公安队伍的警务实战技能与战术水平。

目 录

第一章　警务实战理念概述 ……………………………………… 1
　第一节　警务实战的基本要点 …………………………………… 1
　第二节　警务实战运用的一般性原则 …………………………… 2
　第三节　警务实战的适用原理 …………………………………… 6

第二章　警务实战法律法规适用 ………………………………… 9
　第一节　警察进行执法活动的法律规定概述 …………………… 9
　第二节　人民警察的职权与法律监督 …………………………… 13
　第三节　刑事犯罪、刑事处罚、刑事诉讼及刑事赔偿 ………… 16
　第四节　行政处罚、行政复议与行政诉讼、行政赔偿 ………… 18
　第五节　警察使用警械的法定条件 ……………………………… 21
　第六节　警察使用武器的法定条件 ……………………………… 24
　第七节　警察在实施执法活动中的法律责任 …………………… 29
　第八节　警务实战中严格依法使用警械和武器 ………………… 30

第三章　警务实战技能篇 ………………………………………… 34
　第一节　人体有效控制部位及基本戒备姿势 …………………… 34
　第二节　徒手控制与防卫技能 …………………………………… 37
　第三节　警械具实战使用技能 …………………………………… 48

第四章　警务实战武器篇 ………………………………………… 64
　第一节　枪支安全使用及故障排除 ……………………………… 64
　第二节　简易射击学原理 ………………………………………… 71
　第三节　手枪基础使用 …………………………………………… 78
　第四节　长枪基础使用 …………………………………………… 87
　第五节　枪支使用单警基础动作 ………………………………… 105

第六节　枪支使用队组配合 …………………………… 109
　　第七节　枪支的实战运用 ……………………………… 119
第五章　警务实战战术篇 …………………………………… 151
　　第一节　警察实战战术概论 …………………………… 151
　　第二节　警务实战战术原则 …………………………… 155
　　第三节　警务实战战术行动的指挥 …………………… 167
　　第四节　警务实战战术行动的组织 …………………… 180
　　第五节　警务实战战术行动的实施 …………………… 189
　　第六节　清查战术 ……………………………………… 199
　　第七节　车辆查控战术 ………………………………… 212
　　第八节　对持枪犯罪嫌疑人的抓捕战术 ……………… 239
　　第九节　人质解救战术 ………………………………… 269
第六章　几种常见情况处置战法 …………………………… 307
　　第一节　队组战术 ……………………………………… 307
　　第二节　巡逻遇袭处置战法 …………………………… 313
　　第三节　公共场所遇袭处置战法 ……………………… 317
　　第四节　室内暴恐应对战法 …………………………… 319
　　第五节　公安机关遇袭应对战法 ……………………… 324
参考文献 ……………………………………………………… 327

第一章 警务实战理念概述

提高警察警务实战水平是人民警察打击和制伏犯罪分子及犯罪嫌疑人的一种有效方法和手段,是与违法犯罪活动作斗争的有力武器。作为人民警察,熟练掌握警务实战的基本知识,并在执法实践中灵活运用,是现实斗争的需要,是有效打击各种违法犯罪活动的需要,是提高擒获、制伏犯罪分子和犯罪嫌疑人能力和成功率的需要,也是减少警察遭受不法侵害、有效保护自身安全的需要。进一步提高警察的职业素质,可以增强警察临场处置能力和应变能力,从而有效地保卫国家和人民利益,保卫社会主义建设,维护社会秩序。

第一节 警务实战的基本要点

警务实战,是指警察在盘查、搜查和缉捕等执法活动中,与犯罪分子及犯罪嫌疑人进行战斗时所采取的原则、方法和行为操作的总称。它是指导警察进行盘查、搜查和抓捕等执法活动,正确抓捕各种犯罪分子和犯罪嫌疑人的作战行动的指南。开展警务技能、战术训练,应贯彻以下三个基本要点:

1. 战术思想

战术思想,即战术理论、制订战术方案的思路等。其中,战术理论是对警察长期现实斗争经验的总结和升华,它对战术方案的制订起指导作用。战术方案是进行实战的总体规划、战术部署等,它是直接指导参战人员作战的依据。一般制订战术方案应遵循以下几个要素:

(1) 信息要素。即制订战术方案必须考虑敌我双方的人数、人员素质、武器装备以及可利用的地理环境等。做到信息量大、信息来源准确。

（2）缜密筹划要素。就是要全方位、多角度地考虑问题，尽量不要有疏漏，并且能够预料到可能发生的情况变化。一般来说，制定战术要从可能发生的情况入手，备出 2~3 个甚至更多的战术和方案。

（3）简洁、实用要素。战术方案在步骤上、层次上要清晰，在人员布置上要明确，在战术结构上要简单，便于协调配合。

（4）效益要素。当出现两难的情况时，要权衡利弊以达到最佳效果。最佳效果是指以实现首要目标为主，严密控制，把握主动权，以最小代价换取最大战果。

2. 战术意识

战术意识是指参战人员的战术观念。战术意识一般是靠实战经验的积累或受战术思想的熏陶以及平时训练而养成，反映在临场作战中的战术运用和应变能力上。参战人员的战术意识对战术方案的正确实施及在突发事件中能否果断处置起着关键作用。

3. 战术行动

战术行动是指通过战术思想指导的综合技术运用。它是整个战术训练中最为重要的组成部分，它是实现战术方案的具体运作。其主要通过作战小组配合和警察单兵技战术能力来完成。警察的战术能力是实现战术方案、完成战术行动的关键。

第二节　警务实战运用的一般性原则

警务实战运用的一般性原则是警察在盘查、搜查和抓捕等执法活动中必须遵循的法则。这些原则的确立，主要包括三个方面的指导思想：一是必须贴近实战；二是必须对实战具有普遍指导意义；三是所制定的原则应是警察临战处置过程中必须遵循的，贯穿于实战的全过程中。这些原则包括：有备无患原则；优势原则；因案施策、相机制敌原则；攻防结合原则；快速反应原则和合理、有效使用武器原则。作为警务技能与实战运用的一般性原则,这些原则不仅对警察临场作战具有指导意义,而且,在实践中能够起到规范警察行为的作用,直接影响警察执法行动的效率和效果。

一、有备无患原则

有备无患原则是运用警务实战时最重要、最基本的原则,它属于保障性原则。这一原则包括两层意思:一是指临战前的准备。即在抓捕、堵截、搜查等这类有目标、有信息并有一定的时间进行准备的执法行为前,应做好战术方案制订、人员布置、武器装备配备以及个人的心理及技能战术准备等,也就是通常所说的不打无准备之仗。二是指平时的准备。这种准备主要是心理准备和常规技能、战术准备。所谓心理准备,就是要求警察具备防卫意识、战术意识和临战时的警惕性,遇有突发情况,能够冷静、果断地处置;所谓技能、战术准备,就是要求警察通过平时的训练,掌握一两招或几招简捷实用的作战技巧和几套行之有效的攻防战术,在遭遇突发情况时,能够迅速作出反应,变被动为主动。平时的准备比临战前的准备更为重要。因为,在执法过程中,突发事件是经常发生的,有时根本容不得有丝毫考虑的时间,这时,就只有靠应战者的心理素质、应变能力和过硬的技能、战术。

有备无患原则要求执法警察在平时积极进行战斗准备;在战前做好战术、技能和心理上的准备,做好武器及防护用具、交通工具、通信设备等物质的准备。只有这样,才能在战斗中立于不败之地。

二、优势原则

优势原则是传统的作战原则。它阐明了一个简单的道理,即在人数上,人多比人少胜率要高;在技能与战术上,技能与战术好的比技能与战术差的胜率要高;在武器装备上,装备先进的比装备落后的胜率要高等。故这一原则要求在实战中,包括在人数、火力配备、技能与战术水平乃至心理等方面都应创造强于对手的优势。在实践中,没有全局的优势要创造局部的优势,若连局部优势都没有就要等待时机，或拖延时间等待后援，不到万不得已，不可贸然出击，以免造成不必要的牺牲。

优势原则的道理虽简单，但确实是很重要的原则。在实战中，往往由于忽视这一原则而导致战斗失败或付出极大代价。同时，我们在运用这一原则时又要注意灵活掌握，要正确理解什么是优势，不能只片面地将优势理解为人多或武器先进。争取时间、掌握主动同样是优势，要善于创造优势和利用优势。

三、因案施策、相机制敌原则

因案施策、相机制敌原则突出技能与战术及其运用在警察实战处置过程中的重要性。

因案施策是根据不同的案值，制定相应的对策及战术。对策与战术是多种多样的，如对策包括快捷之策、缓冲之策、进攻之策等，其关键在于能否"对症下药"。如果不能视情用计，再好的战术手段也解决不了问题。因此，因案施策首先要求警察人员，尤其是指挥人员要吃透案情，掌握第一手材料，特别是敌方的人数、人员素质、所处地理环境等都要了解清楚，以便制订有效的制敌方案。

相机制敌是根据战况的发展，灵活运用战术达到制敌目的。它要求参战人员要有随机应变的反应能力，包含两层意思：一是积极寻找和创造战机，善于把握时机；二是在不适宜出击的情况下，要缓兵待机，不可盲动。

四、攻防结合原则

攻防结合原则的出发点是保存自己、消灭敌人。毛泽东同志说过，"这是一切军事行动的指导原则，也是作战的最基本原则"。我们强调这一原则，不仅仅因为它是"一切军事行动的根据"，更重要的是在对一些案例的分析中，发现警察在实战中存在攻防脱节的情况：进攻时虽有一往无前的精神，却不善于在攻的同时保护自己；防守时过于谨慎，只考虑掩体的坚固和躲避的安全而不注意出击的便利。由于这种攻防上的脱节，要么造成不必要的牺牲，要么贻误战机使罪犯脱逃。

五、快速反应原则

快速反应原则主要指在实战中完成战术行动要快。任何作战，其"时间"都是最为重要的，有时相差零点几秒就有可能被击中或贻误战机。

快速反应的含义包括：一是接案后战术布置和进行实战行动要快，完成战术步骤要快，即所谓的兵贵神速；二是执法警察的反应能力要强，遇突发事件反应要快。快速反应在实战中一般体现在三个方面：一是头脑反应要快，要求在遇突发事件或情况发生变化时，能很快作出反应并采取正确、果断的措施，不能有丝毫的犹豫。二是移动速度要快，无论在完成战斗步骤还是与人犯遭遇时，抢占有利地形或躲避对方袭击，都要依赖于快速、果断的移动。三是在战术动作的操作上反应要快。因此，快速反应的原则是警察实战中不可忽视的重要原则之一。

六、合理、有效使用武器原则

这是一条非常重要的保障性原则。合理、有效使用武器原则的含义是：第一，动用武器要在法律允许的范围内，即依法行事。《人民警察使用警械和武器条例》明确了警察使用武器的法律规定以及违法使用武器应承担的法律责任。因此，警察使用武器不能超越法律所规定的范围，不能采取违反法律规定的方法和手段来对付缉捕对象。只有在判明《人民警察使用警械和武器条例》中所列的暴力犯罪行为的紧急情形下，经警告无效后，才能使用武器。第二，使用武器要考虑周围环境，要突出降低危险、减少伤亡和损失这个前提，以达到及时、有效地制止犯罪行为，保护公共财产、人民群众安危和自身安全的目的。在不便、不能使用武器（在人群中、危险物品附近或重要场所）时，要讲究策略，延缓进攻，采取虚留生路、网开一面等诱捕方式调动对方，在合适的条件出现后，果断采取强制措施。第三，要充分发挥武器的效能，在符合法律规定情形下果断使用，不要迟疑。

第三节　警务实战的适用原理

一、防护意识

防护意识实质上是一种心理活动，其核心是指警察实战时的心理准备。警察提高自我防护意识的关键就在于实战时的心理准备是否充分。主要反映在以下三个方面：

（1）先期估计。"知己知彼，百战不殆"，这是《孙子兵法》总结出来的一条具有普遍指导意义的战略规律，它对于同违法犯罪活动作斗争同样适用。先期估计要求警察熟悉和掌握各类暴力性案件的特点，根据实际情况，制订几套具有针对性的技战术方案，以便实战时能以合理、有效的技战术手段来实施缉捕和应付事态可能发生的一切变化，做到既有对策又有较强的应变能力。

（2）要保持高度的警惕性。暴力犯罪分子在实施先期犯罪以后，往往会继续进行更加严重的暴力犯罪活动，具有极大的疯狂性和残忍性。因此，警察要充分认识到这类犯罪分子的潜在危险，要有敌情观念，更要注意精神集中，切勿麻痹轻敌或盲目自负。

（3）要树立必胜的信心。防护意识的提高与警察进行自我心理意识调节和心理激发有密切关系。警察要善于调动自身的主观能动性，激发自己的潜能，在心理上战胜对方，这是警察制胜的关键因素之一。

二、临战语言

由于职业的特殊性，警察在实战中首先应防止暴力行为升级，防止出现武装冲突和暴力对抗，逐步降低危险性，避免造成威胁警察自身和群众安全的严重后果。因此，在临战处置过程中，要设法用语言控制和引导对方，使形势向有利于警察的一面发展，达到其他动作控制、武器控制所达不到的效果。这里讲的临战语言，主要是指警察在与违法犯罪分子的斗争中，为完成特定的工作任务并争取良好的处置效果所使用的具有针对性的口头语言。

（1）使用临战语言可以在心理上战胜罪犯或犯罪嫌疑人。

例如，"我是警察，不许动！""转身靠墙，双手抱头！"等命令，首先表明了警察执法者的身份，同时，又明确了对对方行为的限制，能起到较好的示警作用，在实战制敌时有很强的威慑力。而且，命令在潜意识中还告诉对方，警察已经做好了充分的准备，这将有效遏制罪犯或犯罪嫌疑人的心理活动，造成心理压力，使之处于一种不敢轻举妄动的境地。实践表明，警察在实战中如果不善于运用示警语言和命令语言，就会丧失利用心理优势威慑对方的有利形势。有一点很重要：各种违法犯罪分子虽然凶残危险，但其惧怕警察的心理劣势始终存在。

（2）临战语言使用得当，可降低危险发生的可能性。

警察执法活动中面临的情况十分复杂，特别是在盘查、搜查、堵截违法犯罪分子的斗争中，必须考虑案情特点、环境条件、人力火力状况等诸多因素，一旦发现问题，要沉着冷静，见机行事。在一些特殊情况下，更不能随意喊叫，以免发生冲突，给其他警察的生命安全带来危险。例如，依法搜查时，发现武器就立刻喊叫"有枪！"虽然这一喊提醒了同事，但对方因罪行暴露也会狗急跳墙，开枪伤人。正确的处理方式是应采取延时控制、缓兵之计等策略。

（3）临战语言的正确使用为正当防卫、依法执法创造了条件。

警察在同犯罪分子的斗争中，既要严格依法办事，又要善于运用法律作为武器打击罪犯。犯罪分子正在实施犯罪活动时，警察必须严正警告，在具备开枪的条件下，要果断射击，及时制止犯罪，保护自己和群众安全。

三、临战控制

研究临战控制的目的，就是在依法处置严重暴力犯罪分子和犯罪嫌疑人员的过程中，降低危险发生的可能性，减少或避免警察遭受犯罪分子或犯罪嫌疑人的不法侵害，为实施最后的抓捕行动提供安全的保证。

（1）警察依法执法。《人民警察使用警械和武器条例》总则第1条和第2条规定，人民警察为了维护公共安全和社会秩序，保护公民的人身安全和合法财产，保护公共财产，及时有效地制止违法犯罪行为，可以依法使用警械和武器。这是法律为保障人民警察依法履行职责所赋予警察的权力。反映在临战控制之中，法律赋予警察的权力集中表现在强制手段上，临战控制如果不具有"强制"这个特征，那么，法律的威慑力、严肃性、强制性就无从表现，临战控制就没有丝毫的意义和效果。所以，临战控制是建立在依法执法的基础上的。依法执法是临战控制的前提条件。

（2）限制犯罪分子或犯罪嫌疑人的行为。实施临战控制的目的是警察在依法履行职责、抓捕犯罪分子或犯罪嫌疑人的同时，有效地保护自己，避免遭受对方的不法侵害。显然，对警察构成危险的正是犯罪分子或犯罪嫌疑人。因此，他们的行为是临战控制时必须首先给予限制的。限制犯罪分子或犯罪嫌疑人的行为，在临战控制中是十分重要的。这是降低他们拒捕反抗、侵害警察的重要手段，可以说，这是实施临战控制的中心环节。

（3）临战控制是一种技战术行动。临战控制实质上是一种行为操作，是由多种缉捕技术动作有机结合所形成的一系列行为操作的总称。作为技战术行动，临战控制就应该被当作是警察所采取的某种方法和手段。

第二章 警务实战法律法规适用

第一节 警察进行执法活动的法律规定概述

一、警察进行执法活动的法律规定概述

新中国成立后,最早关于人民警察进行执法活动的立法始见于1957年6月25日全国人民代表大会常务委员会颁布的《中华人民共和国人民警察条例》,其第6条规定:"人民警察执行职务遇有拒捕、暴乱、袭击、抢夺枪支或者其他以暴力破坏社会治安不听制止的紧急情况,在必须使用武器的时候,可以使用武器。"1980年7月5日国务院批准了《人民警察使用武器和警械的规定》,对人民警察使用各种武器和警械的条件、程序、禁则、注意事项作了较为具体的规定。此后,公安部根据公安实践中存在的问题,制定了一些补充规定。这些规定对保障人民警察进行执法活动,依法执行职务,起了重要的历史性作用。1983年8月10日,最高人民法院、最高人民检察院、公安部、国家安全部、司法部针对人民警察在打击和制止犯罪,维护社会治安,保护公共利益和公民合法权益,保卫国家政权和社会主义现代化建设方面,负有特定责任,联合颁布了《关于人民警察执行职务中对实行正当防卫的具体规定》(以下简称《具体规定》)。《具体规定》的颁布,对于人民警察在执行职务中对正在进行不法侵害的违法犯罪分子实行正当防卫,以履行其维护社会治安和秩序的神圣职责,有着重大意义。在《具体规定》颁布以前,由于对人民警察执行职务中的正当防卫问题没有明确和统一的认识,以至于一些地方发生了人民警察在执行职务中使用警

械和武器实行防卫而被错误处理的案件。1990年3月17日国务院发布的《看守所条例》及1994年12月29日八届全国人民代表大会常务委员会通过的《监狱法》，又分别对看守所、监狱两个特定场所的人民警察如何使用警械和武器作了具体的规定。

由于近年来我国社会治安形势发生了巨大的变化，违法犯罪活动也出现了一些新的特点，持枪杀人、持枪抢劫、开枪拒捕、暴力袭击人民警察等严重暴力犯罪案件屡有发生。这些违法犯罪活动，严重侵害了社会公共安全和公民的人身、财产安全，同时也给人民警察履行职责构成严重威胁，甚至危害人民警察的生命安全。为此，1995年2月28日由全国人民代表大会常务委员会颁布的《人民警察法》，对人民警察进行执法活动作了更明确的规定。该法第10条、第11条分别规定："遇有拒捕、暴乱、越狱、抢夺枪支或者其他暴力行为的紧急情况，公安机关的人民警察依照国家有关规定可以使用武器。""为制止严重违法犯罪活动的需要，公安机关的人民警察依照国家有关规定可以使用警械。"1996年1月16日，国务院又依据《人民警察法》的有关规定，对《人民警察使用武器和警械的规定》作了修订，颁布了《人民警察使用警械和武器条例》。1996年3月17日第八届全国人民代表大会第四次会议通过的、经过修订的《刑事诉讼法》又对人民警察进行执法活动及采取强制措施作了明确的法律规定。至此，我国适应时代需要，较为完备的关于警察执法活动的立法已初步形成，对人民警察进行控制工作将起到重要的法律保护作用。

二、警察进行执法活动的法律特征

人民警察控制违法犯罪嫌疑人，是一种依法履行职责的行为，和普通公民的正当防卫，制止违法犯罪，有着不同的特点。

（1）人民警察进行执法活动是一种职责上的要求，法律上的义务。当人民警察在能够履行控制职责的前提下，擅自放弃此义务，从而导致公共财产、国家和人民利益遭受损失的，是渎职行为，要承担法律责任。而普通公民正当防卫是刑法赋予的权利和道义上的义务，既可行使，也可放弃，当其放弃时，只是承担道义上的责任，至多受纪律处分。

（2）人民警察的控制手段具有特殊性。人民警察因为其职责要求，在控制过程中一般使用警械和武器，而普通公民在正当防卫中，一般使用拳脚、木棒或者刀具。

（3）人民警察进行执法活动与普通公民正当防卫的条件不同。普通公民正当防卫应遵循刑法规定的正当防卫条件，必须在不法侵害行为正在发生时才能进行，对尚未发生的仍处于犯罪预备阶段的不法侵害不能进行，否则会因防卫不当而承担法律责任。而人民警察进行执法活动不仅是对正在发生的不法侵害，而且对于那些尽管尚未实际发生，但有实际发生可能的严重危害所保护法益的不法侵害也可进行。例如，人民警察保卫的特定对象、目标有受到暴力侵袭的实际可能时，人民警察应及时加以制止。

三、警察进行执法活动应遵循的法律原则

（一）保障人民警察依法履行职责的原则

人民警察进行执法活动的目的，就是要强行制止对人民警察履行职责的暴力抗拒或袭击，消除阻碍公务的障碍，以维护社会秩序，保护人民生命和财产安全。实行这一原则，利于人民警察充分理解《人民警察使用警械和武器条例》的立法主旨是对人民警察进行执法活动的保护，而不是限制和束缚人民警察进行执法活动，从而有利于提高人民警察的职业责任感。

（二）保护公民合法权利的原则

人民警察的根本任务和职责之一就是制止违法犯罪，保护公民的合法权利不受侵犯。人民警察进行执法活动的本身就是保障这一职责的履行。一方面通过执法活动制止不法行为，保护公民的合法权利不受侵犯；另一方面要求人民警察在控制过程中，要遵循减少人员伤亡和财产损失的原则，遵循使用警械武器的法律规定及禁则和注意事项，遵循对无辜人员造成伤亡与财产损失补偿等规定。

四、强化人民警察进行执法活动时的法律意识

执法、守法必须先懂法。人民警察要做好控制工作,除掌握一定的战斗技能和科学的战术外,还应当加强对《刑法》《刑事诉讼法》《人民警察法》《人民警察使用警械和武器条例》的学习,强化执法活动的法律意识。其重要性表现在:

(一)有利于增强人民警察的自我保护意识,更好地打击违法犯罪活动

国外有"警察在执行职务中永远处于正当防卫状态"的说法,足见自我保护意识在警察意识中的重要性。长期以来,由于我们不加区别地将人民警察进行的执法活动等同于普通公民的正当防卫,人民警察受到一般正当防卫条件的限制,严重地束缚了人民警察的手脚,造成了人民警察在遇到犯罪嫌疑人威胁的情况下优柔寡断、一味忍让的现象。有些警察则宁愿自己挨打,更有警察甚至认为:"犯罪分子抓不到,充其量是草包,一枪打不准,终生难得好。"此种情形致使人民群众利益得不到有效保护,人民警察中也出现了一些不必要的伤亡。这种现象的产生,是与一些警察缺乏自我保护意识是分不开的。

(二)有利于提高人民警察的职业责任感

过去,有些警察没有认识到进行执法活动是法律的职责,仅仅把控制和自我保护看作个人的权利,随意放弃。这是法律意识淡薄的表现。目前,这种观念在一些警察头脑中还不同程度地存在。要改变这种状况,必须强调警察的职业责任感,必须强化人民警察进行执法活动的法律意识。

(三)有利于人民警察合法地进行执法活动

《人民警察使用警械和武器条例》的颁布,不仅对于保护人民警察依法履行职责有重大意义,还明确了人民警察进行执法活动时的一些法律界限。例如,对什么样的人可以使用武器,在什么样的情况下可使用警械等。这对正确执法,保护人民群众的合法权益及正确合法地进行执法活动都是至关重要的。

第二节 人民警察的职权与法律监督

一、人民警察的职权

人民警察的职权包括人民警察的职责和人民警察的权限。

（一）人民警察的职责

人民警察依法履行下列职责：预防、制止和侦查违法犯罪活动；维护社会治安秩序，制止危害社会治安秩序的行为；维护交通安全和交通秩序，处理交通事故；组织、实施消防工作，实行消防监督；管理枪支弹药、管制刀具和易燃易爆、剧毒、放射性等危险物品；对法律、法规规定的特种行业进行管理；警卫国家规定的特定人员，守卫重要的场所和设施；管理集会、游行、示威活动；管理户政、国籍、入境出境事务和外国人在中国境内居留、旅行的有关事务；维护国（边）境地区的治安秩序；对判处管制、拘役、剥夺政治权利的罪犯和监外执行的罪犯执行刑罚，对被宣告缓刑、假释的罪犯实行监督、考察；监督管理计算机信息系统的安全保护工作；指导和监督国家机关、社会团体、企业事业组织和重点建设工程的治安保卫工作，指导治安保卫委员会等群众性组织的治安防范工作。此外，人民警察在非工作时间，遇有职责范围内的紧急情况，应当履行职责。

（二）人民警察的权限

人民警察的权限可以概括为四个方面。

（1）行政管理方面的权限。包括行政处罚权和行政强制措施权。如，盘问、检查、留置、约束等。

（2）刑事侦查方面的权限。如，侦查权、刑事强制措施权、对刑罚的执行权。

（3）处置突发事件方面的权限。如，强行带离现场权、强行驱散权、交通管制权。

（4）使用武器警械方面的权限。

二、对人民警察行使职权的法律监督

对人民警察行使职权的法律监督包括外部监督和内部执法监督两大体系。

（1）外部监督包括权力机关的监督、司法监督和社会监督。

（2）内部执法监督是指上级公安机关对下级公安机关，上级业务部门对下级业务部门，本级公安机关对所属职能部门、派出机构及其人民警察的各项执法活动实施的监督。

人民警察违法行使职权或者不依法履行职责，致使办理的案件或者执法行为不合法、不适当的，必须依照有关法律、法规和规定予以纠正和处理。其中包括：对错误的处理或者决定予以撤销或者变更；对拒不履行法定职责的，责令其在规定的时限内履行法定职责；对拒不执行上级公安机关决定和命令的有关人员，可以停止其执行职务；人民警察违法行使职权已经给公民、法人和其他组织造成损害的，予以赔偿；人民警察在执法活动中因故意或者过失造成执法过错的，追究其执法过错责任。

对上级公安机关及其主管部门的执法决定、命令，有关公安机关及其职能部门必须执行，并报告执行结果。对执法监督有异议的，应当先予执行，然后按照规定提出意见，执行结果由作出决定的公安机关负责。对本级和上级公安机关作出的执法监督决定不服的，可以向本级或者上级公安机关提出申诉，有关部门应当认真受理并作出答复。

拒绝、阻碍上级机关或者本级公安机关及执法监督主管部门的执法监督检查，拒不执行公安机关内部执法监督的有关决定、命令，或者无故拖延执行的，给予纪律处分。

人民警察在执行职务中，有下列情况之一的，将被依法追究执法过错责任：违反法律规定，对应当立案或者撤销的刑事、行政案件不予立案或者撤销，对不应当立案或者撤销的案件予以立案或者撤销的；在办案中弄虚作假、逼供、骗供、诱供、逼取证人证言的，或者因为在勘验、检查、鉴定中出现重大失误、疏漏而造成案件处理错误的；因办案人员的主观过错导致案件主要犯罪事实错误，检察院不予批捕、不予起诉或者人民法院判决无罪的；应当报捕而未报捕导致检察院在审查批捕时，增补重大犯罪嫌疑人的；呈报劳动教养、少年收容教养和收容教育时，因办案人员的主观过错导致案件主要事实错误、审批机关或者有关部门不予批准的；因办案人员的主观过错导致案件主要事实错误或者严重违反法定程序，被人民法院、复议机关撤销具体行政行为的；对没有犯罪事实或者没有证据证明有犯罪重大嫌疑的人，错误采取刑事拘留、取保候审、监视居住等刑事强制措施，或者超过法定时限情节严重的；违反法律规定，作出拘留、罚款、吊销许可证和执照、没收财物等行政处罚，或者采取劳动教养、少年收容教养、收容教育等限制人身自由措施的；违反法律规定，办理保外就医、监外执行的；违反法律规定，对财产采取查封、扣押、冻结等强制措施，或者违反国家规定征收财物、收取费用的；违反法律规定，使用警械、武器，情节恶劣或造成严重后果的；违反法律规定，阻碍当事人行使申诉、控告、听证、复议、诉讼和其他合法权利，情节恶劣或者造成严重后果的；不履行办案协作职责，或者阻碍异地公安机关依法办案，情节恶劣或者造成严重后果的；错误执行或者拒不执行发生法律效力的刑事、行政裁判、复议决定和其他纠正违法的决定、命令，造成严重后果的；拒绝或者拖延履行法定职责造成严重后果的；其他故意或者过失违反法律、法规、规章的规定，应当予以追究的执法过错。

其中，因贪赃枉法、徇私舞弊、刑讯逼供、蓄意报复、陷害等故意造成执法过错的；妨碍对执法过错责任进行追究的；对检举、控告、申诉人打击报复的；连续多次发生执法过错的；情节恶劣，后果比较严重的等情况，应从重追究执法过错责任。对由于轻微过失造成执法过错的；主动承认错误，并及时纠正的；执法过错发生后，能够配合有关部门工作，减少损失，挽回影响的；情节轻微，尚未造成严重后果的等情况，应从轻或者免予追究执法过错责任。

有下列情形之一的，不应当追究人民警察的责任：因法律规定不明确或者有关司法解释不一致，改变案件定性、处理的；因不能预见或者无法抗拒的原因致使错误发生的；执行上级命令的；按照办案协作规定办案的。

被追究执法过错责任的人民警察，不服追究决定的，应当允许其申诉。可以向本级或者上级公安机关进行申诉，接受申诉的公安机关应当在 30 日内作出答复。法律、法规另有规定的，按照有关规定办理。

第三节　刑事犯罪、刑事处罚、刑事诉讼及刑事赔偿

一、刑事犯罪

刑事犯罪，是指一切危害国家主权、领土完整和安全，分裂国家、颠覆人民民主专政的政权和推翻社会主义制度，破坏社会秩序和经济秩序，侵犯国有财产或者劳动群众集体所有的财产，侵犯公民私人所有的财产，侵犯公民的人身权利、民主权利和其他权利，以及其他危害社会的行为，依照法律应当受刑罚处罚的，都是犯罪。

犯罪构成要件包括：犯罪主体、犯罪主观方面、犯罪客体、犯罪客观方面。

我国刑法明文规定两种排除犯罪的事由：正当防卫和紧急避险。

二、刑事处罚

刑罚分为主刑和附加刑。

主刑：管制、拘役、有期徒刑、无期徒刑和死刑。

附加刑：罚金、剥夺政治权利、没收财产、适用于犯罪的外国人的驱逐出境。附加刑既可以独立适用，也可以附加适用。

三、刑事诉讼

1. 公安机关刑事侦查的任务

一是要准确、及时地查明犯罪事实，为依法惩罚犯罪嫌疑人奠定基础；保障无罪的人不受刑事追究。二是要教育公民自觉遵守法律，积极同犯罪行为作斗争，维护国家安全和社会秩序。

2. 公安机关刑事侦查制度

（1）回避制度。回避制度适用于公安机关刑事侦查过程中的侦查人员、鉴定人员。

（2）代理制度。犯罪嫌疑人在被侦查机关第一次讯问后或者采取强制措施之日起，可以聘请律师代理申诉、控告，受委托的律师可以会见在押的犯罪嫌疑人，有权了解犯罪嫌疑人涉嫌的罪名。公安机关应当依法保障律师的执业活动。

（3）证据制度。公安机关必须依照法定程序，收集能够证实犯罪嫌疑人有罪或者无罪、犯罪情节轻重的各种证据。严禁刑讯逼供和以威胁、引诱、欺骗或者其他非法的方法收集证据。公安机关必须提供一切与案件有关或者了解案情的公民客观充分地提供证据的条件，除特殊情况外，可以吸收他们协助调查。

（4）期间、送达制度。刑事诉讼法总则第八章有关期间、送达的规定，适用于侦查机关执行侦查、强制措施及送达传票、通知书等手续。

3. 公安机关办理刑事案件必须遵循的程序

（1）受理。由公安机关的人民警察负责受理公民或单位的控告、举报、扭送和当事人自首，对属于本机关管辖的，按规定填写《受理案件登记表》。

（2）审查。由承办人审查报案材料和《受理案件登记表》，认为需要立案侦查并追究刑事责任的，按规定填写《立案报告表》。

（3）决定。由主管负责人对《立案报告表》及报案材料进行审查，认为应当立案的，即批准立案（作出立案决定），认为不满足立案条件或者需补充调查后决定的，应告知报案人或者由承办人深入调查。

（4）破案。首先由承办人填写《破案登记表》或者专门写破案报告，说明案件侦查结果、破案理由和对犯罪嫌疑人应采取的措施，然后由主管负责人审查决定，特别重大或者复杂的案件还须经领导集体讨论决定，然后按照破案决定，分工组织实施破案。

（5）销案。先由承办人制作撤销案件报告，说明案件侦查结果和销案的理由与根据，然后经主管负责人审查并作出决定。

4. 刑事强制措施

公安机关在刑事侦查中，为了准确、及时地查明案情及犯罪嫌疑人，保证刑事追诉的顺利进行，依法对犯罪嫌疑人采用暂时限制其人身自由的方式与手段。刑事强制措施包括拘传、取保候审、监视居住、拘留、逮捕5种。

四、刑事赔偿

1. 刑事赔偿包括对侵犯人身权损害的刑事赔偿和对侵犯财产权损害的刑事赔偿

（1）对侵犯人身权损害的刑事赔偿，具体包括：对没有犯罪事实或者没有事实证明有犯罪重大嫌疑的人错误拘留的；对没有犯罪事实的人错误逮捕的；依照审判监督程序再审改判无罪，原判刑罚已执行的；刑讯逼供或者以殴打等暴力行为或者唆使他人以殴打等暴力行为造成公民身体伤害或者死亡的；违法使用警械、武器造成公民身体伤害或者死亡的。

（2）对侵犯财产权损害的刑事赔偿，具体包括：违法对财产采取查封、扣押、冻结、追缴等措施的；依照审判监督程序再审改判无罪，原判罚金、没收财产已经执行的。

2. 国家追偿

国家追偿是指赔偿义务机关向受害人履行了支付国家赔偿费用的义务后，依法责令在行使职权时有故意或者重大过失的工作人员，承担部分或者全部赔偿费用的法定权力。

第四节　行政处罚、行政复议与行政诉讼、行政赔偿

一、行政处罚

（一）应受行政处罚行为法定的构成要件

应受行政处罚的行为必须具备法定的构成要件，即：一是必须

有违法行为存在；二是必须在主观上有故意或过失；三是必须达到法定年龄并具有行为能力。

(二) 公安行政处罚的种类

我国公安行政处罚大致可以分为四类：第一类是限制人身自由的处罚，如治安拘留；第二类是剥夺财产权的处罚，如没收违法所得财物、罚款；第三类是涉及取消或限制某种行为资格的处罚，如暂扣或吊销许可证、执照等；第四类是影响声誉的处罚，如警告。

(三) 公安行政处罚的程序

公安行政处罚程序也是公安行政处罚的方式、方法、步骤的总称。公安行政处罚程序包括下列三种。

1. 一般程序

也称普通程序，是行政处罚最为全面和完整的程序。一般程序包括：

立案：警察机关人民警察接到报案材料后或发现有违反治安管理行为的，经审查认为其需要追究时，所作出的依法予以处理决定的过程。治安行政案件立案的重要步骤是填写《治安行政案件立案登记表》。

调查：是指人民警察为了正确实施处罚，对有关公民或组织实施的直接或间接的调查活动的过程。调查的方式主要包括调查、收集证据和检查等。

裁决：是指人民警察经过调查取证后对立案当事人作出处理决定的过程。经过调查应当对调查结果作出处理决定：对违法事实不成立或不存在的，根据行政处罚法的规定，警察机关应当填写《案件处理情况申报表》，说明调查情况，请主管领导批准后结案，不得对当事人给予处罚；对违法事实清楚，证据确凿的，应当依法作出处罚裁决。处罚裁决应当制作《处罚裁决书》。

执行：是指公安机关为实施发生法律效力的裁决而进行的活动。公安机关应采取一切必要的合法手段保证裁决得到执行，以确保公安行政行为的执行力。

2. 简易程序

也称当场处罚程序。适用简易程序应当符合下列条件：一是违法事实确凿并有法定依据；二是对公民处以50元以下，对法人或者其他组织处以1 000元以下的罚款或者警告处罚的。适用简易程序应当履行下列程序：向当事人表明身份，填写处罚裁决书，并由执法人员签名或盖章。当事人对当场处罚决定不服的，可以依法申请复议或者提起诉讼。

3. 听证程序

公安机关作出责令停产停业、吊销许可证或者执照、较大数额罚款决定之前，应当告知当事人有要求举行听证的权利。当事人要求听证的，公安机关应当组织听证。

二、公安行政复议、行政诉讼

（1）公安行政复议，是公民、法人、其他组织认为公安机关的具体行政行为侵犯其合法权益，依法向其上一级公安机关或法定机关提出复核申请，由上一级公安机关或法定机关依法对具体行政行为进行复查并作出裁决的活动。

（2）公安行政诉讼，是公民、法人、其他组织认为公安机关的具体行政行为侵犯其合法权益，依法提起诉讼，由人民法院依法审理并对具体行政行为是否合法作出裁判的活动。

三、行政赔偿

公安机关的行政赔偿是指公安机关及其人民警察行使警察行政权，进行治安行政管理或者治安处罚时，由于违法侵犯了相对人的合法权益并造成损害，由公安行政机关履行赔偿义务的国家赔偿。行政赔偿包括对侵犯人身权损害的行政赔偿和对侵犯财产权损害的行政赔偿。

（1）对侵犯人身权损害的行政赔偿，侵犯人身权损害的行为具体包括：违法拘留或者违法采取限制公民人身自由的行政强制措施的；非法拘禁或者以其他方法非法剥夺公民人身自由的；以殴打等暴力行为或者唆使他人以殴打等暴力行为造成公民身体伤害或者死亡的；违法使用警械、武器造成公民身体伤害或者死亡的；造成公民身体伤害或者死亡的其他违法行为。

（2）对侵犯财产权损害的行政赔偿，侵犯财产权损害行为具体包括：违法实施罚款、吊销许可证和执照、责令停产停业、没收财物等行政处罚的损害；违法对财产采取查封、扣押、冻结等行政强制措施的；违反国家规定征收财物、摊派费用的；造成财产损害的其他违法行为。

对于行政机关工作人员与行使职权无关的个人行为，因公民、法人和其他组织自己的行为致使损害发生的，国家不承担行政赔偿责任。

第五节　警察使用警械的法定条件

一、人民警察使用警械的种类

人民警察在控制中可以使用的警械有：

（1）驱逐性、制服性警械：包括警棍、催泪弹、高压水枪、特种防暴枪等。

（2）约束性警械：包括手铐、脚镣、警绳等。

二、人民警察使用驱逐性、制服性警械的条件

《人民警察使用警械和武器条例》第 7 条规定，人民警察在下列情况下，经警告无效的，可以使用警棍等驱逐性、制服性警械：

（1）结伙斗殴、殴打他人、寻衅滋事、侮辱妇女或者进行其他流氓活动的。"结伙斗殴"是指成帮结伙地进行打架斗殴的行为。"殴打他人"是指以暴力直接损伤他人身体的行为。"寻衅滋事"是指在公共场所无事生非、无理取闹，从而引发与他人的冲突或纠纷的行为。"侮辱妇女"是指以下流无耻的动作、语言、调戏、侮辱、捉弄、猥亵、摧残妇女的行为。"其他流氓活动"是指违反社会公共道德、破坏社会公共秩序、伤风败俗的行为。

（2）聚众扰乱车站、码头、民用航空站、运动场等公共场所秩序的，即指纠集多人，以哄闹、纠缠、辱骂，强行闯入等方式对公共场所进行干扰和破坏的行为。

（3）非法举行集会、游行、示威的。即违反《集会游行示威法》《集会游行示威法实施条例》等有关法律、法规的规定，举行的集会、游行、示威活动。

（4）强行冲越人民警察为履行职责设置的警戒线的。即指不听劝阻，用强制甚至暴力的方式越过人民警察为执行勤务需要而设置的界线的行为。

（5）以暴力方法抗拒或阻碍人民警察依法履行职责的。即指在人民警察履行职责时以暴力方法进行反抗、拒不服从或进行阻挠和干涉的行为。

（6）袭击人民警察的。即指对人民警察进行攻击，包括对人身的暴力攻击和对其乘坐的交通工具、居住或办公的房屋等进行暴力攻击的行为。

（7）危害公共安全、社会秩序和公民人身安全的其他行为而需要当场制止的。这是除上述六种情形以外的危害公共安全、社会秩序和公民人身安全而需要当场制止的行为。具体包括扰乱机关、团体、企业事业单位的工作秩序，致使工作、生产、营业、医疗、教学、科研活动不能正常进行的；扰乱公共汽车、电车、火车、船只、飞机等公共交通运输秩序的；在公共场所捏造或歪曲事实，故意散布谣言或者谎报险情，制造混乱的；非法限制他人人身自由或以其他方法威胁他人人身安全和危害公共安全、社会秩序等行为。

（8）法律、行政法规规定可以使用警械的其他情况

这是指除《人民警察使用警械和武器条例》以外的法律、法规规定可以使用警械的情况。例如，《刑事诉讼法》规定的强制措施有5种，即拘传、拘留、取保候审、监视居住、逮捕。在执行上述强制措施遇到抗拒、逃窜等情况时可以使用警械具。再如，《人民警察法》第11条规定："为制止严重违法犯罪活动的需要，公安机关的人民警察依照国家有关规定可以使用警械。"《集会游行示威法实施条例》第23条规定："……对在限定时间内拒不离去的，人民

警察现场负责人有权依照国家有关规定，命令使用警械或者采用其他警用手段强行驱散。"这些都是其他法律、行政法规规定的情况。

三、人民警察使用约束性警械的条件

手铐等约束性警械是对违法犯罪分子实行人身束缚的强制警械。《人民警察使用警械和武器条例》第8条规定，人民警察在执行下列任务中，遇有违法犯罪分子可能脱逃、行凶、自杀、自伤或者其他危险行为，可以使用手铐、脚镣、警绳等约束性警械：

（1）抓获违法犯罪分子或者重大犯罪嫌疑人的。这里所说的"违法犯罪分子"，是指被司法裁决认定实施了违法犯罪行为，应当受到相应法律制裁的行为人。"重大犯罪嫌疑人"，是指《刑事诉讼法》规定的有证据证明有重大犯罪嫌疑而需要审查的人。

新《刑事诉讼法》第80条规定："公安机关对于现行犯或者重大嫌疑分子，如果有下列情形之一的，可先行拘留：

①正在预备犯罪、实行犯罪或者在犯罪后即时被发觉的；

②被害人或者在场亲眼看见的人指认他犯罪的；

③在身边或者住处发现有犯罪证据的；

④犯罪后企图自杀、逃跑或者在逃的；

⑤有毁灭、伪造证据或者串供可能的；

⑥不讲真实姓名、住址，身份不明的；

⑦有流窜作案、多次作案、结伙作案重大嫌疑的。

凡有上述7种情形之一，并在拘留中抗拒或逃窜的，都可以使用警械具加以约束。这就为警察进行执法活动，采取先行拘留的强制措施，提供了法律保障。

（2）执行逮捕、拘留、看押、押解、审讯、拘传、强制传唤的。

（3）法律、行政法规规定可以使用警械的其他情形。

例如，《刑事诉讼法》第130条规定："为了确定被害人、犯罪嫌疑人的某些特征、伤害情况或者生理状态，可以对人身进行检查。""犯罪嫌疑人如果拒绝检查，侦查人员认为必要的时候，可以强制检查。"强制检查时可以使用警械具。第134条规定："为了收集犯罪证据、查获犯罪人,侦查人员可以对犯罪嫌疑人以及可能隐藏罪犯或者犯罪证据的人的身体、物品、住处和其他有关的地方进行搜查。"搜查时,可以使用警械具。第153条第1款规定:"应当逮捕的犯罪嫌疑人如果在逃,公安机关可以发布通缉令,采取有效措施,追捕归案。"当抓捕到犯罪嫌疑人时,应使用警械具。《监狱法》第45条规定:"监狱遇有下列情形之一的,可以使用械具:

(1) 罪犯有脱逃行为的;

(2) 罪犯有使用暴力行为的;

(3) 罪犯正在押解途中的;

(4) 罪犯有其他危险行为需要采取防范措施的。"

《看守所条例》第17条规定:"对已被判处死刑、尚未执行的犯人,必须加戴械具。对有事实表明可能行凶、暴力、脱逃、自杀的人犯,经看守所所长批准,可以使用械具。"

四、人民警察使用警械时应注意的法律界限

(1) 人民警察在使用驱逐性、制服性警械时,应当以制止违法犯罪行为为限度。当违法犯罪行为得到制止时,应当立即停止使用。

(2) 人民警察使用约束性警械的目的是束缚违法犯罪分子和犯罪嫌疑人,在使用中不能故意造成人身伤害。

第六节 警察使用武器的法定条件

一、人民警察使用武器的种类

人民警察使用的武器,是指按照规定装备的枪支、弹药等致命性警用武器,其中包括手枪、步枪、冲锋枪、机枪和其他特种专用枪等。

二、人民警察使用武器的条件

武器是人民警察履行职责中使用的最高形式的强制性手段,具有直接的杀伤性,可以致使人员伤残或死亡。因此,使用武器必须适用于危害特别严重的暴力侵害活动。根据《人民警察使用警械和

武器条例》第9条规定，人民警察在判明有下列暴力犯罪行为的紧急情形之一，经警告无效的，可以使用武器：

1. 放火、决水、爆炸等严重危害公共安全的

放火、决水、爆炸等都是用特定的危险方法危害公共安全，侵犯不特定的多数人的生命、健康和重大财物安全的严重犯罪行为。人民警察遇到这些情况有权使用武器及时加以制止。

2. 劫持航空器、船舰、火车、机动车或驾驶车、船等机动交通工具，故意危害公共安全的

所谓"劫持"，是指使用暴力胁迫或者其他危险方法对交通工具进行控制的严重暴力犯罪行为。"驾驶"则是指驾驶机动交通工具故意撞击行人及其他交通工具或者建筑物等。使用武器制止这些暴力犯罪行为，必须在能够有效保护公共安全的前提下使用。在使用武器虽然能够制止犯罪行为，但可能造成严重危害后果时，不得使用武器。如飞机在飞行中，遇有犯罪分子劫机，为了飞机和乘客的安全，一般不得使用武器。

3. 抢夺、抢劫枪支弹药、爆炸、剧毒等危险物品，严重危害公共安全的

枪支弹药、爆炸、剧毒等危险物品具有很大的破坏性和杀伤性，一旦为犯罪分子持有或者使用，将会对公民的生命安全和社会公共安全造成极大的危害。因此，遇有犯罪嫌疑人抢夺、抢劫这些物品时，人民警察有权使用武器予以制止。

4. 使用枪支、爆炸、剧毒等危险物品实施犯罪或者以使用枪支、爆炸、剧毒等危险物品相威胁实施犯罪的

所谓"使用"是指犯罪嫌疑人已经或正在使用；"以使用……相威胁"，是指犯罪嫌疑人当场持有枪支、爆炸、剧毒等危险物品，尚未使用，但是当场可以使用并威胁要当场使用而实施犯罪行为。使用枪支等危险物品的犯罪危害性极大，人民警察可以使用武器制止此类暴力犯罪。

5. 破坏军事、通信、交通、能源、防险等重要设施，足以对公共安全造成严重、紧迫危险的

军事、通信、交通、能源、防险设施，是国家重要的设施，一

旦被破坏，其损失无法估量。因此《人民警察使用警械和武器条例》要求对破坏上述设施的行为，只要足以对公共安全造成严重、紧迫危险，就可使用武器予以制止。

6. 实施凶杀、劫持人质等暴力行为，危及公众生命安全的

凶杀、劫持人质是非法剥夺他人生命，严重危及人身安全的行为。因此只要犯罪嫌疑人实施该行为，人民警察就可以使用武器予以制止。对劫持人质的犯罪行为使用武器，必须保证人质的安全。如果使用武器有可能伤及人质的，不要使用武器，而应采用其他方法伺机制服犯罪嫌疑人。

7. 国家规定的警卫、守卫、警戒的对象和目标受到暴力袭击、破坏或者有受到暴力袭击、破坏的紧迫危险的

警卫、守卫、警戒的对象和目标包括重要的党和国家领导人、外宾及重要的场所和设施，一旦受到袭击、破坏，便会造成极坏的政治影响和严重后果，因此，对警卫、守卫、警戒的对象、目标遭到暴力袭击、破坏或者遇有暴力袭击、破坏的紧迫危险时，可以使用武器制止。

8. 结伙抢劫或者持械抢劫公私财物的

结伙抢劫，是指二人以上共同实施抢劫公私财物的行为；持械抢劫，是指持枪、刀、棍棒或者其他可以用于杀伤他人的器械进行抢劫。这两种抢劫行为的社会危害性比其他抢劫行为的社会危害性大，人民警察可以使用武器予以制止。

9. 聚众械斗、暴乱等严重破坏社会治安秩序，用其他方法不能制止的

聚众械斗，是指在首要分子的组织、指挥、策划或者煽动下，纠集多人持械（含使用武器）相互进行殴斗；聚众暴乱，是指纠集多人使用暴力破坏社会治安秩序或制造混乱危害国家安全和公共安全的行为。这两种行为都是群体性的破坏社会治安秩序的行为，参与的人多，成分复杂，因此在使用武器时，要注意分清首要分子和胁从分子，主要打击首要分子，并且是在其他方法不能制止时才能使用。

10. 以暴力方法抗拒或者阻碍人民警察依法履行职责或者暴力袭击人民警察，危及人民警察生命安全的

暴力抗拒或阻碍人民警察依法履行职责，是指人民警察履行职责过程中，对人民警察履行职责负有相对义务的人或以外的其他人，使用暴力反抗、阻挡或者妨碍人民警察履行职责，使人民警察职责事项不能完成的行为。暴力袭击人民警察，是指使用暴力对人民警察的人身实施打击和伤害的行为。这些行为只要具有剥夺人民警察生命紧迫危险的情形，人民警察就可以使用武器进行自卫。

11. 在押人犯、罪犯聚众骚乱、暴乱、行凶或者脱逃的

在押人犯，是指被依法逮捕、拘留并处于被羁押状态的人；在押罪犯是指被判处拘役以上刑罚并在监狱服刑的人。在押人犯、罪犯聚众骚乱，是指纠集多人制造监狱或者其他监管场所的混乱，煽动抗拒监管、改造等群体性破坏监管秩序的行为。在押人犯、罪犯聚众暴乱，是指人犯、罪犯纠集多人使用暴力抗拒监管，抢夺武器、劫持人质、杀害监管人员或者人犯、罪犯等严重破坏秩序的行为。行凶是指纠集多人对其他人犯、罪犯或监管人员进行伤害或者杀害的行为。脱逃是指处于被羁押或者被其他监管状态的人犯、罪犯逃离监狱、看守所或者其他监管场所的行为。这些行为危害性极大，必须及时坚决制止。

12. 劫夺在押人犯、罪犯的

劫夺在押人犯、罪犯，是指犯罪嫌疑人公然使用暴力劫持或抢夺在押人犯、罪犯并使之脱离羁押或者监管的行为。这种行为公然与国家政权相对抗，具有极大的社会危险性，可以使用武器予以制止。

13. 实施放火、决水、爆炸、凶杀、抢劫或者其他严重暴力犯罪行为后拒捕、逃跑的

14. 犯罪嫌疑人携带枪支、爆炸、剧毒等危险物品逃跑的

15. 法律、行政法规规定可以使用武器的其他情形

如《刑事诉讼法》第80条规定的7种先行拘留的情形。在先行拘留中若发生暴力抗拒、逃窜或袭击我方控制人员的情况，必要时可以使用武器。

三、人民警察不得使用武器的情形

人民警察使用武器是针对危害特别严重的暴力侵害。如果实施违法犯罪的人缺乏暴力能力，或者使用武器容易伤害无辜，则不得使用武器。根据《人民警察使用警械和武器条例》第 10 条规定，具有下列情形之一的，不得使用武器：

（1）发现实施犯罪的人为怀孕妇女、儿童的，人民警察不得使用武器，但是使用枪支、爆炸、剧毒等危险物品实施暴力犯罪的除外；

（2）犯罪嫌疑人处于群众聚集的场所或者存放大量易燃、易爆、剧毒、放射性等危险物品的场所的，人民警察不得使用武器，但是不使用武器予以制止，将发生更严重的危害后果的除外。

四、人民警察停止使用武器的情形

人民警察使用武器后，如果出现不需要使用武器的情况，应当立即停止使用武器。根据《人民警察使用警械和武器条例》第 11 条规定，人民警察遇有下列情形之一的，应当立即停止使用武器。

（1）犯罪分子停止实施犯罪，服从人民警察命令的；

（2）犯罪分子失去继续实施犯罪的能力的。即指犯罪嫌疑人已经置于人民警察控制之下，被致伤，不可能或无法再继续实施犯罪行为。

五、人民警察使用武器时应注意的问题

（1）人民警察在使用武器前，一般要对违法犯罪嫌疑人进行警告，包括口头警告、鸣枪警告等，警告无效后才可使用武器，如，命令犯罪嫌疑人"站住""放下武器""我要开枪了"，就是口头警告。但是，遇到特别紧迫的情况，来不及警告或者发出警告后可能导致更为严重的危害后果，则可直接使用武器。例如，犯罪嫌疑人正在点燃爆炸物，如不立即开枪制止会引起爆炸，炸毁建筑物并致建筑物内人员伤亡，人民警察可以直接开枪射击犯罪嫌疑人。再如，犯罪嫌疑人已开枪拒捕，袭击人民警察，人民警察可直接开枪

射击对方。

（2）人民警察使用武器后，应向所属机关书面报告使用情况，如果造成犯罪嫌疑人或者无辜人员伤亡的，应及时抢救、保护现场，并立即向当地公安机关或人民警察所属机关报告，这些机关接到报告后，应及时通知当地人民检察院。这对事后应诉、处理、保护人民警察合法权益是必不可缺的程序要求。

第七节 警察在实施执法活动中的法律责任

依法控制犯罪分子或犯罪嫌疑人，既是人民警察的重要权力，也是其重要职责。人民警察在控制过程中，必须严格执行各项法律规定。《人民警察法》第5条规定："人民警察依法执行职务，受法律保护。"因此，人民警察依法进行执法活动，致使人员伤亡或者公私财物受到损失的，不负法律责任。但是，人民警察不依法履行执法活动职责，或违法进行控制的，则要区分不同情况追究不同的法律责任。

一、人民警察放弃控制职责的法律责任

控制犯罪分子及犯罪嫌疑人是人民警察法律上的义务，勇敢地同各种违法犯罪行为作斗争，捕获犯罪分子或犯罪嫌疑人是人民警察的天职。《人民警察法》第22条第（十一）项明确规定，人民警察不得有"玩忽职守，不履行法定义务"的行为；第48条同时又规定："人民警察有本法第22条所列行为之一的，应当给予行政处分；构成犯罪的，依法追究刑事责任。"由此可见，人民警察不履行控制职责是要承担法律责任的。其责任主要有两种。

（1）刑事责任，即按我国《刑法》第397条规定的玩忽职守罪处罚；

（2）行政责任，即按《人民警察法》第48条规定给予警告、记过、记大过、降级、撤职、开除等处分。

二、人民警察违反法律规定进行执法活动的法律责任

根据《人民警察使用警械和武器条例》和《国家赔偿法》的规定，人民警察在控制工作中，如果违反法律程序上及实体上的规定，违反使用警械、武器规定的或防卫过当，造成不应有的人员伤亡、财产损失，要视不同情节，追究刑事责任、行政责任和赔偿责任。但对控制中防卫过当的，在追究刑事责任时，应当酌情减轻或免除处罚。

第八节 警务实战中严格依法使用警械和武器

一、警务实战中运用法律的基本要求

（一）准 确

人民警察在警务实战中，对犯罪分子或者犯罪嫌疑人所采取的强制手段，必须依照相关法律、法规的具体条款，准确运用，不得似是而非、错误理解以及超越规定。人民警察必须依法使用强制手段，才能受到法律的保护，如违法使用了强制手段，则将被追究相应责任。人民警察在警务实战中使用各种强制性手段的最终目的是制止违法犯罪行为，控制、制服、擒获犯罪分子或者犯罪嫌疑人。同时强制性手段的实施，应当尽量避免或者减少对无关人员、国家财产、公共财产和公民合法财产的损坏，防止产生更加严重的危害后果。

（二）适 情

人民警察在警务实战中，应当根据犯罪分子或者犯罪嫌疑人的对抗手段、暴力程度、危害后果、双方力量的对比、情形的紧急程度等因素，决定采用何种强制手段。这要求人民警察既要遵循使用强制手段的一般程序，又要根据现场具体情况及时作出判断，并决定直接采用相应的强制手段。

（三）适　度

人民警察在警务实战中，应当根据现场具体情况、犯罪分子或者犯罪嫌疑人的具体情况，适度运用强制手段，力争制止违法犯罪行为，达到控制、制伏、擒获的目的，并要尽量将对执法对象、无关人员以及周围环境的损害降低到最低程度，避免发生更加严重的危害后果。

（四）全　面

人民警察在警务实战中适用法律、法规的条款时，应当全面和系统。既要明确适用条款的具体规定与含义，又应熟记与之相关联的原则、规定和要求，防止断章取义，片面运用。

二、警务实战中法律法规的适用

（一）关于对无关人员的警告

人民警察在使用警械和武器前，为保护在场无辜人员的安全，应当命令其迅速、及时的躲避，这既是人民警察的法定义务，也是使用警械和武器前的程序。命令是指人民警察当场发出的口头指令，也可以是明确的手势、信号等方式。

（二）关于使用驱逐性、制伏性警械

人民警察在面临八种危害公共安全、人身安全、社会治安秩序，并需要当场予以制止的行为时，可以使用警棍、催泪弹、高压水枪、特种防暴枪等驱逐性、制伏性警械。使用前，应首先对违法犯罪人员发出令其停止违法犯罪行为的口头或者其他意思明确的警告，警告无效时，则根据需要使用相应警械。违法犯罪行为正在进行或者仍在继续，是人民警察使用驱逐性、制伏性警械的前提条件。但是，如果违法犯罪人员已经中止其行为、服从命令，或者已丧失反抗能力时，就不得再使用这类警械。

（三）关于使用约束性警械

约束性警械指手铐、脚镣、警绳等。使用约束性警械，是指对犯罪分子或者犯罪嫌疑人的身体进行束缚，以限制其人身某些部位的活动自由,常用的约束部位有上肢及下肢。人民警察使用警械时,不得故意造成人身伤害。

(四) 关于使用武器的4个要素

人民警察使用武器,必须同时具备4个要素。

1. 判明情况

人民警察对现场发生的暴力犯罪的行为和实施暴力犯罪行为人当场作出准确的判断和确认后,才能决定是否使用武器。如果客观上没有暴力犯罪行为的发生,或者人民警察在主观上没有对实施暴力犯罪行为的人有明确的认定,是不能使用武器的。

2. 暴力犯罪行为

是指犯罪行为人使用非法的暴力或者胁迫方法,对人的生命、健康或者公共安全造成严重的、直接的危害的行为。

3. 紧急情形

指犯罪行为人实施的暴力犯罪行为,正在造成危害后果,或者不加以制止必然会立即造成危害结果的情形;人民警察现场采取其他手段无法或者来不及立即制止这类暴力犯罪行为,而只能使用武器予以制止。

4. 警告无效

指人民警察在使用武器前,应当向犯罪行为人发出警告,令其停止犯罪行为,服从命令。若犯罪行为人对警告不予理会,仍继续实行犯罪行为的,人民警察可以使用武器。

(五) 关于"来不及警告"

"来不及警告或者警告后可能导致更为严重危害后果的,可以直接使用武器"。"来不及警告"是指犯罪行为已经或者即将造成严重的危害后果。"警告后可能导致更为严重危害后果的"是指犯罪行为人实施某种暴力犯罪行为的过程中,与人民警察处于严重的对峙状态,准备铤而走险、负隅顽抗或者使用爆炸物品相威胁、劫持人质等情形时,如果发出警告,极有可能导致犯罪行为人抢先行动,从而造成严重危害后果的发生。

（六）关于不得使用武器的情形及例外

发现实施犯罪的人为怀孕妇女、儿童的，但是使用枪支、爆炸、剧毒等危险物品实施暴力犯罪的除外；犯罪分子处于群众聚集的场所或者存放大量易燃、易爆、剧毒、放射性等危险物品的场所的，但是不使用武器予以制止，将发生更为严重危害后果的除外。

（七）关于停止使用武器

在下列情况下，人民警察应当立即停止使用武器。一是犯罪行为人停止实施犯罪行为，服从人民警察命令；二是犯罪行为人已经失去继续实施犯罪的能力。

（八）关于使用武器后的处置

人民警察使用武器后必须要做的善后处置工作有，一是造成人员伤亡的，有义务全力抢救伤员（包括犯罪行为人）、保护现场并立即向有关部门报告。二是上级有关部门在接到报告后，应当立即对现场的情况、有关人员、枪弹等进行勘验、调查，并应尽快通知当地检察院，以便依法接受检察机关的监督。三是进行勘验、调查的公安机关，在查明伤亡者的基本情况后，应当尽快将其情况通知其家属。如果直接通知其家属有困难，则应该通知其所在单位予以转告。四是人民警察使用武器后，必须如实、详细地将使用武器的情况，向所属县级以上公安机关写出书面报告，说明使用武器者的个人情况、犯罪行为人的情况、使用武器的事实过程和使用武器后的处置情况等。

第三章 警务实战技能篇

徒手控制与防卫技能是指人民警察在执行公务时,运用踢、打、摔、拿、控等方法保护自己,制伏对手的实战技能。

第一节 人体有效控制部位及基本戒备姿势

一、人体控制有效部位

人体的有效控制部位是指受到攻击后容易造成剧痛、致伤、致残、甚至致命的部位。在擒敌过程中,是以制服犯罪嫌疑人为目的,主要攻击的要害部位有以下几个穴位、筋肌和关节。

（一）太阳穴

太阳穴在顶骨、额骨和颞骨相汇处。用力击打、擒拿此处时,轻则骨折,震荡大脑,重则产生脑疝而死亡。

（二）翳风穴

翳风穴在人体耳垂后乳突和下颌骨之间的凹陷处。用力掐、拿、闭锁此处,可引起剧烈酸疼,减弱反抗能力。如用力攻击此处,可引起脑脊神经损伤,轻则晕厥,重则能使人立即死亡。

（三）风池穴

风池穴在人体头后枕骨下缘,位于枕骨与第一椎之间的凹陷中,攻击此处可直接引起寰椎关节与枕骨孔相错,轻则使脑脊神经损伤,使人立即晕厥;重则可直接错断脊脑神经的连通,使人立即死亡,若不到万不得已,不可击打此处。

（四）指关节

手指关节小而弱，抵抗能力差，锁拿指关节会产生剧烈疼痛，失去反抗能力，猛力锁拿很容易使手指断裂。

（五）颈关节

颈关节位于头部与身体连接之间，两侧是人体较为薄弱部位，有颈动脉血管通过供应大脑血液。用掌切击此处会使大脑暂时缺血产生休克。

（六）鼻　部

鼻部位于人体脸部正中间，用拳击打此处易造成鼻骨骨折，并引起大量出血，造成呼吸困难，同时会造成鼻、脸部酸痛难忍，流泪不止，视线模糊，反抗能力减弱。

（七）牙　腮

牙腮位于人体下颌体下缘，用拇指与食指掐拿其两侧牙腮穴，并向下颌方向掐拿，造成剧烈酸痛，使敌完全丧失反抗能力，可用手掌跟向另一侧斜下方猛力搓击下颌骨上缘，使下颌关节脱臼。

（八）喉　结

喉结位于人体颈部正前方中轴线，切击此处可造成剧烈痛感，引起暂时性窒息。如果压迫颈动脉的分枝，则会通过减压反射而使心脏骤停，引起猝死。

（九）肩井穴

肩井穴位于人体肩胛骨上沿与脊柱相邻处，用反背拳猛力击打此处，会产生剧烈疼痛使手臂失去反抗能力。

（十）股外肌

股外肌位于人体大腿外侧，用横踢腿或其他器械猛力击打此处会产生疼痛，使大腿功能下降，使敌失去攻击和反抗能力。

（十一）两　肋

两肋位于人体胸廓下部两侧，胸廓下部受打击后容易变形，剧痛难忍，且易骨折。两肋内左侧有脾脏，右侧有肝脏器官，受到打击后可使肝、脾破裂，而引起内脏大出血，导致死亡。

（十二）裆　部

人体会阴部本身的损伤对人体并无多大的威胁，但由于其神经末梢丰富，如果遭受攻击，疼痛难忍。剧烈疼痛可引起血压下降，全身乏力，甚至休克、死亡。

（十三）股直肌

股直肌位于人体大腿正面，用脚猛力击打此处会产生疼痛，使大腿功能下降，失去攻击和反抗能力。

（十四）手三里

手三里位于小臂三分之二处，猛力击打此处可暂时使人产生剧痛，失去反抗能力。

（十五）肩关节

肩关节是肩带中最重要的，是全部关节中运动范围最大的关节。由于关节盂浅，关节松弛，稳定性差，容易发生脱位。当用力将上肢外旋、前屈、后推、后内旋、前推时，都易使肱骨头脱位，而且造成关节周围韧带、肌肉撕裂。

（十六）肘关节

肘关节是由肱骨下端、尺骨上端和桡骨头组成。由于下端扁平、薄弱，小头与骨干存在倾斜角，击、拿此处容易造成人韧带断裂或骨折。

（十七）腕关节

腕关节位于尺骨、桡骨下端与腕骨连接处，由许多小骨参与构成，稳定性能较差。只要使腕向任何一个方向过度扳拧，都能使腕关节脱位，韧带和肌腱撕裂甚至断裂。对手握凶器者，常采用踢、打此处的技法，使其把握不住凶器。

二、徒手戒备姿势

（一）侧身戒备

（1）警察两脚前后开立，身体自然站立。

(2)两手自然下垂于膝关节两侧,目视对方,神色自然,保持一定的戒备状态。

(二)搭手戒备

(1)以警察侧身戒备姿势为基础。

(2)左手放在腹前,搭在右手手腕上(左手拇指切勿环扣右手手腕),目视对方,神色自然,保持一定的戒备状态。

(三)扶带戒备

(1)以警察侧身戒备姿势为基础。

(2)左右手扶在腰带正前方两侧位置(两手拇指切勿插在腰带内侧),目视对方,神色自然,保持一定的戒备状态。

(四)提手戒备

(1)以警察侧身戒备姿势为基础。

(2)左右手成掌,曲臂抬起,自然置于体前,目视对方,神色自然,保持一定的戒备状态。

第二节　徒手控制与防卫技能

徒手控制与防卫,是人民警察在执行公务时,有效实施控制、防护和制止暴力行为的基本强制手段。

一、上肢进攻方法

1. 实战姿势

在双方格斗中,正确的实战姿势便于进退攻防,规范的姿势具有重心稳固和攻防启动灵活两大优势。格斗的实战姿势一般分为左手在前"正架"和右手在前的"反架"两种。❶

两脚前后开立略宽与肩,前脚尖稍内扣与后脚跟横向距离10～15cm,两脚跟微微离地,两膝微屈,身体重心在两腿之间。前臂的

---

❶ 本书都以正架为例。

肘关节夹角在60°~90°之间；拳在视线下方，肘下垂，后手拳放在腮部，上、下臂贴近胸肋部，下颌后收、闭口、扣齿，目视前方。

2. 拳　法

（1）直拳。

直拳是中距离正面击打的一种打法。它主要攻击对方头部和胸部及腹部。

①左直拳。由实战姿势开始，右脚踏地，发力于腰，上体微右转；同时大臂推动小臂由曲到伸内旋90°力达拳面，击打目标后，再外旋90°收回原位。

②右直拳。由实战姿势开始，右脚蹬地，后脚跟外展，合胯，发力于腰，上体左转；同时大臂推动小臂由屈到伸内旋90°力达拳面，击打目标后，再外旋90°收回原位。

（2）摆拳。

摆拳是中距离从侧面击打的一种打法。它主要攻击对方腮部和肋部。

①左摆拳。由实战姿势开始，上体微向左转，左拳向左斜前方；向前、向内成平面半圆形横击；同时转腰发力，力达拳角，臂微屈；击打目标后，左拳收回原位。

②右摆拳。由实战姿势开始，右拳向右斜前方，向前、向内成平面半圆形横击；同时上体右转，腰胯发力，力达拳角；击打目标后，右拳收回原位。

（3）勾拳。

勾拳是近距离的打法。其击打目标主要有裆部、腹部和下颌。

①左勾拳。由实战姿势开始，上体微左转，左拳略向下，屈臂由下向上勾击；同时腰向右转，发力于腰，力达拳面；击打目标后，左拳收回原位。

②右勾拳。由实战姿势开始，上体微右转，右拳略向下，屈臂由下向上勾击；同时腰向左转，发力于腰，力达拳面；击打目标后，右拳收回原位。

（4）反臂拳。

反臂拳是中、近距离击打对方穴位和筋肌的打法。其击打目标有肩井穴、手三里、肱二头肌等部位。在抓捕中反臂拳非常实用，尤其是犯罪嫌疑人被抓反抗不好控制时，利用反臂拳击打其要害部位，暂时会失去反抗能力，束手就擒。

由实战姿势开始，手心朝内成反臂，以臂发力，由上向下击打，力达拳角，击打对方要害部位。

3. 肘　法

肘部击打是近距离攻击的重要方法。常用于击打头部和躯干各部位。

（1）顶肘。

由实战姿势开始，夹紧肘，侧抬同肩高，拳心向下。左脚向左前上步，右脚跟进，稍屈膝降重心，腰稍左拧，以腰带肘，肘尖领先向左前方顶击，力达肘尖。

（2）挑肘。

由实战姿势开始，夹紧肘拳心向内，随右脚蹬地转体，以腰带臂向上方掀抬，力达肘尖。攻击对方下颌、面部、胸部或降低重心攻击裆部。

（3）砸肘。

由实战姿势开始，加紧肘，侧抬高于肩。随蹬地转体，肘尖径侧向下划弧下沉，猛然含胸收腹，合胯力达肘尖，击打肩颈部、背部、头部等。

（4）横击肘。

由实战姿势开始，大小臂折叠随抖胯转体，肘抛至同肩高，拳心向下，力达小臂上 1/3 处，攻击对方胸、腹、肋、面部两侧及颈部。

二、防守反击方法

1. 接触性防守反击

（1）内格防守反击。

实战姿势，当对方利用左手冲拳击打我方脸部时，我方迅速用右手内格拍击动作防守，同时利用左手直拳对其进行反击。当然也可连续组合拳对其空当发起进攻。当对方利用右手直拳进攻我方脸部时，我方用左手内格拍击动作防守，同时利用右直拳进行反击。

（2）外挡防守反击。

实战姿势，当对方用左摆拳击打我方头部时，我方迅速利用右手进行外挡防守，并且快速利用左摆拳对其头部进行反击。当对方用右摆拳击打我方头部时，用左手外挡防守，用右拳进行反击。同样也可以用其他方法进行反击。

（3）下切防守反击。

实战姿势，当对方用侧蹬腿击打我方腹部时，我方用左手下切防守，当对方左腿落地同时，我方迅速进步靠近，利用后手直拳反击其头部或利用其他动作反击。

2. 不接触性防守反击

（1）后闪防守反击。

实战姿势，当对方用右手直拳击打我方头部时，我方迅速采取后闪动作防守，当对方进攻完毕回收时，我方迅速利用后手直拳反击其头部。

（2）左右闪身防守反击。

实战姿势，当对方用右手直拳击打我方头部时，我方迅速利用左闪步闪身防守，同时利用后直拳反击，与对方形成交叉线路。当对方左手拳击打我方头部时，我方利用相反动作进行反击。

（3）蹲身下闪防守反击。

实战姿势，当对方用左直拳击打我方头部时，我方利用向右蹲身下闪防守，使对方左拳过于我方左肩部，同时利用左直拳反击其腹部。当对方用右拳攻击时，我方就可以利用相反方向的蹲身下闪防守，直接用右手直拳击打其腹部及心窝。

（4）摇避潜身防守反击。

实战姿势，当对方用右后摆拳击打我方头部时，我方利用向左摇避潜身防守，同时利用左摆拳或平勾拳反击其头部，当对方击打左摆拳时，我方可用相反动作进行摇避闪身动作防守反击头部。

三、下肢进攻方法

下肢进攻方法，是人民警察在执行公务时用脚法、膝法等下肢攻击对方，从而保护自己的实战技能。

（一）进攻方法

1. 腿　法

腿法击打是格斗技法中的重要进攻方法，常用于远距离时击打对方。腿法力量大，具有一定的杀伤力。

（1）弹踢腿。

左腿外旋支撑，右腿屈膝抬起，踝关节绷紧，以大腿带小腿向前上弹踢，膝踝绷紧，力达脚面，弹击对方裆部，击打目标后迅速回位。

（2）截腿。

由实战姿势开始，左腿屈膝支撑，右脚勾紧，小腿外旋，以膝领先靠近左腿，由屈到伸向前下方，猛力截踩，膝挺直，力达脚掌内侧，上体侧转配合，打击对方膝关节和小腿迎面骨，而后迅速收回。

（3）勾踢腿。

由实战姿势开始，左腿脚跟内扣，膝外展，重心移至左腿，身体左转180°；同时右大腿带动小腿向前、向左弧线擦地勾踢，力达脚背；击打目标后，右脚收回原位。

（4）边腿。

①左边腿。由实战姿势开始，上体稍右转并侧倾，右脚跟内扣；左膝前领与髋同高，大腿带动小腿，由屈到伸向前横踢，力达脚背，同时展髋，击打目标后，左脚收回原位。

②右边腿。由实战姿势开始，身体左转，左脚跟内扣，重心移至左腿；右膝前领与髋同高，大腿带动小腿，由屈到伸向前横踢，力达脚背，同时展髋；击打目标后，右脚落地成反架。

（5）正蹬腿。

①左正蹬腿。由实战姿势开始，左腿提膝、勾脚；当膝稍高于髋时，以脚领先向前蹬出，力达脚跟。也可送髋，脚掌下压，力达脚掌。

②右正蹬腿。由实战姿势开始，身体稍左转，左脚跟稍内扣，

身体重心移到左腿；同时右腿屈膝前抬，勾脚，以脚领先向前蹬出，力达脚跟。也可送髋，脚掌下压，力达脚前掌。

（6）侧踹腿。

①左踹腿。由实战姿势开始，身体重心移向右腿，右脚跟内扣；左腿屈膝抬起与髋同高，脚尖勾起，由屈到伸向侧前踹出，同时展髋，力达脚掌；击打目标后，左脚收回原位。

②右踹腿。由实战姿势开始，身体左转，左脚跟内扣，重心移至左腿；右腿屈膝抬起与髋同高，脚尖勾起，随后由屈到伸向前踹出，同时屈髋，力达脚掌；击打目标后，右脚收回成反架。

2. 膝　法

膝部击打是格斗技法的重要手段，在与对方中、近距离交手时，常以膝来击打对方躯干部位或裆部。

（1）前顶膝。

重心前移左腿支撑，右腿屈膝，以膝领先大腿高抬，收腹屈髋，向前上方猛力顶出，力达关节处，上体右拧配合发力和维持重心，撞击对方裆部及腹部。

（2）侧撞膝。

重心前移左腿支撑，右腿右斜前方30度提膝，高于腰部，从右向左合髋撞膝，以腰发力，力达膝关节。击打对方躯干部位。

（二）防守反击

1. 利用步法防守及反击

（1）撤步防守踹腿反击。

实战姿势，当对方使用前踹腿进攻时，我方撤步防守，随后滑步以前踹腿反击对方。

（2）跳换步防守边腿反击。

实战姿势，当对方用前踹腿进攻时，我方利用身体迅速左转跳换步，为反架姿势，同时快速利用左边腿反击对方。

2. 抄抱防守反击

（1）外抄勾踢反击。

实战姿势，对方使用后边腿进攻时，我方进步，同时以左手外抄抱对方后边腿防守；随后以右手按压对方颈部，同时以后腿勾踢对方小腿，对方如用前边腿进攻时，则防守反击动作一样，但方向相反。

（2）内抄抱别摔反击。

实战姿势，当对方使用前边腿进攻时，我方以右手内抄抱对方前边腿防守；随后以别摔反击。对方如以后边腿进攻时，则防守反击动作一样，但方向相反。

四、主动摔法

在警务实战执法工作中，摔法是制服犯罪嫌疑人的一种重要技能。在实际抓捕犯罪嫌疑人的过程中，一般都采用先摔后拿再约束的顺序进行。

（一）抱腿摔

1. 抱腿前顶摔

当对方用左右直拳凶猛攻击我方头部时，我方迅速上步下潜，两手抱住对方双腿膝窝；同时左肩前顶，两手回拉，将对方摔倒。

2. 抱腿别腿摔

对方用右边腿击打我方躯干部位时，我方迅速右脚蹬地，身体下潜上左步，左手防守，上右脚抄抱大腿跟，退左脚身体左转下压对方大腿，同时右脚别腿将对方摔倒。

3. 抱腿过胸摔

对方用拳攻击我方头部时，我方迅速躲闪下潜上左步，两手抱住对方的双腿膝窝，右脚跟进并步；然后双腿蹬伸，上体后倾向左后转身，随后弓腰，仰头，将对方摔倒。

（二）踢 摔

当对方以前蹬或前踹腿进攻时，我方用前臂抄其小腿抓其脚跟，同时后手抓其脚背；然后双手回拉，上体含胸左转；同时右手松开抄抱对方前腿膝窝，随后右脚勾踢对方支撑腿脚跟，上体右转，将对方摔倒。当对方用后蹬后踹腿进攻时，方法一样，只是方向相反。

（三）压颈掀腿摔

当秘密接近目标时，从对方右侧靠近，迅速用左手拖住对方右大腿同时右手压住对方颈部，下掀上压同时发力，身体右转，整套动作要做到迅雷不及掩耳之势，使对方失去平衡，将其摔倒。

（四）夹颈过腰摔

当对方用右摆拳击打我方头部时，我方迅速用左手格挡并反手抓臂，同时上右脚用右臂夹对方颈部；然后身体左转，左腿跟进半步，臀抵在对方小腹前；继而两腿蹬伸、弓腰、头右转，将对方摔倒。

（五）过肩摔

当对方用右摆拳攻击我方头部时，我方迅速用左手格挡并抓住对方右手腕，同时迅速用右手搂住对方右臂，上右脚左脚跟进并步，臂抵在对方小腹前；继而两腿蹬伸、弓腰拉臂、头左转，将对方摔过肩部。

（六）抓腕别摔

当与对方正面接近时，我方迅速用左手抓住对方右手腕部，上右脚、左脚跟进，同时用右手插到对方右腿膝关节部位，下拉右手左转体摆头，以左转体跪地姿势，将对方摔倒。

（七）抱膝顶摔

由后秘密接近对方时，迅速下潜抱住对方膝关节，用肩前顶，两手后拉将对方摔倒。

（八）插裆扛摔

当对方猛然用右摆拳攻击头部时，我方迅速用左手架打，顺手抓住对方手腕，上右脚，右手插入裆部，挺腰蹬膝将对方扛到肩上摔倒对方。

五、主动控制方法

控制方法是依据人体关节活动规律和穴位，对人体的局部关节和穴位进行控制，使对方暂时失去反抗能力，达到制其一点而牵动全身的实用性技法。

（一）由前主动控制

1. 携　臂

正面秘密接近对方，在左脚上步接近对方的同时，左手迅速抓住对方右手腕部，右手臂用力挎挑对方右臂肘窝关节，身体向右转，左手推拿，右手顺势按压对方右臂部猛里下压，将对方控制。

2. 撕　翅

正面秘密接近对方，右手从对方侧面反手抓住其右手小拇指和无名指，同时上步迅速抓住其食指和中指撕翅拆腕，将对方控制使其暂时失去反抗能力。

3. 拧腕别摔

正面秘密接近对方，用左手从侧面反手抓其手掌，右手迅速配合抓住手掌，两手大拇指按住手背拆腕，同时上右脚进行别摔，将对方控制。

（二）由后主动控制

1. 踹膝锁喉

由后秘密接近对方，迅速用右手臂由对方颈部右侧前插，屈臂扼住其喉部猛力向后拉，左手抓住对方左手腕用力向后拉，别住肘关节，同时迅速用后脚踹踏对方右膝窝处，将其控制。

2. 抱顶压服

由后秘密接近对方，迅速用两手抱住对方膝关节用力后拉上提，同时以肩用力前顶对方臀部，将其摔倒，迅速上步骑压对方腰部，右手从对方领下前穿，屈臂锁住对方喉部，左手抓住对方左手后拉，置于我方大腿根部，收回左脚靠近对方左臂外侧，换手锁喉，以同样的方式控制其右臂，将其控制。

3. 携手折腕

由后秘密接近对方，用右手迅速携住对方左手腕根部抬至胸平，以胸顶住肘部，同时左手掌封住其手臂拆腕，使对方暂时产生剧痛，失去反抗能力，将其控制。

六、解脱控制方法

（一）手腕被抓解脱控制

1. 缠腕压肘

当对方正手抓我方右手腕时，我方迅速以左手封住对方手背，以四指紧紧抠住对方左手使其不能回抽逃脱或改变位置，然后向后转身，上左步，左肘上提再用力下压对方的左臂，使其腕部疼痛难忍暂时失去抵抗能力。

2. 缠　　腕

当对方用正手抓法抓住我方右手腕时，我方迅速以左手扣封住对方右手臂，使其不能回抽，右小臂回拉，身体稍向右转的同时，边缠边切振压对方手腕关节，将其控制。

3. 抓腕拖肘

当对方用反手抓住我方右手腕时，我方迅速将右臂向里抬至肩高，左手抓住对方左手腕，右手从对方虎口解脱，利用右手上拖其肘关节，左右手用力上下相反，使其产生剧痛而无法反抗，将其控制。

4. 抱肘靠臂顶膝

当对方用右手抓住我方左手腕时，我方迅速将左臂向里抬至肩高，右手抓住对方肘部，使其肘关节向下弯曲，左手从对方虎口解脱迅速靠臂，左膝顶其裆部。

（二）衣领被解脱控制

1. 封腕托肘过肩摔

当对方用右手抓我方衣领而反手（手心朝上）时，我方右侧身同时用左手向里拖对方肘部，将其解脱，同时背步右脚利用过肩摔将对方摔倒并控制。

2. 封腕别臂

当对方用左手抓住我方衣领（手心朝下）时，我方向左侧身同时用右手托其肘关节进行别臂。

（三）咽喉被锁解脱控制

1. 扒臂插腿别摔

当对方用左臂从后方把我方咽喉锁住时，我方迅速用右手抓住对方左手腕往开扒，同时往后侧左腿别住对方右腿，用左手插在对方左腿内后侧，扣住膝窝处，同时以肩、头部往后顶，将对方摔倒。

2. 抱臂捻身别摔

当对方用右臂从后方把我方咽喉锁住时，我方迅速用两手抱臂往外扒，快速拧身，以对方肩关节为杠杆，利用别摔动作将其摔到。

（四）后腰被抱解脱控制

1. 抱　腰

当对方从后方抱腰时，我方要利用声东击西之计来迷惑对方，用左肘向后虚击对方头部，迅速拧身采用右臂进行夹颈过腰摔，将对方摔倒。

2. 腰臂被抱

当对方从后方抱腰，同时抱住两手臂时，我方迅速屈膝下蹲，上身前俯，双手下伸抓握对方前小腿，用力上扳，同时臀部用力下坐，一扳一坐将对方摔倒。

（五）头发被抓解脱控制

1. 前发被抓

当对方用手抓住前发时，我方用右手封住对方手腕，左手封住肘窝折臂，头前顶别臂，迫使对方脱手。

2. 后发被抓

当对方用左手抓住后发时，我方用右手封住对方手腕，转身用左手抱住对方肘关节下压，头前顶别臂，将对方摔到。

七、倒地控制方法

（一）跪压控制

（1）将对方置于俯卧状态。

（2）警察处在对方一侧，两手控制其手腕关节，用折腕动作向其头部位置发力，同时双腿屈膝跪压其肩胛骨上下端，将对方控制。

（二）骑压控制

（1）将对方置于俯卧状态。

（2）警察骑压在对方上身背部，双手分别利用折腕动作向其头部位置发力，同时警察臀部骑压其臀部，双腿分开稳定重心，将对方控制。

第三节　警械具实战使用技能

警械具，是指人民警察按照规定装备的警棍、催泪弹、高压水枪、特种防暴枪、手铐、脚镣、警绳等警用器械。它是人民警察履行职责时依法使用的专门器材。常用警械有催泪喷射器、手铐、警棍、盾牌等。

一、警械装备的检查

人民警察在执行警务之前，必须要对警械性能进行检查。要使携带的任何一种警械具始终保持良好的性能。这样才能在使用时，避免出现故障，影响抓捕，甚至造成犯罪嫌疑人乘机逃脱或向警务人员实施突然侵害。

（一）着装检查

人民警察需着装值勤时，在出勤之前首先要进行着装检查，严整警容，树立威武形象，给人一种神圣不可侵犯的感觉。检查内容有：

（1）警帽上的警徽是否端正，警帽是否干净完好。

（2）警衔标志是否齐全，佩戴端正。

（3）内衬衣袖口衣扣是否扣好；领带是否端正舒适；裤子腰带是否舒适；皮鞋带是否系好。

（二）警械性能检查

（1）多功能腰带的扣环是否性能完好，以及枪套、手铐套、警棍套、催泪喷射器套、执法包、弹匣等配件是否性能良好。

（2）检查枪支。将枪支取出，卸下弹匣，进行验枪检查枪支性能；把弹匣内子弹退出，再重新装填上，检查弹匣性能。

（3）检查手铐。取出手铐，检查两个活动环是否转动灵活；检查手铐锁工作是否正常。逆时针旋转45°上锁，反之开锁。

（4）检查警棍。取出警棍，检查棍体、伸缩性能是否完好。

（5）检查其他部件。

二、催泪喷射器的使用技能

催泪喷射器（见图3-3-1）的使用技能主要包括以下几种。

图3-3-1 催泪喷射器

（一）握持方法

1. 单手握持

单手握持分为单手拇指按压式（见图3-3-2）及单手食指按压式（见图3-3-3）。

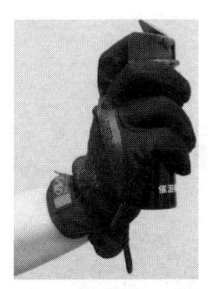 

图3-3-2 单手握持 食指按压　　图3-3-3 单手握持 拇指按压

2. 双手握持（见图3-3-4）

（1）拇指按压式：以双手成双手据枪的方式握持催泪喷射器，

利用强手拇指打开保险,进行按压喷射。

(2)食指按压式:强手虎口向上正面握持催泪喷射器,利用食指打开保险,进行喷射动作;弱手控制强手手腕部分进行固定。

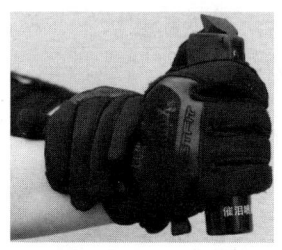

图3-3-4 双手握持

(二)戒备姿势

1. 双手握持戒备姿势

警察用强手持催泪喷射器,并尽量前伸;以弱手辅助强手增强稳定性;用强手食指或者拇指放在喷射按钮上,做好喷射准备(见图3-3-5)。

2. 单手握持戒备姿势

警察强手握持并采用食指按压或者拇指按压姿势,弱手上举置于头一侧(见图3-3-6)。

图3-3-5 双手握持戒备

图3-3-6 单手握持戒备

(三) 使用方法

1. 摇　晃

使用催泪喷射器之前,应将催泪喷射器摇晃均匀(见图3-3-7)。

图3-3-7　摇晃

2. 喷射技巧

喷射使用时,喷罐垂直,瞄准对方头部,用强手食指或者拇指按压喷射按钮,每次喷射时间约1秒。喷射手法如下:

(1) 环绕式。

(2) 左右式。

(3) 上下式。

(4) 雨雾式。

3. 喷射后的移动及观察

每次喷射时间持续约1秒,为防止犯罪嫌疑人攻击,喷射后迅速移动位置,保持安全距离,并观察对方行动。

(四) 喷射后的善后处置

1. 告诫及安慰

被催泪喷射剂刺激的人往往紧张、激动,警察应及时用语言控制并安慰,切勿令对方揉擦双眼或面部。

2. 清除感染物

(1) 将目标移动至未受喷雾剂感染的范围,保持处理现场空气流通；

（2）固定嫌疑人位置，使其放松，进行正常呼吸；

（3）用大量清水冲洗眼睑，可用非油性肥皂和水冲洗受影响部位；冲洗后用湿或干纸巾吸干受影响部位，不可擦揉；

（4）如对方戴隐形眼镜，应立即摘除。

3．询　问

经过清水冲洗后，应对嫌疑人进行以下询问，以确保无意外发生。

（1）当时是否受药物及酒精影响；

（2）在过去 8 小时内是否使用药物或者酒精；

（3）是否是心脏病、肺病、糖尿病、高血压、哮喘病、过敏症患者。

4．观　察

眼部及面部不适的感觉应在 15～30 分钟内明显消退；呼吸道不适的感觉最多 60 分钟即得到改善，但仍会出现咳嗽、异物感。如不适症状一直持续，即应送往医院处理；被喷雾剂影响的犯罪嫌疑人不应无人照顾；押送此类犯罪嫌疑人时，切勿令对方以仰或俯的姿势行进，以免增加其呼吸负担。

三、手铐的使用技能

手铐（见图 3-3-8）的使用技能包括以下几种。

图 3-3-8　手铐

（一）上手铐技法

1. 压腕上手铐

手铐环固定，将手铐环贴靠在对方手腕处，用力下压，借助力的作用，使手铐环环绕一周，将对方手腕手铐住。如果要使手铐铐紧手腕，可用食指拨压手铐环，与拇指合力使手铐环速度锁紧。

2. 砸腕上手铐

手铐环固定，使手铐环朝向对方手腕方向抡动手铐，在手铐环接触手腕瞬间，突然加力，使手铐环迅速砸向对方手腕，手铐环借力环绕锁住对方手腕。

3. 挑腕上手铐

右手握持手铐并右臂外旋，掌心向上翻转，以小指一侧为力点由下向上挑动手铐环砸击对方手腕，使手铐环借力绕其手腕并锁住。为加快上手铐速度，左手食指、中指可顺势拨压手铐环。

（二）抓捕上手铐技法

1. 控制性抓捕上手铐技法

（1）站立举手式上铐。

命令对方双手曲臂上举，两腿分开，脚跟提起，然后侧身从其侧后方接近，用左手抓握住对方的左手迅速折压对方手腕并将其左臂拧别在背后，同时用胸肩部顶牢对方左肘关节，使折压手腕动作能将对方完全控制住。然后，再命令对方将其右手抱在头上，用手铐首先将其右手铐住，再将其右手臂拧到背后，与其左手铐在一起。

（2）站立抱头式上铐。

命令对方双手十指交叉紧抱于头后，两腿分开，脚跟提起，侧身从其侧后方接近，靠近后，快速用左手抓握住对方手指及头发扭别住，左肘关节抵其后背控牢，迅速取出手铐，先铐住对方右手腕，随即快速将对方左右手臂折拉到背后，用另一端手铐环铐住对方左手，完成上手铐。

（3）跪立式上铐。

命令对方跪在地上，小腿交叉重叠，双手交叉紧抱于头后，肘打开，侧身接近后，左腿迅速插在其两腿踝之间，同时，左手迅速抓握住对方的手指及头发，并拧别住，然后先将对方右手腕铐住，再迅速拧折其双手臂于背后，用另一端手铐环铐住其左手臂。

（4）俯卧展臂式上铐。

命令对方趴在地上，两臂左右平行展开，手心向上，头背对警察，从其头部右上方接近，抓其右手折腕抬起同时，用右膝跪压对方右肩关节，将对方右臂控牢，迅速取手铐铐住其右手，再命其左手后背，并抓握住，用另一端手铐环铐住其左手臂，完成上手铐。

（5）俯卧抱头式上铐。

命令对方趴在地上，双手交叉抱头，两腿折叠交叉在一起，从对方脚下方接近，右脚插入对方两腿之间，压别住其两小腿，左脚上前一步，身体前俯，用左手迅速抓握住对方手指及头发，右手取手铐先铐其右手腕，再快速拧别对方双臂到背后，完成其左手腕的上手铐。

（6）贴墙展臂式上铐。

命令对方胸部贴墙，两腿分开，脚尖距墙一脚距离，脚跟提起，两臂平伸，手心朝外，头抬起，从对方左侧接近左膝顶其左膝同时，抓其左手，取手铐铐住其左手腕，并折腕将其左臂后别控，命令对方右手抱头后，迅速抓握其右手后别与其左手臂铐在一起。

（7）贴墙抱头式上铐。

命令对方身体贴墙，双手交叉抱于脑后，两腿分开，脚跟提起，从其后接近用左腿插入其两腿之间，并抵其左膝同时，左手迅速抓握对方手指并拧别，左肘关节抵其后背并向后下方牵拉控牢，右手持手铐迅速铐住其右手腕，再速折扣其双臂到背后，完成背手铐。

2. 突袭抓捕上手铐技法

（1）挑肘别臂突袭上铐。

从对方正面突然接近，先用左手抓住对方右手腕并向其后方推起，随即挥动右臂由下向上挑击其右肘窝，使其屈肘抬臂，然后，右手扣抓其右肩，左手则推其右手背别并用力将对方推趴在地，跨左脚骑压对方，用右腿抵住其右上臂控牢，用右手取手铐，铐住对方右手腕,再拉其左臂到背后与其右臂手铐在一起。

(2)别腿摔突袭上铐。

从对方正面突然接近,用左手抓住其右手腕,用右手臂猛砍其颈的同时,上右腿别住其两腿,将对方仰面摔倒在地,挥动右臂猛挑对方的右肘窝,迫使其身体向右侧翻,右臂弯曲,随即将其右臂别在背后,跨右脚骑压在对方身上,右手取手铐先铐其右手,再把对方左手拉到背后用另一手铐环拷住。

(3)抱腿摔突袭上铐。

从对方背后突然接近,抱住对方双腿将其摔倒在地,随即跃步骑压,左手按头,右手迅速抓住其右手并拉到其背后别住,用右手取手铐拷住其右手腕,再把对方左手拉到背后用另一手铐环拷住。

(4)踹膝摔突袭上铐。

从对方背后突然接近,用右手抓住其右手腕,左手抓住其后衣领或头发的同时,用右腿猛踹其膝窝,双臂后拉,使对方后仰前跪在地,左腿别其右膝侧,身体猛向右转成右弓步,双手顺势将其按爬在地,右膝迅速跪压对方右肩,与左腿合力控制其右手臂,左手折控其右腕,右手取手铐迅速铐住其右腕,再令其左臂后背,完成左手的上手铐。

四、伸缩警棍的使用技能

伸缩警棍(见图3-3-9)的使用技能包括以下几个方面。

图3-3-9 伸缩警棍

（一）戒备姿势

1. 握　棍

持握警棍应握在握柄的中间位置，适度用力将警棍均衡置于手掌中。击打时不能放松手腕或者手指，以保持持棍的稳固性及防止手腕或手指受伤（见图3-3-10）。

图3-3-10　戒备姿势

2. 取　棍

目视目标，打开警棍套扣，用单手或者双手取出警棍。

3. 戒备姿势

（1）腹前戒备。

侧身站立，膝关节微屈，不开棍，双手握住警棍，将警棍置于腹前腰带处，或者用手臂遮盖警棍，使警棍隐蔽。

（2）提棍戒备。

侧身站立，膝关节微屈，强手持棍开棍后，将警棍自然下垂于后腰侧。

（3）肩上戒备。

侧身站立，膝关节微屈，目视目标，强手正握警棍开棍后，将警棍置于强手侧肩的上方，肘部自然下垂，棍尾指向目标。右手成掌，提至胸前戒备。

（二）开棍及收棍

1. 上开棍

目视目标，快速取棍，大臂带动小臂向斜上方挥动，利用惯性将警棍打开，呈戒备姿势。

2. 下开棍

目视目标，快速取棍，大臂带动小臂向斜下方挥动，利用惯性将警棍打开，呈戒备姿势。

3. 前开棍

目视目标，快速取棍，大臂带动小臂向前方挥动，利用惯性将警棍打开，呈戒备姿势。

4. 紧急开棍

遇到突发危险情况，来不及用上述方法开棍呈戒备姿势的情况下，快速取出警棍向危险目标挥动（分正手或者反手紧急开棍）。

5. 收　　棍

身体下蹲，保持观察戒备，弱手自然置于体前或放在膝盖上，强手持握柄，将棍头朝下，垂直撞向硬物松开第一节和第二节伸缩锁，将警棍收拢。随后用拇指按平棍头，将警棍放入套内。

（三）基本攻击方法

1. 戳　　棍

格斗式姿势持棍，身体左转的同时，用右手持棍以警棍顶端为力点向前戳击，使警棍高与肩平，目视棍端。此法用于攻击面部、喉部、胸部、腹部、裆部等。

2. 劈　　棍

格斗式姿势持棍，身体左转的同时，用右手持棍以棍前段为力点由上向前下劈击，目视前方。此法用于攻击头部、颈部等。

3. 横击棍

格斗式姿势持棍,身体左转同时,右手持棍以棍前段为力点,由右向左横击,掌心向内,目视棍身。此法用于攻击头、颈、肋部等。

4. 挑 棍

格斗式姿势持棍,身体左转的同时,右手持棍以棍前端为力点由下向前上挑击,棍身成45°,棍顶端与下颚同高,目视棍端。此法用于挑击下颌、腹、裆部等。

5. 点 棍

格斗式姿势持棍,身体左转上右脚成右弓步的同时,右手持棍以棍前端为力点由上向前下点击,目视棍端。此法用于点击面、胸、腹部等。

6. 盖 棍

格斗式姿势持棍,身体左转的同时,右手持棍由下向上向前,左手抓握警棍前段由前向下向后,以棍柄为力点,借助两手交错之力向前上盖击,右手掌心向下,左手掌心向上,目视棍柄。此法用于盖击下颌、头部等。

7. 撩 棍

格斗式姿势持棍,身体稍左转的同时,右手持棍以棍前段为力点由后经下向前上方撩击,棍身斜向下成45°,掌心向外,目视棍身。此法用于撩击裆部。

8. 扫 棍

格斗式姿势持棍,身体左转上右脚成弓步的同时,右手持棍由右向左前下方扫击,力达棍前段,目视棍端。此法用于扫击膝盖、小腿部位。

(四) 基本防守方法

1. 左上格挡

格斗式姿势持棍,身体左转的同时,右手持棍以棍身为力点,小臂外旋向左上方格挡,目视左前上方。此法用于防守对颈部、头部、胸部的攻击。

2. 右上格挡

格斗式姿势持棍，身体右转的同时，右手持棍以棍身为力点，小臂内旋向右上方格挡，目视右前上方。此法用于防守对面部、头部、胸部的攻击。

3. 左下格挡

格斗式姿势持棍，身体左转的同时，右手持棍以棍身为力点，小臂外旋向左下方格挡，目视左前下方。此法用于防守对腹、裆部及对身体左下方的攻击。

4. 右下格挡

格斗式姿势持棍，身体稍右转的同时，右手持棍以棍身为力点，小臂内旋向右下方格挡，目视右前下方。此法用于防守对腹部、裆部及身体右下方的攻击。

5. 左推挡

格斗式姿势持棍，身体左转侧闪的同时，左手抓握警棍前段以棍中段为力点，立棍向左推挡，左手在下、右手在上，目视棍身。此法用于防守对身体左侧的攻击。

6. 右推挡

格斗式姿势持棍，身体右转侧闪的同时，右手握棍柄向上，左手抓握警棍前段，以棍中段为力点向右推挡，右手在上，左手在下，目视棍身。此法用于防守对身体右侧的攻击。

7. 上　架

格斗式姿势持棍，身体稍左转的同时，左手抓握警棍前段，双手分握向前上方推架，力点在棍中段，目视前上方。此法用于防守对头部的攻击。

8. 下　截

格斗式姿势持棍，身体稍左转的同时，左手抓握警棍前段，双手分握横于体前，以棍中段为力点向下格挡，目视前下方。此法用于防守对腹部、裆部及由下向上的攻击。

（五）攻防实战技法

1. 左右劈颈

格斗式姿势持棍，上右步的同时，右手举棍以棍前段为力点由上向左下劈击对方颈部，警棍顺势经后向左上再向右下反手劈击对方颈部。

2. 刺面戳腹

格斗式姿势持棍，上右腿成右弓步的同时，右手持棍以棍端为力点虚刺对方面部；然后垫步，警棍收于腹前再猛戳击其腹部。

3. 防直拳格挡，劈头

格斗式姿势持棍，当对方用直拳向我面部攻击时，我方右手持棍左（右）格挡，然后顺势反（正）劈其颈部。

4. 防左摆拳右格挡，劈颈

格斗式姿势持棍，当对方用左摆拳向我头部攻击时，我方右手持棍以棍身为力点，小臂内旋向右上方格挡防守，顺势猛力正劈其头或颈部左侧。

5. 防左钩拳右下格，戳腹，挑喉

格斗式姿势持棍，当对方用左钩拳向我腹部攻击时，我方右手持棍向右下格挡后，戳击对方腹部，再挑击其咽喉。

6. 防弹踢下截，横击头

格斗式姿势持棍，当对方用右（左）腿弹踢我腹部时，我方迅速撤左步，两手分握警棍以棍中段为力点下截对方小腿，随即右手持棍由左向右上猛力横扫其颈部。

7. 防蹬踹闪身砸膝，横击颈，踹肋

格斗式姿势持棍，当对方用正蹬或侧踹向我胸腹攻击时，我方迅速右（左）闪身避开其攻击的同时，双手合握持棍以棍前段为力点，猛力下砸对方膝部，再右（左）横击攻击其颈，然后迅速垫步向右（左）侧踹其肋部。

8. 防横踢推挡，踹腹，横击头

格斗式姿势持棍，当对方用右（左）横踢腿向我攻击时，我方迅速向右（左）侧闪身双手，分握警棍向左（右）推挡防守，然后迅速垫步右（左）侧踹攻击其腹部，顺势右手握棍以棍前段为力点猛力右（左）横击对方颈部。

五、防暴盾牌的使用技能

防暴盾牌（见图3-3-11）的使用技能包括以下几个方面。

图3-3-11　防暴盾牌

（一）戒备姿势

1. 单手持盾戒备（见图3-3-12）

图3-3-12　单手持盾戒备

(1) 基本戒备姿势。

左手持握盾牌,右臂贴于盾牌上沿,左膝贴于盾牌下沿,两腿自然分开站立。

(2) 轻装戒备姿势。

左手持握盾牌置于身体前沿贴近身体,右手持警棍,右小臂贴于腰侧,两腿自然分开站立。

2. 双手持盾戒备

双手分别抓握盾牌两个固定握把,盾牌置于身体前沿贴近身体,小臂贴于腰侧,两腿自然分开站立(见图3-3-13)。

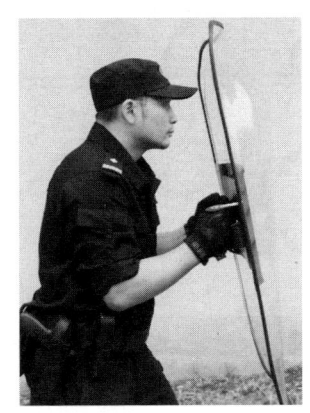

图3-3-13 双手持盾戒备

(二) 单盾防护技术

1. 上防护

在戒备基础上,双手上抬进行防护,盾牌上沿高于头部。

2. 左右防护

在戒备基础上,重心下降,同时身体向左右转体进行防护。

3. 下防护

(1) 下蹲防护(用于防护地面投掷物)。

在戒备基础上,迅速降低重心进行向下防护,盾牌下沿置于地面。

（2）提腿防护（用于防护刀斧低位的砍杀动作）。

在戒备基础上，迅速降低重心提起前小腿，同时利用后滑步向后移动。

（三）盾牌主动控制技术

1. 下切技术

在戒备基础上，上抬盾牌高于头部，利用盾牌下沿向斜下方发力，攻击对方上身部位。

2. 左右侧切击技术

在左右防护的基础上，利用盾牌左右侧沿向对方身体（持械手臂）发力。

3. 撞击技术

在戒备基础上，利用盾牌前防护面，向对方持械手臂方向，身体侧斜向上发力撞击。

第四章　警务实战武器篇

第一节　枪支安全使用及故障排除

一、枪支安全使用法则

枪支使用应以安全为前提，使用时必须严格遵守安全规则，在日常工作中严格贯彻执行有关规章制度。

（一）安全规则

安全并且规范的使用枪支是保证警察执法正常进行，减少不必要伤亡和走火事件等事故发生的保障，枪支安全使用，并不依赖机械保险装置，而是人为的安全操作，因此，任何人都要严格执行枪支使用安全规则。

（1）将所有枪支视为子弹上膛；

（2）除非得到射击命令或决定射击，否则应将击发扳机的手指放于扳机护圈外；

（3）除非得到射击命令或决定射击，否则不能将枪口指向任何人或物；

（4）除非得到射击命令或势态需要，否则不能拔枪、上膛、据枪；

（5）除非能够确定目标，否则不可开枪；

（6）领取、交还、交接枪支时，必须验枪，验枪时必须检查枪膛，确定枪膛内无子弹。

(二) 枪支安全使用意识

枪支安全使用意识在警察使用枪支过程中是非常重要的，任何的麻痹大意以及不规范的操作都有可能会造成严重的后果。因此，在警察使用枪支的过程中，安全使用手枪的意识由始至终不得怠慢。平时加强安全使用枪支的教育，积极培养警察养成使用枪支的安全意识，这不仅是对警察的要求、更是对警察指挥员的要求，警察安全用枪必须深入研究，认真总结，将使用枪支所必需的安全意识领会贯通，促进警察使用枪支安全意识的养成。

1. 加强警察对枪支安全知识的认识与理解

在平时训练中就要强化警察使用枪支的规范操作意识，首先要严格要求狠抓不懈，要让全体警察深刻地认识到枪支使用过程中安全的重要性，不管是思想意识层面还是操作层面，无时无刻都要体现出来，指挥员真正起到榜样作用。其次要让全体警察理解这样做的原因，让指挥员明确告知队员它的道理。最后要对在枪支训练过程中松懈的警察进行提醒和教育，时刻防止其松懈，对于情节比较严重的可给予更为严格的处罚。对于警察而言，枪支安全操控是执法过程中的基础与必备能力，要用大量鲜活和真实的案例让警察认识安全用枪的重要性。其次指挥员要细致地讲解及示范给警察听和看。在训练场上要多让警察自己找问题讲原因，要自己提醒自己严格要求自己，让警察真正领会和掌握安全用枪知识，使其铭记在心能够受用一生。

2. 加强安全意识的教育

枪支使用的安全一直是各级领导所关注的重中之重，对枪支使用的安全，要高度重视，但是由于某些警察的安全意识不够 所以在警察枪支应用过程中还存在着一些问题，最主要的是知行分离的问题。因此，需要警察把枪支使用的安全意识的教育问题放在平时训练工作的首位，认真贯彻以防为主，将安全意识的培养贯穿整个枪支使用的过程始终，需要强化警察的安全意识，使之在思想上有清醒的认识，明确用枪安全的重要性，确保警察在使用过程中由始至终尽心尽责。不断提高警察的安全意识，通过生动形象的案例教学,进一步加深安全教育,使警察深知危险和不规范的操作会造成严重后果,以事实说话,防微杜渐,确保实战中枪支使用的安全。

二、枪支故障排除

射击中出现枪械故障时,需要有快速排除故障恢复武器射击的能力,如在实战中出现枪支故障,应迅速进入掩体,并及时通知同伴掩护再进行故障排除。

(一) QSZ 92 式 9mm 手枪 (见图 4-1-1)

图 4-1-1　QSZ 92 式 9mm 手枪

QSZ 92 式 9mm 手枪是我国最新研制的军、警用战斗手枪,该枪从 1992 年开始论证,1994 年正式批准立项开始研制,1998 年设计定型,简称 92 式 9mm 手枪。该枪装备于我国军队中营以下军官、武警、特种兵、公安警察及其他特业人员。

92 式 9mm 手枪常见故障和排除方法

故障现象	故障原因	排除方法
不送弹	1. 弹夹过脏或损坏; 2. 机件过脏,枪机后退不到位	1. 更换弹夹; 2. 擦拭过脏机件
不发火	1. 子弹底火失效; 2. 击锤簧弹力不足或击针损坏	1. 更换子弹; 2. 更换击针或击锤簧
不退壳	1. 子弹、枪机、机匣、弹膛及火药气体通路过脏,枪机后退不到位; 2. 抓弹钩过脏或损坏	1. 捅出弹膛内弹壳; 2. 擦拭过脏机件; 3. 更换抓弹钩

续表

故障现象	故障原因	排除方法
枪机未前进到位	1. 弹膛、机匣、枪机和复进机组件过脏或枪油凝结； 2. 子弹或弹匣变形	1. 推枪机到位； 2. 擦拭过脏机件； 3. 更换子弹或弹匣
不抛壳	1. 火药气体通路过脏； 2. 机件过脏，枪机后退不到位	1. 卸下弹匣，取出弹壳； 2. 擦拭过脏机件

（二）9mm 警用转轮手枪（见图 4-1-2）

图 4-1-2　9mm 警用转轮手枪

9mm 警用转轮手枪是公安部首次独立组织力量开发的低杀伤和非致命杀伤的新型自卫、防暴武器。

9mm 警用转轮手枪常见故障和排除方法

故障现象	故障原因	排除方法
转轮转动不到位	1. 退壳轴松动； 2. 子弹没有装到位	1. 拧紧退壳轴； 2. 按压子弹到位，射击后，应对枪管及转轮弹膛进行擦拭
扳机扣不动	1. 击针断裂； 2. 转轮转动不到位，转轮不到位保险在起作用	转出转轮，看击针是否突出，如突出，送交相关部门进行维修
单动射击，不能扣合击锤	后压击锤没有到位	转动转轮到位

续表

故障现象	故障原因	排除方法
射击时出现哑弹	子弹在生产中，经过严格质量控制，出厂前，经严格的质量检验，一般不存在射击故障，但还是有极低的概率出现哑弹	1. 向后压击锤向直至击锤被扣合； 2. 由于转轮的特殊结构，还可以继续射击，确保弹膛内所有子弹发射完毕后或射击停止时，将枪口对准安全方向，退出弹壳及子弹
射击时声音异常，且后坐力突然增大	枪管内有弹头留膛	应立即停止射击，打开转轮，检查枪管内是否有弹头留膛，严禁用次一发子弹撞击留膛弹头，故障排除后方可进行射击

（三）QBZ95 式 5.8mm 自动步枪（见图 4－1－3）、QBU 88 式 5.8mm 狙击步枪（见图 4－1－4）

图 4－1－3 QBZ95 式 5.8mm 自动步枪　　　图 4－1－4 QBU 88 式 5.8mm 狙击步枪

QBZ95 式 5.8mm 自动步枪武器系统是由 QBZ95 式 5.8mm 自动步枪、35mm 下排式防暴榴弹发射系统、QNL95 式 5.8mm 班用枪族刺刀、87 式 5.8mm 普通弹、5.8mm 班用枪族白光瞄准镜和 5.8mm 班用枪族微光瞄准镜组成的。该武器系统是我国自行研制、生产定型的小口径自动步枪武器系统。它于 1987 年开始研制，于 1995 年设计定型，于 1997 年首批装备驻香港部队。

5.8mm 狙击步枪武器系统是由 QBU 88 式 5.8mm 狙击步枪、88A 式 5.8mm 通用机枪弹、5.8mm 狙击步枪白光瞄准镜（也可装配

5.8mm 狙击步枪微光瞄准镜）组成的武器系统。该系统是我国自行研制、生产定型的小口径武器系统。它从 1988 年开始研制，至 1995 年完成设计定型，1997 年首批装备驻香港部队。

5.8mm 狙击步枪常见故障和排除方法

故障现象	故障原因	排除方法
不送弹	1. 弹匣（盒）过脏或损坏及子弹变形； 2. 机件或火药气体通路过脏，枪机（套筒）后退不到定位	1. 擦拭武器和弹匣（盒）； 2. 更换弹匣或子弹及弹带； 3. 更换损坏机件； 4. 必要时可将气体调整器定在"3"上
枪机未前进到位	1. 弹膛、机匣、枪机、复进机过脏或枪油凝结； 2. 子弹或弹匣口变形； 3. 复进簧弹力不足	1. 推枪机到定位； 2. 擦拭过脏机件； 3. 更换损坏机件、弹匣及子弹
不发火	1. 子弹底火失效； 2. 击针损坏； 3. 击锤簧或复进簧弹力不足； 4. 机匣、枪机过脏	1. 更换子弹； 2. 更换损坏机件； 3. 擦拭过脏机件
不退壳（弹）	1. 子弹过脏； 2. 枪机机匣、弹膛及火药气体通路过脏、气体调整器松动或枪管过热； 3. 抓弹钩（簧）过脏或损坏； 4. 调节塞位置不正确	1. 捅（取）出膛内弹壳； 2. 擦拭过脏机件或子弹； 3. 更换抓弹钩（簧）； 4. 冷却（更换）枪管，拧紧或调整气体调整器调节塞
卡壳或卡弹	1. 枪机或导气沟过脏； 2. 抓弹钩、拨弹突笋损坏； 3. 复进簧弹力不足	1. 擦拭枪机或导气沟； 2. 更换损坏机件； 3. 必要时将气体调整器定在"3"上
不连发	1. 气体调整器装定不正确和松动； 2. 导气箍、枪机和机匣过脏； 3. 子弹装填不正确	1. 正确装定气体调整器； 2. 擦拭过脏机件； 3. 更换弹带（盒），重新装填子弹

(四) 1997 年式 18.4mm 防暴枪武器系统（见图 4-1-5）

图 4-1-5　1997 年式 18.4mm 防暴枪武器系统

1997 年式 18.4mm 防暴枪的保管、日常保养与其他枪支基本相同，保存枪支的环境应干燥、通风，防止暴晒和雨淋，对风沙、尘土、烟雾、湿热地区、射击训练或执行战斗任务后，应对枪支经常进行分解、擦拭、保养、涂油防锈，务必使枪支始终处于良好状态。

18.4mm 防暴枪常见故障的排除方法

故障现象	故障原因	排除方法
枪弹填装不到位	枪弹从弹仓内直接弹出落到输弹器上，影响继续填装	1. 右手食指压下到位保险； 2. 左手握前护柄稍用力向后拉，从抛壳窗中取出该弹； 3. 也可以向前推进护柄直接上膛，之后可以继续向弹仓中装填子弹
不击发	1. 前护柄向前没有推到位导致闭锁不完全； 2. 扳机轴脱落，扳机不能复位	1. 稍用力向前推前护柄到位； 2. 正确安装扳机轴
瞎火	1. 弹药受潮等原因使底火或发射药失效； 2. 击针变形或破损； 3. 击锤簧失效	1. 过 10 秒后退出该弹，更换弹药； 2. 更换击针； 3. 更换击锤簧
卡弹	推前护柄用力过猛，弹药在进膛过程中被卡住，不能进入弹膛	将前护柄向后稍退一段距离，再向前推就可顺利上膛

续表

故障现象	故障原因	排除方法
不抛壳	1. 弹膛锈蚀或油污过多； 2. 枪管尾部受磕碰、重压产生变形； 3. 拉壳钩齿磨损； 4. 拉壳钩簧失效； 5. 退壳挺座前榫变形或断裂	1. 经常保养擦拭，防止锈蚀； 2. 更换枪管； 3. 更换拉壳钩； 4. 更换拉壳钩簧； 5. 校正或更换退壳挺座前榫
不抛壳	退壳挺片簧变形或断裂	1. 快速向后拉前护柄，使弹壳抛出； 2. 更换退壳挺片簧
空膛 （不出仓）	1. 弹仓内有异物或灰尘油污过多； 2. 弹仓簧失效； 3. 输弹帽变形卡滞	1. 分解擦拭弹仓，涂油不易过量以免挂灰； 2. 更换弹仓簧； 3. 更换输弹帽

第二节　简易射击学原理

射击学原理是研究发射与命中的科学，学习掌握射击原理是为了摸索射击规律、正确掌握射击要领，提高枪支射击的命中率。

一、发射与后坐

发射是枪支的根本功能，是使用枪支作为工具的根本目的。后座是枪支本身的结构特点而形成的现象，是由于枪支发射而引发的副作用，但是通过枪支设计后座又实现了子弹的自动装填。

（一）发　射

1. 发射的概念

火药气体压力将弹头从膛内推送出去的过程，叫发射。

2. 发射的过程

击针撞击枪弹底火，点燃起爆药。火焰通过导火孔引燃发射药,产生大量火药气体,形成很大压力,使弹头从静止转为运动,脱离弹壳,嵌入线膛。发射药在迅速变化燃烧,膛内压力急剧增大,推动弹丸沿膛线旋转加速前进,直至推出枪口。弹丸飞出枪口时,火药气体形成一股气流,从膛内喷出,其速度仍比弹头速度大得多。因此,在距枪口一定距离上(5~50cm),火药气体仍继续对弹头底部施加压力,并加大弹丸的运动速度,直至火药气体压力与空气阻力相等时为止。此时,弹头飞行的速度最大。

(二)后 坐

1. 后坐的概念

发射时,武器向后运动的过程叫后坐,向后运动的力量叫后坐力。

2. 后坐的形成

发射药燃烧时产生的气体压力同时作用于各个方面,作用于弹头后部的压力推动弹头前进;作用于膛壁周围的压力为膛壁所抵消,作用于弹壳底部的压力通过枪机作用于整个武器,使武器产生与弹丸运动方向相反的后坐运动,形成后坐。武器的后坐和弹头的运动是同时开始的,后坐方向基本沿枪身轴线正直向后,对于整个后坐过程来说,弹丸未出枪口前的后坐,称为一期后坐。在弹丸脱离枪口的瞬间,大量的火药气体随弹丸后部从膛内向外喷出,形成反作用力,使武器的后坐更加明显,这为二期后坐。

3. 后坐对射击命中的影响

由于弹头在膛内运动时间极短约千分之一秒,所以弹头在脱离枪口以前,枪的后坐距离只有一毫米左右,并基本上是沿枪身轴线向后正直运动。射手感觉到的后坐,主要是二期后坐,此时,弹头已脱离枪口,所以,在正确握持的前提下,后坐对手枪射击命中的影响极小。后坐对手枪慢射和速射的首发命中影响不大,但由于后坐破坏了瞄准线,延长了再瞄准时间,所以对速射的后几发和连发射击的命中都有一定影响。

4. 后坐对射击动作的影响

武器的后坐力是沿枪管轴线正直向后的,枪管轴线是在枪身重心之上，射击时，射手以手作为承受后坐力的支点，因此，后坐时就在武器重心之下产生了反作用力，形成力偶现象，使枪口在后坐时向上跳动，出现发射差角。按照武器设计要求的握持动作所产生的发射差角，在矫正射效时以作了修正，但如握持动作不正确，枪与手臂、身体不能形成整体，改变了原来的力臂定量，射击时就会因增大发射差角而扩大了射弹散布范围。正确的握持动作的原则是：尽量使枪管轴线与手臂轴线相平行，并使全枪重心与手臂重心相接近。

5. 后坐对射手的心理影响

由于手枪枪管短，承受后坐力部位（手、腕）的质量、面积较小，射手对二期后坐及爆音的感受较为强烈，易使射手形成规避心理。对后坐作出提前反应，在开始击发而未形成发射之前就下意识地以手臂前迎（手腕下压）对抗后坐力，或以回缩肩关节以承受后坐力，造成射弹偏差，这是手枪射击中常见的问题。为减少后坐对射击命中的影响，训练时应特别强调形成正确握持动作的动力定型，并且运用音响和后坐力模拟，使射手适应后坐现象，消除规避心理。

二、弹　道

弹道是枪支性能的重要指标。弹道的理论参数根据枪型的不同而有所区别，但实际参数又受多种因素的影响。只有了解和掌握使用枪型的弹道参数，在射击时加以调整，才能有效命中目标。

（一）弹道与弹道的形成

1. 弹道的概念

在发射过程中，弹丸质心运动的轨迹叫弹道。弹道分内弹道、中间弹道、外弹道和终点弹道四个部分。

内弹道是指弹丸受火药气体作用在膛内的运动过程；中间弹道是指弹丸出膛口后受火药气体作用继续加速运动的过程；外弹道是指弹丸不受火药气体作用，在膛外运动的过程；终点弹道是弹丸命中目标后在目标内的运动过程。

在以上四个部分中与射击精度密切相关的是中间弹道和外弹道，下面我们重点介绍外弹道的有关知识。

2. 外弹道的形成

发射后,弹丸出膛口后在空气中飞行,同时受到三种力的作用:一种是火药气体压力作用下所形成的惯性力,使弹丸向前飞行;一种是万有引力的作用使弹丸在飞行中越飞越低;再一种是空气阻力的作用用使弹丸飞行的力量逐渐减少,速度越飞越慢。结果形成了一条不均等的弧线,其特点是:升弧较长较直,降弧较短较弯曲。

(二) 弹道要素

(1) 起点:枪口中心点。
(2) 枪口水平面:通过起点的水平面。
(3) 射线:发射前枪膛轴线的延长线。
(4) 射角:射线与枪口水平面所夹的角。
(5) 发射线:弹丸出枪口瞬间枪膛轴线的延长线。
(6) 发射角:发射线与枪口水平面所夹的角。
(7) 发射差角:发射线与射线所夹的角。
(8) 落点:弹道降弧与枪口水平面的交点。
(9) 弹道最高点:枪口水平面上弹道最高的一点。
(10) 升弧:由起点到弹道最高点的弹道。
(11) 降弧:由弹道最高点到落点的弹道。
(12) 弹道高:弹道上任何一点到枪口水平面的垂直距离。
(13) 最大弹道高:弹道最高点到枪口水平面的垂直距离。
(14) 射程:起点到落点的水平距离。

三、瞄准与击发

瞄准和击发是枪支射击中的基础技能。瞄准要以枪支弹道和枪支晃动为前提。而击发则受到手指发力大小和角度的影响。这两项技能都必须在掌握相关理论的基础上通过长期的操作练习才能得到提升。

(一) 瞄　准

为使弹丸能命中预定的目标,而赋予枪膛轴线在水平面上的垂直面上的一定位置的操作叫瞄准。由于地心引力和空气阻力的作用,如果用枪管轴线向目标射击,射弹就会打低打近。为了命中目标,必须将枪口抬高,使枪膛轴线与瞄准线之间形成一定的角度,即瞄准角。瞄准时根据弹道形状和射击距离的远近决定瞄准角的大小。

1. 瞄准要素

(1) 瞄准基线:缺口的上沿到准星间的直线。

(2) 瞄准线:视线通过缺口上沿中央和准星间的延长线。

(3) 瞄准点:瞄准线所指向的一点。

(4) 瞄准角:射线与瞄准线的夹角。

(5) 瞄准线上的弹道高:弹道上任何一点到瞄准线的垂直距离。

(6) 落点:弹道降弧与瞄准线的交点。

(7) 弹着点:弹道与目标表面或地面的交点。

(8) 实际射击距离:起点到落点的距离。

2. 正确的瞄准

右眼通视缺口准星,使准星尖位于缺口中央并与上沿平齐,指向瞄准点,就是正确瞄准。

(1) 正确的瞄准景况。

瞄准时,应集中主要精力于缺口准星的平正关系上,此时,缺口与准星的平正关系看得清楚而目标看得较模糊,这就是正确的瞄准景况。

如果集中精力于准星和目标的关系,就容易忽视缺口和准星的平正关系。而准星尖不能平正于缺口中央上沿,这就改变了原来的瞄准角,使射弹发生偏差。由于手枪的瞄准基线短,所以,若准星与缺口的关系不正确,对命中的影响甚大。如准星尖在缺口内偏差1mm,在25m距离上弹着点的偏差量:五四式手枪为16cm,六四式手枪为21.4cm。距离加倍,偏差量加倍。

(2) 瞄准区。

通常情况下手枪握枪是采用单点支撑,重力臂长,加之肌肉运动生理机制方面的原因,使据枪的稳定性较差。其表现为正确据枪状态下枪身(瞄准线)总是在有规律的晃动。射击时,不可能将瞄准线固定在预定瞄准上击发,所以通常使用瞄准区这个概念。根据射击目的,以瞄准点为中心而规定的一定的范围,叫瞄准区。当瞄准线晃动至瞄准区内时枪响,就能实现准确射击。

①选定瞄准点(区)。为了使射弹准确命中目标,射击时,射手应根据目标的距离、大小和手枪的弹道高,正确选定瞄准区,并相应地制定出瞄准区。

②精确选定瞄准点(区)。通常在已知精确射击距离和目标尺寸时使用。其方法是:根据预定命中部位该距离弹道高即得到瞄准点的位置,再规定出瞄准区。例如,射击距离 25m,目标胸环靶,命中部位 10 环,弹道高 12.5cm。从 10 环中心点下降 12.5cm 是下 8 环中央,这是瞄准点。以此点为中心规定一个半径 5cm 的范围。这就是命中 10 环的瞄准区。

③概略选顶瞄准点(区)。通常在时间紧迫,不易精确指定射击距离、目标尺寸时使用。其方法是:对小目标瞄下沿,对大目标瞄中央(在 25m 距离上弹道归 0 的枪均瞄中央)。例如:对人头部位射击,应瞄向肩水平线中央。

(3) 影响正确瞄准的因素。

影响正确瞄准的因素较多,归结起来,主要有心理、动作、外界三大类。

①射手心理因素的影响。心理因素的影响主要是指射手处于紧张、恐惧、激动、愤怒的心境时,使生理机制产生一系列变化,心跳、血流加速、知觉度下降、肌肉颤抖,致使枪身无规律抖动,无法实施正常瞄准。应通过平时的心理训练和临场的心理调整予以解决。

②动作因素影响。动作因素的影响主要是指由于技术动作不正确,致使枪手无法完成正确瞄准,但在这种情况下,射手本身往往认为自己做到了正确瞄准。

③外界条件因素的影响。外界条件是指气温、风速、光线等。手枪是近距离射击武器,外界变化对弹道影响不大,主要是对瞄准的影响。

(二) 击 发

在合理据枪、正确瞄准的基础上,均匀、正直预压、自然适时压响的动作叫击发。

1. 正确的击发动作

击发时用右手食指第一指关节指腹部分单独地、均匀地、正直向后地扣压扳机，其余四指力量不变。当瞄准线接近瞄准区时，开始预压扳机，扣落第一道火，并减缓呼吸。当瞄准线进入瞄准区内的同时，食指应对第二道火施加压力，逐渐减缓呼吸，一边修正平正关系保持正确一致的瞄准，一边继续对扳机增加压力，即"边瞄边扣"。虽然此时平正准星在瞄准区内时有晃动，但仍要继续均匀、正直、逐渐地对扳机增加压力，即"边晃边扣"直至击发。当发现平正准星偏离瞄准区较远或屏止呼吸不自然时，食指应暂时停止对扳机的用力，但不松开扳机，经过调整后平正准星能进入瞄准区或呼吸自然了，再继续扣扳机，直到自然击发为止。当射手已无法坚持或对扣扳机信心不足时，则可以松开扳机，收回据枪手臂，重新开始，不应该勉强击发，更不能猛扣扳机。

2. 常见的错误击发动作

（1）击发时机掌握不好。

掌握好击发时机有利于提高射击精度，击发时机应在据枪晃动较小的时候即瞄准线在瞄区内轻微晃动时击发。有些警察往往希望将平正准星停在最小的瞄准区内，这就必然会延长瞄准的时间，错过相对稳定阶段，造成枪的更大晃动，贻误击发时机。纠正时，要求警察右手食指要预先压到扳机上，并达到一定程度，在枪支稳定的初期大胆地做击发动作。

（2）过于追求响枪时间而猛扣。

有些警察的注意焦点不在平正准星缺口上，而是在"怎么还不响枪"上，为了追求"马上响"就会突然用力、猛用力。纠正时要让警察将注意的焦点放在平正关系上，做到何时扣响都让准星缺口平平正正。

（3）抢点猛扣。

让警察不要苛求瞄准点，当瞄准线进入瞄准区后就要大胆的扣压扳机，做到"边瞄边扣"，当瞄准线在瞄准区附近轻微晃动时要继续扣压扳机,做到"边晃边扣"。扣扳机时不突然用力,其余四指和手腕不能有任何附加力量。

第三节 手枪基础使用

一、QSZ92 式 9mm 半自动手枪基础使用

QSZ92 式 9mm 半自动手枪,一般简称为 92 式手枪,是由军方使用部门提出研制的,从 1987 年开始论证,1994 年正式立项,交给工业部门研制。1998 年完成枪弹的设计定型。1999 年 12 月 20 日,作为驻澳门部队装备正式公之于众。

该枪原理新颖、结构合理、精度好、可靠性高、威力大、重量轻、外形美观大方,杀伤 50m 以内的单个生动目标。全枪采用单元化组件形式,勤务性好,握持舒适,人机工效好。装备于我军营以下军官、武警、特种兵、公安警察及其他特业人员。

(一)QSZ92 式 9mm 半自动手枪特点

(1)功能设置齐全,设有手动保险、击针保险和不到位保险,具有膛内有弹显示、弹匣余弹显示和空仓挂机功能;

(2)采用双排双进弹匣供弹方式,提高了弹匣在恶劣环境下的供弹可靠性;

(3)采用半自动发射方式,具有单动和联动功能;

(4)采用多种设计技巧,简化结构,减少全枪零件数量,在不需要任何工具的情况下就可快速进行不完全分解、结合,勤务性好;

(5)采用新型工程塑料的枪底把(套筒座),握持舒适、手感好,射击时还有减震作用;

(6)照门和准星上都装有荧光点,便于夜间瞄准,同时还设有激光瞄具接口,便于安装激光瞄具;

(7)双向手动保险扳把和可换向安装的弹匣扣,能方便左撇子射手使用。

（二）验　枪

动作要领：在立正的基础上，听到"验枪"的口令后，右手打开枪套扣，取出手枪置于右胸前，手约与肩同高，大臂自然下垂，并紧贴于右肋，枪口指向前上方（约成45°角），拇指按压弹匣卡笋，左手取出弹匣交给右手，置于小指与无名指之间或握于握把的左侧，扳击锤向后成待发状态。然后左手拇指和食指捏握套筒后部。当指挥员检查（或听到"自验"的口令）时，拉套筒向后。验过后，自行送回套筒，装上弹匣，击发后关上保险。

（三）装退子弹

1. 填装子弹

（1）向弹匣内装填子弹。

当听到"装填弹匣"口令后，左脚向前迈出一步，右膝向右跪下，臀部坐在右脚跟上，左小腿略垂直，两腿约成90°角。取出空弹匣交给左手，托弹扳向上，平齐面向左，右手将子弹放入弹匣口，两手协力将子弹压入弹匣内。

（2）向手枪内装弹匣。

以右脚掌为轴，身体大半面向右转，同时左脚顺势向前迈出一步，两脚打开约与肩同宽，右手将枪移至腹前。身体保持正直，重心落于两脚。两手协同取出手枪，右手将枪置于右胸前，大臂自然下垂，手约与肩同高，枪口指向前上方（约45°角）。右手拇指按压弹匣卡笋，左手取出空弹匣交给右手，握于枪的左侧，然后从弹匣套内取出实弹匣装入枪内，再将空弹匣装入弹匣套内。扳击锤向后成待发状态，拉套筒向后到定位，推子弹上膛，将击锤送于保险位置，目视前方。

2. 退子弹

右手拇指按压弹匣卡笋，左手取出实弹匣交给右手，握于枪的左侧，扳击锤向后到定位。枪面向右使抛壳向下左手掌心向下对正抛壳口，用手指第一节和手掌的肉厚部分握住套筒，快拉套筒向后，手指和手掌肉厚部分夹住从膛内退出的子弹，松开套筒，将退出的子弹装入实弹匣内。左手从弹匣套内取出空弹匣，装入枪内，再将实弹匣装入弹匣套内。然后，使击锤位于保险位置，将枪装入枪套内并扣好。身体大半面向左转,在左脚靠拢右脚的同时右手将枪移至身后,恢复立正姿势。

(四)射击姿势

1. 立 姿

(1)单手侧身式(见图4-3-1)。

单臂侧身射击的优点:一是瞄准基线长,易于精确射击;二是暴露面最小、容易隐蔽;三是射手在另一手臂受伤时采用。不足之处在于单臂悬臂据枪稳定性较差、不易连续快速射击。

图4-3-1 单手侧身式

动作要领:射手侧对射击方向,两脚自然开立与肩同宽或略宽于肩,重心落在两脚上或在两脚连线的后1/3处,上体稍后仰但不宜过大,肩部放松,头侧转,右臂自然伸直,右手握枪,手腕挺住,概略指向目标。左手自然下垂或插入口袋内,或扶在腰带上,或挂在枪背带处都可以。

(2)韦法式(见图4-3-2)。

图4-3-2 韦法式

韦法式射击姿势是由美国洛杉矶警官积·韦法（Jack Weaver）于50年代设计，其身体各部分的姿势与步枪立射姿势极为相似。其优点一是减小了射手身体的暴露面；二是便于射手重心移动和姿势转换；三是提高了手枪射击的稳定性和精确性。

动作要领：左脚向前迈出半步，脚尖朝着目标方向或稍向右偏；右脚尖方向与目标成90°；双膝微曲，身体挺直；持枪的右手向前完全伸直，锁定肘关节；左手臂里合并向下弯曲；头部靠右侧倾斜，令右眼与瞄准线重叠；据枪高度略低于眼睛水平线；瞄准线与右手臂成一直线。

（3）对等三角式（见图4-3-3）。

图4-3-3 对等三角式

对等三角的双臂据枪令身体各部分姿势较韦法式来得自然，有研究指出，一般警务人员即使在训练时一旦遇上危急情况，在极大精神压力下，也会自然作出对等三角的双臂据枪动作，原因是这个着重身体左右平衡的姿势较接近人类遇险时的本能反应。但它也有身体暴露面大、重心移动不便等缺点。

动作要领：身体朝向射击目标，略为向前倾，以抵消发射子弹时的后坐力；双膝微曲；锁定手肘关节，双手与身体成一个对等三角形；双脚分开与肩同宽或略宽于肩。

2. 跪　姿

（1）单腿低姿（见图4-3-4）。

面对目标，左脚向前迈出一步，身体下蹲，左腿弯曲，右膝外摆跪地，两大腿间成90°，臀部坐于右脚跟上，大部分重心落于右脚掌。上体正直或稍向前倾，正面双手据枪对准目标。侧面据枪时，左肘可放在左膝盖上来支撑射击。

图4-3-4　单腿低姿

（2）单腿高姿（见图4-3-5）。

面对目标，左脚向前迈出一步，身体下蹲，左腿弯曲，右膝外摆跪地，两大腿间成90°，大部分重心落于右膝。右大腿与上体保持正直，正（侧）面双手据枪对准目标。

图4-3-5　单腿高姿

(3) 双腿低姿 (见图 4-3-6)。

面对目标,双腿弯曲跪地,两腿间的夹角成 60°,臀部坐于两脚跟上,大部分重心落于两脚掌。上体正直,双手据枪对准目标。

图 4-3-6 双腿低姿

(4) 双腿高姿 (见图 4-3-7)。

面对目标,双腿弯曲跪地,两腿间的夹角成 60°,重心落于两膝上并与上体保持正直,双手据枪对准目标。

图 4-3-7 双腿高姿

3. 坐姿 (见图 4-3-8)

面对目标,右手持枪,两腿交叉弯曲,迅速盘腿坐于地上(或两腿伸直、弯曲),上体保持正直。双臂伸直据枪对准目标。利用左腿(膝盖向上)弯曲、右腿盘腿坐姿时,左肘可放在左膝盖上来支撑射击。

图 4－3－8　坐姿

4. 卧姿（见图 4－3－9）

面对目标，右手握枪。左脚向卧倒方向迈出一大步，迅速卧倒，两腿伸直，两脚分开约与肩同宽，两脚内侧触地。或将左腿曲起左脚背置于右膝窝，膝盖内侧触地支撑身体，重心在身体右侧，与地面留有一定空隙，双手据枪指向目标。

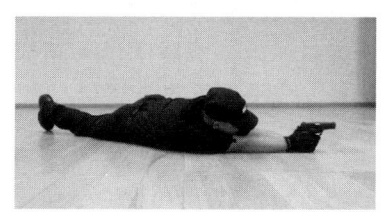

图 4－3－9　卧姿

5. 仰姿（见图 4－3－10）

面对目标，迅速屈腿下蹲，以臀部、背部依次序触地，收下颚，勾头倒地。上体略抬起，两腿分开，伸直或弯曲，双手据枪对准目标。

图 4－3－10　仰姿

二、2005 式 9mm 警用转轮手枪基础使用

2005 式 9mm 警用转轮手枪武器系统,是公安部首次独立组织力量开发的低杀伤和非致命杀伤新型自卫、防暴武器系统。可根据不同的需要发射普通弹和橡皮弹。执行的主要战术任务是:制伏 50m 内的犯罪嫌疑分子;驱散 50m 内非法聚众闹事人群;对 50m 内有生目标有杀伤作用等。

(一) 2005 式 9mm 警用转轮手枪特点

(1) 该枪采用六发转轮供弹,回转击锤打击内装式击针实现击发,手动发射、供弹和排壳,其结构简单紧凑;

(2) 该枪可发射两种不同作用效果的弹药,既可发射非致命橡皮弹,同时还可发射低能量杀伤弹;

(3) 该枪可实现快速联动射击,即使遇到瞎火、不击发故障,可迅速扣动扳机,实现下一发弹击发,适合紧急警务需要;

(4) 该枪体积小(全枪长/枪管长为 186/75mm)、重量轻(0.65kg)、后坐力小,便于携行和快速出枪,机动性能好,操作使用方便;

(5) 该枪故障率低(≤0.1%),使用可靠;

(6) 该枪射击密集度高(射距 25m,R50≤5.0cm),优于国内同类手枪;

(7) 该枪使用安全性好,设置有跌落保险、转轮不到位保险和独特的强制保险,在同类警用武器当中,保险手段最为完备;

(8) 该枪采用内置式击针击发发射机构及钛合金击针,击发可靠,使用寿命长;

(9) 该枪有余弹观察孔及附件接口,可联结激光照准器等外接附具,从而充分发挥武器系统作用;

(10) 该枪发射药为新型发射药,能量高、烧蚀低、残渣少,该弹内弹道性能稳定。

（二）验　枪

1. 验枪的目的和要求

动作要领：右手打开枪套扣，取出手枪置于体前，枪口指向前下方，右手拇指打开保险，向前推压推柄。用左手中指与拇指按住转轮不动，右手握枪柄向右转动，露出转轮，使枪身平躺，枪口朝下左手握转轮，查看弹膛内有无子弹。验过后，左手中指与拇指按住转轮不动，右手握枪柄向左转动，将转轮合膛，关闭保险。

2. 装退子弹

（1）填装子弹。

①向手枪装弹器内装填子弹。取出装弹器，将手柄顺时针方向旋到"开"位置时，使容弹孔朝上，将子弹弹底朝下放入容弹孔内，然后逆时针旋转手柄至"关"位置时，子弹即被固定在装弹器内，最后将装弹器装入装弹器套。

②向手枪内装子弹。以右脚掌为轴身体大半面向右转同时左脚顺势向前迈出一步，体重落于两脚。同时右手取出手枪，将枪置于右侧枪口指向前下方，食指置于扳机护圈外侧，右臂自然下垂，右手拇指打开保险，向前推压推柄，用左手中指与拇指按住转轮不动，右手握枪柄向右转动，露出转轮；左手拿枪，右手向左手中指指尖所对应的弹膛内填入第一发子弹，然后按逆时针方向依次装填子弹；装弹完毕，合上转轮，并用左手轻轻转动，确保已合膛。（用装弹器装弹时，将弹头对准转轮弹膛，再将手柄旋转至"开"位置时，六发子弹被释放，子弹装入弹膛。）持枪目视前方，准备射击。

（2）退子弹。

使枪口指向前上方，右手拇指向前推压推柄，用左手中指与拇指按住转轮不动，右手握枪柄向右转动，打开转轮；用左手拇指按压退壳轴，将子弹退出，并用右手接住子弹；再将转轮回转到位。关闭保险，将枪装入枪套内并扣好扣带。身体大半面向左转，右脚靠拢左脚，恢复立正姿势。

（三）射击姿势

（同 QSZ92 式 9mm 半自动手枪射击姿势）

第四节　长枪基础使用

一、防暴枪基础使用

防暴枪是采用动力发射防暴弹的机械装置。1997 式 18.4mm 防暴枪是在唧筒式猎枪的基础上发展而来的，该枪的使用与其他军用枪相似，只是上弹、退壳等动作不同。主要用于制服持械犯罪嫌疑人，驱散非法聚集的骚乱人群。

（一）验枪动作

动作要领：双手持枪，右手握握把，食指不接触扳机；不打开扳机保险；压下到位保险；握前手柄，向后拉到位；用目视方法检查枪膛内是否有子弹；用手摸的方法检查枪膛内是否有子弹；拉动前手柄到达最前位，完成验枪。

（二）装填子弹

1. 直接装弹入膛

（1）右手握机匣后部，食指压下到位保险；

（2）左手握前手柄，向后拉到位；

（3）右手取子弹，弹底向后从抛壳窗放入机匣中；

（4）左手握前手柄向前推到位，子弹上膛；

（5）打开扳机保险即可射击。

注意事项：

（1）持枪时，应左手握前手柄，右手握后手柄，利于上弹；

（2）当右手食指压不着到位保险时，说明枪未挂火，可直接拉前手柄上弹；

（3）装弹时要目视敌方，同时注意弹底向后。

2. 装子弹入弹仓，再上膛

（1）将前手柄推到极前位；

（2）左手握前手柄，右手从装具中取出子弹，弹底向后，用子弹托起输弹器，用拇指向前推子弹，当听到"咔"的一声响时，子弹即装入弹仓，可装五发子弹；

（3）右手食指压下到位保险；

（4）左手握前手柄向后拉到位，再向前推到位，子弹上膛；

（5）打开扳机保险，即可射击。

注意事项：

（1）装弹时，左手应始终握前手柄，右手装填子弹；

（2）当右手食指压不着到位保险时，说明枪未挂火，可直接拉前手柄上弹；

（3）携带多种弹时，弹仓不应装满，应留有1~2发空位，以备快速更换弹种。

（三）退　　弹

（1）压下到位保险，反复拉动前手柄前后运动，就可退出枪膛和弹仓中的全部子弹。具体步骤：

右手握机匣后部，食指压下到位保险；左手握前手柄向后拉，到位后子弹从弹膛中抛出；向前推前手柄到位，再向后拉，退出弹仓中的子弹。

（2）压下到位保险，向后拉前手柄，退出膛中子弹后，压下右开关片簧，可退出弹仓中的全部子弹。具体步骤：

①右手握机匣后部，食指压下到位保险；

②左手握前手柄向后拉至约3/4时，取出膛中子弹后迅速托起输弹器；

③向后拉到位，弹仓中的子弹退出一发；

④右手压下右开关片簧，子弹在弹仓簧的作用下依次从弹仓中退出。

注意事项：

退弹时，枪口严禁对人；子弹退出时，应用手接住，避免子弹落地损坏。

（四）换　　弹

1997式18.4mm防暴枪配有多种类型弹药，以适应不同场合的需要，因此，在实战中，根据目标不同需快速更换相适应的弹药。

其快速换弹的方法是：

（1）弹仓中应有一发以上的空位；

（2）弹膛中有弹，前手柄在前；

（3）取所需弹装入弹仓；

（4）右手食指压下到位保险；

（5）左手握前手柄向后拉到位，退出膛中子弹；

（6）向前推前手柄到位，所需子弹上膛，打开扳机保险即可射击。

此种快速换弹是应急措施，如需更换多发，应采取快速退弹，重新装填。

（五）基础射击动作

1. 握　　持

1997-1式18.4mm防暴枪的握持与其他枪支不同，右手握后手柄，靠左手握前手柄前后运动完成上弹、退壳。右手应用力握紧，松紧程度应足以控制枪的后坐力。正确的握持枪械，其后坐力会使枪向后移动而不会使枪有旋转的趋势。

2. 射击姿势

1997-1式18.4mm防暴枪可采取夹持射击和据枪射击方法。

（1）夹持射击。（见图4-4-1）

图4-4-1　夹持射击

夹持射击时，身体自然站立，右脚向后迈一步，侧身面对目标，左腿支撑身体，右腿保持身体平衡，使身体有利于抵抗枪的后坐力。左手握前手柄，右手握后手柄，夹持在腰上部。

（2）站立姿势——据枪射击（见图4-4-2）。

据枪射击时，身体自然站立，右脚向后迈一步，侧身面对目标，左腿支撑身体，右腿保持身体平衡，使身体有利于抵抗枪的后坐力。左手自然向前托握前手柄，保证枪机确实闭锁，右手握后手柄，大臂自然抬平，正直向后用力，使枪托确实抵于右肩窝外侧。

图4-4-2　站立姿势——据枪射击

3．瞄准方法

1997式18.4mm防暴枪的瞄准系统由固定准星与可调照门构成，瞄准时构成"三点一线"即可。

（1）标尺的选择。

①1997式18.4mm杀伤弹、动能弹。两种弹属面打击弹药即霰弹，由于弹丸散布面积较大，故可采取概率瞄准（目视枪管方向概率指向目标）；精确瞄准时，使用标尺1（注意：精确瞄准时，手柄后部离脸部的距离应在20cm以上。1997-1式18.4mm防暴枪不需要）。

②1997 式 18.4mm 痛块弹。此弹为独丸橡胶弹丸，主要打击单个目标，使用标尺 2。

③1997 式 18.4mm 催泪弹。弹丸是独丸，使用标尺 3。

（2）标尺的调节。

用拇指与食指压下游标与游标卡的两端面，前后移动游标，到标尺数处松手，游标就定位在数字处，该数字就是标尺数。

4. 射击方法

1997 式 18.4mm 防暴枪为双手柄式，射击时枪的后坐力绝大部分作用在后手柄上，弹种不同，后坐力大小也不同，初学者应多加练习，才能掌握正确使用方法。

（1）具体操作。

射击时，左手握前手柄，右手握后手柄，上弹后，右手食指压下扳机保险，扣动扳机后击发；第一发弹击发后，左手握前手柄向后拉到位再向前推到位，扣动扳机使第二发弹被击发；重复动作可将弹仓内的弹全部击发。

（2）射击时的注意事项。

①正确选用弹种。根据不同的打击目标，选用不同的弹种。

②射击时，应观察风向风力，注意修正瞄准。

③射击时，左手握前手柄前后运动时不可用力过猛，如在射击时，始终拉紧前手柄，击发后向后拉不动，需向前稍缓一下再向后拉即可。

④击发时，用右手食指第一关节均匀正直向后扣压扳机。接近瞄准点时，开始扣压扳机，并减缓呼吸，当瞄准线在瞄准点附近晃动时，应停止呼吸，继续增加对扳机的压力，果断击发（切忌猛扣扳机）。

击发要领归纳为：据枪同时压游隙，瞄准区内加压力，食指均匀正直压，余指力量不增减，扳机到底即可松，身体要正枪不歪。

二、冲锋枪基础使用

冲锋枪是双手握持、使用手枪弹的全自动武器，是经济实用的单人近战武器。79 式 7.62mm 冲锋枪是我国警察现行装备的主要武器之一，适用于近战（200m 内）。具有体积小，重量轻便于携带，火力较强等特点。主要用于近距离以突然、猛烈的火力杀伤和歼灭犯罪分子。

(一) 验　枪

动作要领：听到"验枪"的口令后，以左脚为轴，身体半面向右转，左脚顺势向前迈出一步（两脚约与肩同宽），同时右手移握标尺下方，左大臂紧靠左肋，枪托架杆贴于右胯，准星约与第二衣扣同高，右手打开保险，拇指按压弹匣扣，卸下弹匣，使弹匣向后交给左手握于枪的右侧，右手移握机柄。

(二) 装退子弹

1. 装子弹

(1) 口令："立（跪、卧）姿—装子弹"。

(2) 取下空弹匣，装上带有实弹的弹匣，并使其被卡笋卡牢。

(3) 打开保险，将快慢机柄定在所需要的位置（七九式冲锋枪的快慢机装置为"1"单"2"连"0"保险）。

(4) 拉枪机向后到位，再放手让其推弹进膛并复进到位，使枪成待发状态。

2. 退子弹

(1) 口令："停止射击"或"停放"；"退子弹"或"验枪"。

(2) 关上保险；

(3) 卸下弹匣；

(4) 打开保险，拉枪机向后将枪内的子弹退出；

(5) 装上空弹匣，关上保险。

(三) 基础射击

1. 据枪的动作要领

(1) 立姿据枪的动作要领。（见图 4-4-3）

据枪时，两脚约与肩同宽并成外"八"字，左胯稍前送。左手握弹匣，左大臂紧靠左肋，小臂尽量里合于枪身下方。右手握枪握把，大臂自然抬平，两手正直向后用力，使枪托确实抵于肩窝外侧。据枪要求枪面要正,抵肩位置高低适当,紧密确实;完成据枪动作后,保持各部位用力不变,不得向后拉枪和向前顶肩。

图 4-4-3 立姿据枪

(2)跪姿据枪的动作要领。(见图 4-4-4)

据枪时,左脚向右脚前迈出一步,距离约与肩同宽,右手将枪面向目标方送出,左手接握标尺下方。右膝向右跪下,臀部坐于右脚跟上,右小腿略垂直,两脚约成90°角,左肘放在左膝盖平面上,目视前方。

图 4-4-4 跪姿据枪

(3)卧姿据枪的动作要领。(见图 4-4-5)

据枪时,右手移握标尺前方,枪面向前,左脚向右脚尖前迈出一大步，左手在左脚尖前支地，顺势卧倒，以身体左侧，左肘支撑全身，右手将枪向目标方送出，左手移握标尺下方，右手移握枪握把。全身伏地，两脚分开约与肩同宽，身体右侧与枪面略成一线，目视前方。

图4-4-5 卧姿据枪

2. 瞄准的动作要领

（1）正确瞄准。

右眼通过缺口和准星，使准星尖位于缺口中央并于上沿平齐，指向瞄准点，就是正确瞄准。

瞄准时，应集中精力于准星和缺口的平正关系上。如果集中主要精力于准星和目标上，就会忽略准星与缺口的平正关系，造成瞄准误差。正确的瞄准景况，应是准星与缺口的平正关系看得清楚，而目标看得较模糊。

（2）瞄准误差对命中的影响。

瞄准时若准星与缺口的关系不正确，对命中影响很大，如果准星尖在缺口内偏差1mm，在50m距离上射弹偏差为23cm，距离增加几倍，偏差量就增加几倍。

（3）瞄准的口诀。

左眼闭，右眼睁，通过缺口看准星；有左有右高低平，三点构成瞄准线，击发动作是关键。

3. 击发的动作要领

击发时，用右手食指第一关节均匀正直地向后扣压扳机，余指力不变。当瞄准线接近瞄准点时，开始扣压扳机，并减缓呼吸，当瞄准线在瞄准点附近晃动时，应停止呼吸，继续增加对扳机的压力，果断击发（切忌为捕捉瞄准点而猛扣扳机）。击发瞬间应保持正确一致的瞄准。若瞄准内线偏离瞄准点较远时，则不放松也不增加对扳机的压力，应迅速修正，再继续扣压扳机。

据枪、瞄准、击发三者是相互影响和相互联系的动作，是严密的整体，必须有机结合才能打得准。

三、步枪基础使用

步枪是单人抵肩发射步枪弹的长身管枪械。不同类型的步枪可以执行不同的战术使命。QBZ95 式 5.8mm 自动步枪主要以其火力杀伤有生目标，必要时配置枪榴弹发射器发射防暴枪榴弹，适用于警察处置重大暴力性案件和突发性事件。

（一）验　　枪

动作要领：在立姿胸前携枪的基础上，听到"验枪"的口令后，以右脚为轴，身体半面向右转，左脚顺势向前迈出一步（两脚约与肩同宽）。左手握上护手，右手握握把，扣扳机的食指置于扳机护圈外，双手合力端枪，枪托抵于肩窝，枪面略平指向正前方。验枪时，使枪面向左倾斜 45°，右手食指扳下保险。拇指按压弹匣卡笋，将弹匣取出并交于左手枪的右侧，拉枪机向后，同时眼睛通过抛壳口处检查枪膛内是否安全。确认安全后，松开枪机，击发，装上弹匣并关上保险后，使枪面向右恢复端枪姿势。听到"验枪完毕"口令后，双手持枪向左下摆动，转体的同时，右脚靠拢左脚，成立姿携枪姿势。

（二）装退子弹

1. 向弹匣内装填子弹

动作要领：听到"向弹匣内装子弹"的口令后，左脚向前一步成跪姿，左手握弹匣，托弹板置于左膝上，弹匣口向上，弯曲部向内，右手将子弹放在弹匣口上，两手协力将子弹压、推入弹匣内。

2. 装退子弹及定复表尺

动作要领：听到"卧姿—装子弹"口令后，右手移握上护木（提把），使枪口向前背带从肩上脱下，左脚向右脚尖前迈出一大步

（也可右脚顺脚尖方向迈出一大步），左手在左（右）脚前撑地，顺势卧倒。以身体左侧、左肘支撑全身。右手将枪向目标方向送出，左手接握下护木（枪面稍向右，弹匣着地。右手解开镜袋扣，取出瞄准镜装在枪上并锁紧，摘下物镜护罩。夜间使用微光瞄准镜摘下昼光罩）。然后枪面稍向左，枪托着地，右手卸下空弹匣（弹匣口向后、挂耳向下），交给左手握于护木右侧，解开弹袋扣，换上实弹匣，将空弹匣装入弹袋内并扣好。拇指打开保险，（右手掌心向上、虎口向前，食指打开保险）拉枪机送子弹上膛，关上保险。右手拇指和食指转动表尺转轮，装定所需分划。然后，右手移握握把，伏地，两脚分开约与肩同宽，身体右侧与枪身略成一线，目视前方，准备射击。

听到"退子弹—起立"口令后，稍向左侧身，右手卸下实弹匣交给左手，打开保险，拇指（食指）慢拉枪机向后，余指接住从膛内退出的子弹（从地上捡起子弹），送回枪机，将子弹压入弹匣内，解开弹袋扣，换上空弹匣，把实弹匣装入弹袋内并扣好，击发，关保险，复回表尺（使枪面稍向右，右手盖上瞄准镜护盖，卸下瞄准镜，装入袋内并扣好），移握上护木（提把），将枪收回，同时左小臂向里合，屈左腿于右腿下。以左手和两脚撑起身体，右脚向前一大步，左脚再向前一步，左手反握护木，将枪倒置于胸前，右手拇指挑起背带，在右脚靠拢左脚的同时，两手协力将枪送上右肩，恢复肩枪姿势。

（三）射击动作

据枪、瞄准、击发是相互联系和相互影响的动作，稳固持久的据枪，正确一致的瞄准，均匀正直的击发，三者正确的结合，是准确射击的关键，也是射击训练的基础。根据战斗任务的需要和战场环境的具体情况，可选择有依托射击和无依托射击。

1. 步枪据枪姿势

（1）立姿射击。（见图4-4-6）

立姿射击通常是在时间短促、来不及做其他更稳固的射击姿势或受环境条件限制时采用的射击动作，是所有射击姿势中所需时间最短的一种射击姿势。其缺点是射击姿势过高、动作悬空、重心不稳,给稳固的据枪带来难度。

动作要领:在单手持枪的基础上,左脚向前迈出一步,略宽于肩,脚尖朝右前45°角方向;两腿挺立,含胸收腹,上体微向前倾,两眼注视目标方向。左手迅速接握下护盖(可反握护盖),小臂尽量里合,与枪身略在一垂直面内;右手虎口正握握把,大臂自然下垂,食指伸直贴于枪身一侧或扳机护圈外侧;上体稍前倾,两手正直向后用力,使枪托确实抵于肩窝,自然贴腮,瞄准射击。

图4－4－6　立姿射击

(2)跪姿射击。(见图4－4－7)

跪姿射击也是常用的一种射击姿势,它适合不同环境,尤其是在射手利用低矮的掩蔽物做隐蔽,为减少暴露面时采用。其特点是重心低,稳固性好,对于快速射击有一定的命中保证。

动作要领:在单手持枪的基础上,左脚向前大半步,身体下蹲,右膝向右跪于地上,两腿分开约90°,左小腿略垂直于地面,臀部坐于右脚跟上,上体体重落于两腿之间。据枪时,左手掌心向上虎口向前托握下护木,左肘平面略过膝盖平面撑稳,使枪身、左小臂、左小腿尽量在同一垂直面上。右手虎口向前握握把,手腕挺住,大臂自然下垂。两手稍向后用力,使枪托确实抵于肩窝。上体前倾下塌，尽量降低身体重心，保持姿势稳固。头稍前倾，自然贴腮，瞄准射击。

图 4-4-7 跪姿射击

（3）蹲姿射击。（见图 4-4-8）

蹲姿射击通常是在泥泞、积水或碎石的地面上，不便于做跪姿或其他射击姿势时采用。

动作要领：在单手持枪的基础上，左脚向左跨出一步，略宽于肩，两膝外张；左肘肘部置于左膝前侧或内侧，左手托握下护盖；右肘肘部置于右膝前侧或内侧，右手正握握把，食指贴于枪身一侧或扳机护圈上；上体稍前倾，两手正直向后用力，使枪托确实抵于肩窝，自然贴腮，瞄准射击。

图 4-4-8 蹲姿射击

（4）卧姿射击。（见图 4-4-9）

卧姿射击是最稳固的射击姿势，射手伏于地上，重心贴近地面，身体可有效承托枪械重量和射击后坐力。卧姿射击通常在远距离射击或长时间埋伏时使用，同时还可在低矮障碍物后或其他适用场合采用。

动作要领：在单手持枪的基础上，右脚向右前迈出一大步，按照左手、右肘的顺序，全身伏地，两腿分开略宽于肩，两脚内侧着地；左手接握下护盖（弹匣可着地），小臂尽量里合，与大臂夹角略大于90°；右手正握握把，两肘着地外撑，保持稳固；身体前跟，两手正直向后用力，使枪托确实抵于肩窝，自然贴腮，概略瞄准，快速射击。

图 4-4-9 卧姿射击

2. 瞄　准

瞄准是准确射击的前提，一定要认真细致，精益求精。瞄准时应把主要精力集中在准星与缺口的平正关系上。准星与缺口的关系不正确，对射击精度影响极大，QBZ95 式 5.8mm 自动步枪瞄准时，准星与觇孔的关系偏差 1mm，在 100m 距离上平均弹着点偏差量达 31cm。

3. 击　发

用右手食指第一节均匀正直地向后扣压扳机（食指内侧与枪应有不大的空隙），余指力量不变。当瞄准线接近瞄准点时，开始预压扳机，并减缓呼吸。当瞄准线指向瞄准点或在瞄准点附近轻微晃动时，应屏住呼吸，继续增加对扳机的压力，直至击发。击发瞬间应保持正确一致的瞄准，瞄准线偏离瞄准点较远或不能继续屏住呼吸时，应停止扣压扳机，待修正或换气后，再继续扣压扳机。

操纵点射时，应稳扣快松，扣到底松开为 2~3 发，在扣扳机的过程中,应始终保持姿势稳固,据枪力量不变,以提高连发射击命中精度。

四、狙击步枪基础使用

QBU 88 式 5.8mm 狙击步枪是由狙击步枪与白光瞄准镜组成的狙击手单人使用的武器,以隐蔽、突然、准确地射击杀伤 800m 内单个重要有生目标为主。警察主要将其用于射击较远距离上局部的严重暴力犯罪分子和解救人质等。

(一)验 枪

动作要领:听到"验枪"口令后,右手沿背带移向后方,握住握把,以右脚掌为轴,身体半面向右转,左脚顺势向前迈出一步(两脚分开约与肩同宽),同时右手将枪向前送出,右臂夹住枪托,左手拇指按压卡笋,取下弹匣交给右手,弹匣口向上握于枪的左侧,左手打开保险,四指并拢虎口向后,食指紧贴机柄。当指挥员检查时,拉枪机向后。验过后,射手自行送回枪机,装上弹匣,扣扳机,关保险,移握下护盖。听到"验枪完毕"口令后,右手移握背带,左手向右后方收枪,身体半面向左转,在右脚靠拢左脚的同时,恢复肩枪姿势。

(二)使用方法

1. 脚架的使用

本枪配有可拆卸、可折叠、可调节火线高低的轻便脚架,仅供战时或紧急情况下无依托时架枪使用,平时装在挂袋内,不随枪作训练使用。

(1)火线高低调整。

拉出滑动脚火线高增高;按下卡榫,推动滑动脚缩入脚架体,火线高降低,可调节范围 250~300mm,间隔 10mm。

(2)左、右脚架体的折叠。

分别向下拉顶头拉筒到位,使顶头脱离脚架柄,同时向前转动脚架体 90°放开顶头拉筒,使顶头卡入定位槽即可。

2. 机械瞄准具的使用、校正

（1）机械瞄准具的使用。

本枪的机械瞄准具是由可翻倒的表尺和准星座组成，当使用光学瞄准镜时，应扳倒表尺和准星座；当瞄准镜损坏或失效时，卸下瞄准镜、直立表尺和准星座，使用机械瞄准具。

表尺采用觇孔形式，用手转动表尺盘装定"0"～"8"码，分别在100～800m距离上使用。

"0"码为夜间使用，准星顶端设计有荧光剂的小圆孔与表尺"0"码荧光点配合，便于夜间瞄准。

（2）机械瞄准具的校正。

通过调节准星的高低及左右方向偏差，来修正平均弹着点的偏差，用准星扳手旋转准星高低和用准星滑座调节器左右移动准星滑座达成目的。准星每旋转90°对应的高低修正量在100m射距上为50mm，准星滑座移动0.5mm（调节器旋转180°）对应100m射距上的方向修正量为125mm。

当弹着点偏高时，准星扳手逆时针旋转就调高准星；当弹着点偏低时，准星扳手顺时针旋转就调低准星。

当弹着点偏左时，用调节器将准星滑座向左移动；当弹着点偏右时，用调节器将准星滑座向右移动。

在100m射距上，平均弹着点高100mm、偏左100mm，此时按准星每旋转90°修正量为50mm，将准星逆时针旋转180°；准星滑座移动0.5mm（调节器旋转180°）修正量为125mm，此时准星滑座应移动0.4mm（调节器旋转约144°），即可修正平均弹着点。

3. 气体调节器的使用

用弹壳或拇指向后压卡榫同时转动，可使卡榫卡在前背带环的三个任一槽内。卡榫对应数字"1"时为小孔位置（卡榫缺口向左）；卡榫对应数字"2"时为大孔位置（卡榫缺口向右）；卡榫缺口位于中间向上时为闭气位置。一般情况下用小孔射击；在恶劣的自然条件下枪机后坐能量不够时，可用大孔进行射击；当需要时可采用闭气射击。

4. 准星滑座调节器的使用

当弹着点偏离检查点时,用准星滑座调节器可调整准星滑座的左右位置,从而改变弹着点的方向。若要使弹着点向右移动,用调节体的内平面,靠在准星座的左面,顶销从右侧顶住准星滑座,旋转手柄准星滑座就向左移动。

(三)装退子弹及定复表尺

动作要领:听到"卧姿—装子弹"的口令后,右手移握护盖,使枪口朝前,背带从肩上脱下,左手打开脚架,左脚向右脚尖前迈出一大步(也可右脚顺脚尖方向迈出一大步),左臂前伸,掌心向下,手指稍向右,按照膝、手、肘的顺序顺势卧倒,右手将枪对向目标架于地上,枪面向上,枪托着地。左手握下护盖,右手取出瞄准镜,安装在镜座上并锁紧,摘下瞄准镜物镜护罩。右手卸下空弹匣(弹匣口向上),交给左手,握于护盖右侧。取出实弹匣,将空弹匣装入弹袋内并扣好,打开保险,拉枪机向后送弹上膛,关上保险(用机械瞄准具时,竖起表尺和准星,装定所需表尺分划),检查气体调节塞,移握握把。全身伏地,两脚分开约与肩同宽,身体与射向约成30°角,目视前方,准备射击。

听到"退子弹——起立"的口令后,稍向左侧身,右手卸下弹匣交给左手,握于护盖的右侧,打开保险。拉枪机向后,退出膛内子弹,送回枪机。将子弹压入弹匣内,换上空弹匣,将实弹匣装入弹袋内并扣好,扣扳机,关保险,右手盖上瞄准镜物镜护罩,卸下瞄准镜装入镜袋内并扣好(使用机械瞄准具时,放倒表尺和准星)。右手移握上护盖,将枪收回,同时左小臂向里合,屈左腿于右腿下,以左手和两脚撑起身体,右脚向前一大步,左脚再向前一步,左手折回脚架,反握护盖,将枪倒置于胸前,右手挑起背带,在右脚靠拢左脚的同时,两手协力将枪送上右肩,恢复肩枪姿势。

(四)狙击步枪基础射击

1. 瞄　准

瞄准是狙击手实施精确射击、杀伤目标的基础,必须严格地加以训练。

（1）用瞄准镜瞄准。

首先装定相应的距离分划、方向分划，右眼距目镜约7cm（白光瞄准镜约4.5cm），保持镜内横标水平线水平，将相应的"∧"尖点指向瞄准点，就是正确瞄准。光学瞄准镜的精度除受制作精度的影响之外，还受使用精度的影响，主要因素是出瞳距离。出瞳距离取得合适，瞄准具视场内各点的光线均能进入眼内，若做不到这一点，瞄准就会产生偏差。如果射手眼睛离出射光瞳过远或过近，则瞄准具视场内将出现月牙形暗影，使视场缩小并增加观察和射击的困难。如果眼睛偏向了瞄准具光轴的一侧，则在瞄准具视场内眼睛偏向的一侧会出现月牙形暗影，此时射弹会偏向暗影的相反一侧。

（2）用瞄准具瞄准。

右眼通视觇孔和准星，使准星尖位于觇孔中心，自然指向瞄准点，就是正确瞄准。瞄准时，应集中主要精力于准星与觇孔的平正关系上。如果集中主要精力于准星与目标上，就会忽略准星与觇孔的正确关系，造成瞄准误差。正确瞄准景况，应是准星与觇孔的正确关系看得清楚，而目标看得较模糊。

（3）瞄准误差对命中的影响。

①准星与觇孔关系不正确。若准星与觇孔的关系不正确，对命中会影响很大。如88式狙击步枪准星在觇孔内偏差1mm，在100距离上射弹偏差25cm。距离增加几倍，偏差量就增加几倍。为了使射弹准确地命中目标，射击时，狙击手应根据目标距离、大小和弹道高，选定相应的表尺分划和瞄准点。

②瞄准线指向的偏差。瞄准时，若准星与觇孔的关系位置正确，而瞄准线指向产生偏差时，射弹也会产生偏差，射弹的偏差与瞄准线指向的偏差相一致。如瞄准线指向偏左20cm，射弹也就偏左20cm。

③枪面倾斜。枪面倾斜对命中精度也有一定影响，因为枪面倾斜，使枪身轴线的指向产生了偏差。枪面偏左，射弹左下；枪面偏右，射弹偏右下。

2. 卧姿有依托据枪、瞄准、击发

（1）据枪：据枪时，将下护木放在依托物上，使枪面向上，左手掌心向上托握表尺下方或掌心向右握弹匣弯曲部，左肘着地外撑。右手虎口向前紧握握把，食指第一关节靠在扳机上，右肘里合着地外撑，右大臂略成垂直。两肘保持稳固，腹部贴地，身体前跟，两手正直向后适当用力，使枪托确实抵于肩窝。上体自然下塌，使枪与身体结合紧密，头稍前倾，自然贴腮。据枪后要做到姿势正确稳固，身体自然舒适，两手用力适当，枪、体结合紧密。应有两紧三确实的感觉，即右手握握把紧，两肘着地撑紧，枪托抵肩确实，上体下塌确实，腹部贴地确实。

（2）瞄准：瞄准时，首先使瞄准镜分划板上"∧"的顶端（瞄准线）自然指向目标。若未指向目标，不可迁就而强扭枪身，必须调整姿势，需要修正方向时，可左右移动身体或两肘需要修正高低时，可前后移动身体或两肘稍里合，外张，也可适当调整依托物的高低。瞄准要做到认真细致、精益求精，瞄准指向自然，瞄准景况正确。

（3）击发：击发时，用右手食指第一节均匀正直地向后扣压扳机（食指内侧与枪身应有不大的空隙），余指力量不变。当"∧"点（瞄准线）接近瞄准点时，开始扣压扳机并减缓呼吸。当"∧"点（瞄准线）指向瞄准点或在瞄准点附近轻微晃动时，应停止呼吸，继续增加对扳机的压力，直至击发。击发瞬间应保持正确一致的瞄准。当"∧"点（瞄准线）偏离瞄准点较远或不能继续停止呼吸时，应停止扣压扳机，即不增加也不减小对扳机的压力，持修正或换气后，再继续扣压扳机。击发瞬间应做到姿势、瞄准、用力三不变。依托脚架进行射击时，脚架触地面要尽量水平，脚架着地后要适当向下用力来回推拉数次，使之形成平滑的脚架槽，而后将枪适当后拉，使脚架位于脚架槽中央，并使枪管位于脚架游隙中央，不要硬顶枪身。在紧急情况下，脚架打开后用力下按前推，卧倒后迅速将枪适当后拉，并前后晃动身体尽量使脚架、游隙位于中央位置。

第五节　枪支使用单警基础动作

一、持枪移动

警察在持枪运动中，由于运动过程中身体始终处于不停起伏变化的状态，在剧烈运动过程中还会造成呼吸急促、肌肉紧张抖动等情况，都会影响到据枪动作的稳定性及瞄准击发动作的准确性，因此采用何种持枪移动方式至关重要，本节介绍了两种基本的持枪移动方式，可以有效地降低身体起伏等影响。

（一）侧面持枪移动

双手持枪，成侧身位警戒式站立。移动时，上体前倾，两腿弯曲，以大步、快步前进。在移动中，身体重心保持平稳，脚跟落地过渡全脚方式落步，重心起伏小，头部摆动急。该动作用于接近目标或搜索行动时身体的移动。

（二）正面持枪移动

双手持枪，两脚平行站立，身体正向前方。移动时，上体前倾，两腿弯曲，双脚轮流由脚跟到脚掌的顺序滚动前进，重心尽量保持在同一平面上。

二、掩护物利用

使用掩护物是有效地保护自身安全的重要措施，遇到可能发生枪战的情况，首要的事项是找掩护物，利用掩护物能保护自己免于中弹，并为自己争取到观察现场情况及分析制订处置方案的时间。

（一）掩护物的选择

掩护物是能挡子弹的物体，至少也能改变子弹的方向或使子弹减速，如建筑物的墙角、树木、消防栓等。要将掩护物同遮蔽物区别开来，遮蔽物只能用来隐蔽，防止被对方看见。例如，灌木丛、垃圾桶、汽车车门等，遮蔽物是不能抵挡子弹的。

对掩护物的选择，要考虑以下几个方面：

第一，掩护物的面积。掩护物的大小应能掩护警察的全身及允许警察保持射击姿势。

第二，掩护物的形状。掩护物的形状应以不规则形为最佳，可以减少对方发现的机会，同时在枪战中增加对方瞄准的难度。

第三，掩护物的厚度和密度。理论上，掩护物越厚、密度越高就越好，但也要视对方使用的枪支情况而定，不能一概而论。例如，普通砖墙可以抵挡手枪的伤害，但不能抵挡自动步枪的伤害。

第四，掩护物的位置。能够以最短时间到达掩护物是十分重要的。如果掩护物距离太远，跑向掩护物时会令警察暴露太久而致被击中的风险增加。

(二) 掩护物的使用

1. 使用掩护物要同射击姿势相吻合

警察利用掩护物时，使用的射击姿势要大体符合掩护物的形状，例如掩护物是矮墙，那么采用蹲姿掩护物才能将身体遮挡住，起到保护作用。要避免采用卧姿及坐姿进行射击，这样容易被跳弹所伤，这样的姿势也不利于快速移动。

2. 两人共用掩护物

在实战中，有时会两人共用一个掩护物，这时在对掩护物选择时应考虑它的面积和形状，以及掩护物是否能够为两位或更多的警察提供保护。

理想的掩护物应以两名警察可同时各占左右一侧为原则。倘若两名警察必须共同使用掩护物的同一侧边，他们应该注意各自的姿势，贴近掩护物的警察必须采取跪姿，这样身后的警察就有较多的空间，而后面的警察必须采取站立姿势，而且要略微俯身向前以配合前面采用跪姿的警察，站立的警察不应站在跪姿警察身旁以致阻碍其活动甚至意外地将其推离掩护物。在保证警察安全的前提下，两者之间的协调尤其重要，可用简单而直接的身体接触进行，如站立的警察可略屈膝顶着跪姿警察的背部，以提醒对方他们仍共享掩护物的同一侧。如需拔枪或开枪，站立的警察小心以免把枪口指向跪姿警察。站立的警察须将枪伸出并越过跪姿警察的头顶，这样做也是确保跪姿警察如需突然站起时不被站立警察意外射中。

警察抵达时，如掩护物已被其他警察占用，则只需用非持枪手轻轻拍击前面警察的肩膀以通知对方他已到达，然后两人采取跪姿及立姿共用掩体。

（三）利用掩护物射击

从掩护物后面射击，首先应选择对警察构成最大威胁的目标射击。射击时应尽可能在掩护物的侧面而不是其顶部瞄准开枪，在掩护物侧面开枪可减少身体暴露给对方的面积；不要让枪接触到掩护物的任何部分，如需掩护物做支持，可以用弱手或前臂靠着掩护物的表面。

三、枪支防抢夺

警用装备是每一名警察的第二生命，枪支尤其重要，我们在执行任务过程中可能会遇到嫌疑人抢夺配枪，如何安全有效地防止枪支被抢，并能够及时控制犯罪嫌疑人至关重要，本节将介绍两种情况下的枪支防护。

（一）持枪防护

当警察遇到犯罪嫌疑人抢夺枪支时，首先要稳住身体重心，同时双手回拉靠近身体，用左手按压对方的手腕及小臂，同时将持枪的右手抽回，与左手的按压形成合力，将对方的抓握手挣开。如果对方用双手由下而上抓握警察的手枪，警察同样要做到先稳住身体，然后利用双手的合力解脱。

（二）佩枪防护

警察遇到嫌疑人抢夺佩枪时，首先用双手抓住对方的双手并用力下压按住自己的手枪，同时身体重心下降，稳住身体平衡，然后撤步并向左转身，摆脱对方，最后用武器控制对方。

四、枪支与警用手电配合

警察经常会在夜间执勤或者处警，手电的作用至关重要，尤其是在昏暗的室内或者郊外，在遇到需要使用致命武力时，把手电和枪支配合得恰到好处往往决定一场执法战斗的成败。

(一) 外展式持握手电

警察用弱手持握手电,大小臂伸直大概与地面平行,远离身体。此方法适用于在隐蔽物后搜索。对于习惯单手持枪的警察来说,此方法也较为适用。但当警察站在近墙位置或手电筒离身体太近时此方法容易暴露自己。如果警察另一只手持枪向前伸,手电光往往会照到枪。另外,此方法只适合单手持枪时使用。

(二) 手背贴靠方法

警察强手持枪,弱手持手电,强手手背贴弱手手腕关节,用弱手中指控制手电开关。此方法比较稳定,不易晃动,利于概略瞄准,适用于警察进行搜索行动。

(三) 拇指贴靠方法

警察强手持枪,弱手持手电,两手大拇指根部相贴,弱手手背朝天。此方法适用于使用正身位射击姿势,可以使警察以最快的速度进入最佳的射击位置,而且手电光线直射犯罪嫌疑人时,手枪也随即直指对方,降低了射击难度。此方法比较适宜于警察在搜索中遇到突发情况时使用。但由于手电筒居于身体中部,容易暴露警察身体的位置。

(四) "OK"式的方法

警察用弱手做一"OK"手势,将手电筒放入其中,掌心持手电筒。用余下的三根手指包住强手,形成常用的侧身位据枪姿势。此方法能为警察提供一个较好的持枪手。使枪口可以跟着光柱移动。它适用于对某一处的搜查。

五、枪支与防弹盾牌配合

随着警用装备的不断开发与完善,目前国内许多警察单位将防弹盾牌引入到了日常的训练与任务中,防弹盾牌的出现一方面提升了警察自身防护指数,另一方面,也为警察使用枪支的技术水平提出了更高的要求。

（一）手持式防弹盾牌

队员弱手持防弹盾牌置于身前，保护到头部以下膝盖以上部位，强手持手枪伸出防弹盾牌约 10～15cm。持盾队员只能从防弹盾牌观察窗查看外界情况，决定是否射击，射击时由于盾牌阻挡视线，只能进行概略指向射击。

（二）轮式防弹盾牌

队员弱手持握盾牌，控制盾牌滑动方向，强手持手枪或微型冲锋枪，打开盾牌上的射击口，将枪口置于盾牌射击口之外，或者选择同手持式防弹盾牌同样的射击姿势。

第六节　枪支使用队组配合

一、小组作战原则

小组作战区别于单警作战，它讲究的是队组的配合，这就需要合理安排每一名队员到小组中去，这并不是单兵作战的简单叠加，而是按预先区分的任务，充分发挥每个成员的作用，产生制敌合力，实现整体作战，只有这样才会产生"$1+1>2$"的效果，否则将会出现表面上把队员凑在一起，实际仍进行单打独斗的局面。所以在分组上要充分考虑到每个人的特点，将小组的战斗能力发挥到最大。所以要遵循以下原则：

（一）合理编组

作战小组在执行任务时，往往突出某一方面的能力，如侦察、突击、狙击等；因此，从某种意义上说，小组是战斗力放大的单兵；同时，在小组内部又有组长、尖兵、护卫等任务区分，涉及指挥、通信、保障、协同等诸多事宜。因此，小组也可以看作是职能简化的分队。实战中，小组职能的发挥，取决于根据任务而确定的战斗编组。编组合理，短小精悍，职能全面，则易于在行动中应对突发险情，易于实现秘密机动，能够保证对犯罪分子的火力优势；编组不合理往往会事倍功半，功亏一篑。

编组时通常要重点考虑以下情况：一是任务需求。要根据任务确定小组的职能、类型、规模、装备、火力等。如执行突击任务，则应加强攻击兵力兵器，执行侦察任务则尽量缩小规模等。二是警情状况。警情复杂时，小组应采取复合编组，将突击手、侦察员、破门手、狙击手等专业人员混合编成，以便能在作战各阶段有效处置情况。三是作战地形。作战地形主要制约小组的规模，编组时应考虑在此地形上是否便于机动、便于展开、便于隐蔽。四是战术习惯。警察在平时训练中多采取何种编组方式，作战中应尽量遵循习惯，以便于利用队员间的默契。

（二）整体作战

要实现整体作战，每个小组成员必须做好以下几点：一是树立整体作战的思想。战术思想支配战术行动，队员在头脑中必须有大局观念，熟知本组的行动步骤与计划，在隐蔽、接敌、攻击等环节不能因擅做主张而暴露全组的作战意图。二是讲究团队精神。在激烈的战斗阶段，难免有队友伤亡或陷入被动，队员及时给予支援、掩护和救助。三是充分信任队友。由于任务区分不同，小组内每个队员不可能像单兵作战那样自己进行全向戒备，而是由负责掩护的队友来提供安全保障，队员必须充分信任和依靠队友。四是做好本职工作。队员在作战中应严格按照战前的任务区分，专注于自己所担负的任务，竭力避免因个人贪功好胜，而打乱小组整体部署，当情况发生突变时，要听组长指挥变换任务角色，只有每个人都做好了规定的任务，全队的作战能力和安全系数才会提高。

（三）密切协同

默契而有效的协同有利于小组捕捉和创造战机，使各作战环节衔接紧密，充分发挥武器装备的效能，降低队员伤亡的风险，进而提高作战效益，是克敌制胜的重要保证。因此，警察作战小组执行任务时必须贯彻"密切协同"原则。

警察作战小组在遂行任务时的协同动作将主要在三个层次上进行：一是与上级派出单位的协同；二是与友邻小组或分队的协同；三是在小组内部协同。与上级协同的主要内容包括：受领任务与指示、请求情报保障、物资器材保障、特效装备保障、战术欺骗、麻痹、拖延等，通常按计划实施。与友邻小组或分队协同的主要内容包括：战前的掩护造势、战中的支援配合、战后的交接处置等。

（四）攻防兼备

警察作战小组在执行急难险重的作战任务时，尤其是在狭小空间进行作战时，常常需要置身于危机四伏的险境。如果小组的攻击力不足，则难以应对占据有利地形的犯罪分子，难以完成作战任务；如果防护力不足或防护意识不强，则容易遭犯罪分子偷袭或夹击，造成队员伤亡，使全组陷入被动。

警察作战小组在作战时必须注重"攻防兼备"的原则。要做到攻防兼备，需要把握以下三个方面的内容：一是战斗编组要兼具攻击和防卫功能。不论是二人小组、三人小组还是多人小组，都应当明确区分尖刀和后卫人员，在作战的各个环节始终注意侧后警戒。二是战术行动要立足在隐蔽的基础上攻击。隐蔽时突然地发动攻击是"保存自己，消灭犯罪分子"的重要手段，在侦察、接敌、待机等阶段有效隐蔽，本身就是对自己最好的防护，也可为攻击奠定较好基础，警察作战小组要注意避免贸然强攻。三是情况处置要注意攻防兼备。小组在作战中会遇到许多计划外的情况，如发现不明角落、爆炸物、诡计装置、敌情变化、行动暴露等，应当先保证攻击能力的发挥，防止犯罪分子乘我注意力分散之机实施袭击，而后再以谨慎的方式进行处置。

（五）灵活机变

兵法认为："用兵之术，知变为大""不知权变，危亡之道也"。警察作战小组在作战中，往往会因为作战对象的心理和行为变化、被劫持人质的精神和情绪变化、小组行动中的疏漏、自然气候的突然变化、外界无端的偶发因素等，增加作战的突然性和多变性。要求警察必须沉着机智，因情制宜加以应对，切不可死抱教条，墨守成规，不知变通。

小组在贯彻"灵活机变"原则时，应做好以下方面：一是充分预想各种情况，做好应对突发险情的心理和行动准备，以备在处置情况时有多种方案应对。二是综合运用技术战术，灵活变换攻击方式和手段，突破传统的作战方式，令犯罪分子防不胜防。三是根据作战实际，适时调整兵力部署、联络方式、协同动作等，做到"以变应变"，始终抢占行动先机。四是牢记作战目的和要求，不能因局部情况的变化影响全局，一切应对之策都应紧紧围绕作战目的创造性地展开，做到"以不变应万变"。

（六）慎始善终

警察作战小组在遂行任务时，除重点关注战斗进行环节外，还应重视战斗开始和战斗结束两个重要阶段。良好的开始是作战胜利的基础，谨慎的结束是作战圆满的关键，警察作战小组必须将"慎始善终"作为重要的行动原则。

要做到"慎始善终"需注意以下几点：一是作战计划制订要完善。应在计划中详细谋划开始和结束时的行动，以便在作战中有所遵循。二是合理把握战斗开始的时机和方式。除非万不得已，通常应等待物资器材准备齐全、人员部署全部到位、犯罪分子已经显现麻痹疏漏，能够确保一举得手时才发动攻击。并根据战场实际，以偷袭、强袭或诱袭等方式开始战斗。三是主要战斗结束后依然要保持高度警惕。主要作战任务完成时，是警察最容易放松和麻痹的时节，然而也正是这一时节容易受到被俘、受伤、诈死、隐藏之敌的袭击，容易误碰犯罪分子设置的诡计装置或陷阱，因此必须保持高度警惕，防止功亏一篑。四是做好危险物品或区域的排查和清理。战斗结束后，要注意搜索、排查和清理犯罪分子遗留的武器、弹药、毒剂、爆炸装置等，并关注室内的煤气、电线等是否被犯罪分子破坏，存在危险，还要留心各个阴暗角落，防止有残余犯罪分子隐藏。五是做好战后的交接工作。战场清理完毕后，组长要及时组织进行战后交接，主要是将毙伤之敌和证据资料交有关单位处置、将战场情况向接替单位汇报、收拢队伍、移送己方伤员等。

二、搜索战术队形

搜索战术队形是队组在搜索运动中所表现出来的各成员间的位

置、距离及相互的照应关系。好的搜索队形能保证队组在搜索过程中的整体安全，能有效协同各成员形成整体的战斗力，达到掩护、防控及隐蔽等目的。采用何种队形取决于行动的任务、行动的时间及环境等条件。在执行行动时，每个警察都要了解自己在队形中的位置和责任范围，一旦需要变换队形又能马上跟上并清楚自己的新位置和责任范围，队组搜索队形以机动灵活、能够相互掩护配合为主要目的。

（一）战斗队形

1. 两人小组队形

二人小组是最基本战斗单位，无论在指挥、控制和行动上，都是最有效率的组合。在警察分队里以两人为一组的任务编成具有悠久的传统。当两人一起行动时除了能够互相照应外，拍档之间在执行任务过程中更可建立默契和信任；这种默契和信任是一种潜在的战斗力。二人小组的基本队形可以被称作"双头蛇"队形，即两人身体相接，枪口指向有所区分的行动方式。当周围敌情顾虑较大时，二人可接背或接肩而行，一人做前锋，另一人则掩护两翼或后方，枪口指向相反；当敌情威胁主要集中在某一方向时，二人可接肩同向而行，枪口指向相同，轴线略有交叉，以提高覆盖面积。

2. 三人小组队形

三人小组是两人小组的拓展，其攻击火力、搜索能力、防护能力更为强大。三人小组危险或狭小地域行进时通常也采取身体相接的方式，形成"三头六臂"阵行。通过危险地带时，由两人负责前方或上方，一人负责侧后方，并注意在三人中合理搭配长短兵器。负责侧后警戒的队员可以与另两名队员并成一线，也可以在他们背后。

（二）小组战术基本动作

1. 两人小组队形

两人中，前锋面向前，另一名队员面向后方，相互背靠背行进，各自警戒前后，应对突发情况。

2. 三人小组队形

在危险区域中，三人小组可背靠背形成三角形，各自警戒不同的方向，应付突如其来的威胁。三人小组比二人小组更具有立体警戒的能力。

3. 四人小组队形

四人小组是进入狭小空间战斗的最有效的组合，便于交替掩护和支援，便于夺占室内的"支配点"，便于区分组长、突击、掩护手、后卫等角色，便于根据作战条件变换队形。四人小组编成精干，指挥简洁，可以灵活形成弧形队形、三角队形、矩形队形、蛇形队形等多种攻击队形，通常第一名队员为突击队员，负责搜索前进，其要具备灵敏的反应能力和较强的战斗能力；第二名队员为组长，负责掩护突击行动，并及时观察和判断情况，指挥全组行动；第三名掩护手，与组长共同负责掩护突击的行动和翼侧警戒；第四名为后卫，负责后方警戒。

4. 多人小组队形

警察作战小组成执行任务时，为达成攻防兼备、救歼并举的效果或根据任务需要，通常编为5人以上的多人小组。具体人数主要视警情、地形、任务、队员作战能力而定。在多人小组中除了明确区分突击、组长、掩护手、后卫等角色外，还应视情编入破门手、排爆手、救护手等，各角色可以由二人或三人小组等基本单位构成，使多人小组成为复合小组。多人小组的战斗队形更为丰富，并且可以灵活变换，主要有以下队形：

（1）一字队形。

"一"字队形是警察作战小组组成的基本战斗队形，其射击方向单一，便于集中火力，但管控困难，对侧方、后方的警戒较为困难。敌情顾虑较小时，可以用此队形进行清扫战场，搜缴战利品、搜索敌方单个目标；敌情顾虑较大时，可用于快速通过开阔地，快速占领战斗位置。

（2）一路队形。

一路纵队通常在通过狭窄地段、障碍区、茂林地区等时采用，一路队形便于对队伍的管控，便于控制速度和声响，便于向翼侧射击。行进时，单数队员枪口向左警戒，双数向右警戒。在茂林等特殊地形行进时,为便于行进和管控,队员应尽量靠拢。

(3) 二路队形。

二路纵队,通常用于穿越隘路、道口时使用。通过危险性较小的路段时采用此队形。

三、狭窄空间战术

狭窄空间搜索行动,动作要轻,应前脚掌先着地,稳步行进;平地运动应脚跟先着地,轻动缓行,尽可能减少走动时发出的声响,避免让映在门窗、墙上或地面上的人影被犯罪分子发现而造成被动。

(一) 基本评估

警察在决定进入一间房或一幢楼宇之前,必须要考虑以下的因素,嫌疑人是否持有枪械?若有的话,所持的枪械及弹药属何种类型及数量多少?嫌疑人的正确位置?是否有无辜者或人质在屋内?嫌疑人知否警察已到达现场?警察是否有强行入屋的能力?假如警察并不采取行动进入建筑物内,无辜者的生命安全会否受到威胁等因素。通过现场形势评估,制订突击方案,利于下一步行动开展。

(二) 通过各类狭窄空间的队形

1. 通过弧形通道

弧形通道既有直向走廊的危险性,又有拐角效应,影响突击队员的通视能力,许多地下停车车场的出入通道都是这种结构。小组在通过弧形走廊时,通常采用一路队形,应尽量贴靠外侧墙壁,区分前锋和后卫,采取类似过拐角的"拐角搜索法"通过。

2. 通过通道交汇处(图4-6-1中A、B分别代表民警)

(1) I形通道的推进方法。

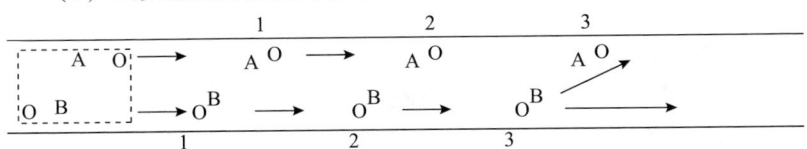

图4-6-1 I形通道的推进方法

（2）L形通道的推进方法（见图4-6-2）。

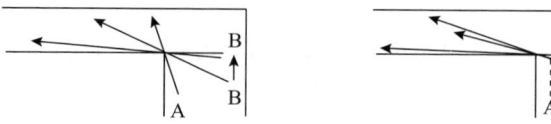

图4-6-2　L形通道的推进方法

（3）T形走廊推进方式（见图4-6-3）。

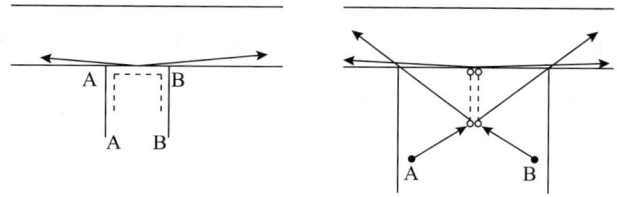

图4-6-3　T形走廊推进方式

（4）"十"字通道推进方式（见图4-6-4）。

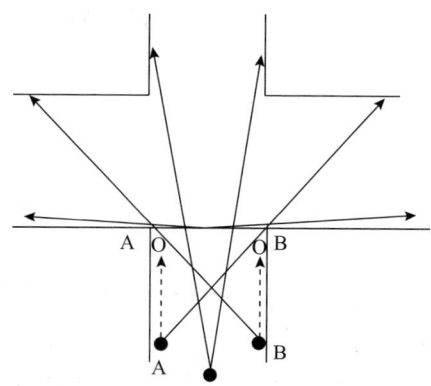

图4-6-4　"十"字通道推进方式

3．通过楼梯

在一些建筑物里，接近顶楼处的楼梯间结构，这类设有中间平台，楼梯之间又加上墙壁作间隔的设计，对警察作战小组来说是比较危险的。因为不单从顶楼处可以居高临下俯瞰楼梯间的一切，中间平台上的转角位还可成为对手的理想伏击地点。这种处处阻挡着视线的结构在楼上、楼下、中间平台及其转角处等不同方向、不同高度的地方，形成多个有利对手伏击的隐蔽点。小组在沿楼梯而上的过程中，应尽量避免拥挤在梯间及重叠警戒范围。

（1）向上搜索通过楼梯。

①开放式楼梯，搜索队员应避免被犯罪嫌疑人发现自己的活动。搜索队员应避免接近楼梯近中心的扶手，因为这一位置可能被对方从上层和下层看见。

②楼梯通常设于建筑物的主要出入口，必须先控制住所有楼梯，才可进行搜索。

③高层建筑物的电梯是一个十分容易受到攻击的危险区域，搜索的警察要随时提高警惕。当搜索队员进入建筑物后，所有电梯便应关掉或停于地下；不要使用电梯上下，犯罪嫌疑人可随时叫停电梯或打开电梯门攻击搜索队员。

（2）向下搜索通过楼梯。

向下搜索通过楼梯与沿楼梯向上搜寻的战术动作基本上大同小异。为了避免脚部先踏进楼梯范围而让楼下的对手瞥见，前锋可俯下身来做拐角搜寻，窥探楼下情况，由于受姿势影响，这战术动作会令身体完全失去应变机动能力，因此，前提是必须得到掩护手对其侧翼作严密警戒。当我们进入不规则的空间时，走廊、楼梯、不规则的房间等，我们一定要悄无声息并慢步前进。遇到阴暗区域和潜在危险过道时要注意警戒快速躲闪。

4. 通过房门

在搜索过程中，如果遇到房间，可通过破拆方式打开房门，在进入房间前，一定要做切角以对房间进行最大角度的观察，有时对一些死角可利用镜子反射来进行观察，然后再突入。在房间外部通过房门向内部进行观察，房间的内部存在两个死角。而且房间内的一些家具、壁橱、拐角等都可能成为犯罪嫌疑人藏匿的地方。有时我们也借助镜子，来观察死角里的情况。

(三) 入室站位及控制

1. 入室前的站位队形

(1) 单边站位。

小组成一路队形占领门外一侧预备位置。这种方法适合没有门或者门已经打开的房间。

(2) 双边站位法。

小组成两路分别占领门外左右两侧预备位置。这种方法适用于关着门的房间。

2. 突入方式

(1) 钩直突入法。

突入房间的两个队员快速向左右两侧推进。1号队员贴着门框绕入屋内左侧，2号队员沿着直线切入屋内右侧。如果有犯罪嫌疑人突然出现，两名队员就不会措手不及。

(2) 直直突入法。

3. 入室及控制嫌疑人

入屋前必须在门口进行观察与评估。有条件的话，利用镜子可战术性确定危险的位置。入屋前可以考虑进行一次或两次令嫌疑人转移注意力的行动。运用这种战略需要各队队员之间取得良好的协调。而其中一种分散注意力的方法是在门口相反方向的地方使用警察车辆上的扩音系统。

(1) 入室。

1号队员先进入屋内而2号队员亦随即跟着进入。当1号队员入屋后必须立即评估当时的形势及立刻移往一处认为存在实时威胁的地方。假若嫌疑人站于屋内右方持着一把刀，1号队员须立即移往门口右方对付嫌疑人。2号队员必须移往门口的另一边。两名进入队员必须离开门口以免产生剪影，这样使对方较难找出目标。遇到向内开的门时，箭头队员应采用入屋战术进入。

(2) 控制嫌疑人。

入屋后必须控制所有在室内的所有人员，同时须将任何人员当作嫌疑人看待（除非明显知道他们并非罪犯）。当采取一切初步必须的行动后,他们须向屋内的人员发出清晰的指示,命令他们从入口处离开潜在危险的地方。将可疑人员移离房间,在这期间其中一名队员须在安全距离瞄准嫌疑人而另一名队员则保持戒备状态以应付一些未经搜查而具有潜在危险的地方。当嫌疑人行近至门口时,门口小组可将嫌疑人接收并带去一处较为安全的地方进行搜查,在房间内控制嫌疑人。

(3) 清理房间及有序撤离。

①清理房间。当所有可见的嫌疑人被撤离后,接下来的工作是检查所有可能尚有嫌疑人匿藏的地方。这项工作是由一名队员在盲点地方进行掩护工作,而另一名队员就在屋内四周进行搜查嫌疑人可能匿藏的潜在危险地方。掩护人员应将自己置于可随时支持搜查人员的位置。清理房间的方法是由上至下(天花至地下)和由外至内(周围至中心)。

②有序撤离。当搜查房间后,箭头人员须退后至进入点以确保没有遗漏搜查任何嫌疑人可能匿藏的地方。期间仍须保持戒备状态,然后才离开房间。

第七节 枪支的实战运用

一、盘查类

警察武装巡逻盘查是指警察身着警服、佩带制式武器、警械,以案件高发地带、重点路段、公共场所、交通要道等为主要巡逻地点,采取徒步或乘坐机动车方式,通过巡回、观察、盘问、检查等手段发现、纠正、处理违反公共秩序的行为,维护社会治安秩序,为群众排忧解难,同时发现和打击各种现行违法犯罪活动的警务行动,其实质在于先发制人、主动防控。

(一) 武装巡逻盘查的特点

武装巡逻盘查的主要目的在于有效控制各类暴力型犯罪以及各类突发性事件,改变传统意义上警察和保安携带简单警械具的巡逻执勤方式，在武器保障及使用上具有优先考虑的权限，突出了"武装性"与"强制性"，其行动具备以下特点：行动突发性、遭遇性强烈，战斗准备难以周全；接警行动时，情况往往不清，事件性质不明，需要现场查明情况，或者边行动边查询有关情况；执法复杂性突出，涉及法律面较宽，必须根据现场情况依法、适度、有理、有节地采取行动；情况变化迅速，行动转换急剧，动作反应仓促，现场干扰因素较多，战斗方式受限；我明敌暗，后发而动，易受袭击，危险性大；先行防范，先行独立控制现场事态特点突出。

街面武装巡逻盘问检查是警察的重要职责，警察武装巡逻盘查执法行动区别于普通警察的巡逻盘查。区别在于：一是武装震慑效果明显。全副武装的警察对有犯罪企图的嫌疑人具有震慑作用，能够打消一部分犯罪分子的犯罪企图。二是武器装备配备齐全。长短枪配备齐全，枪支携带处于戒备状态，被盘查对象配合程度较高，另外警察队员训练有素，处置突发事件及时。

（二）执行街面武装巡逻盘问检查时应注意的要点

1. 从重考虑，确保群众及自身的安全

应从重考虑嫌疑人的反抗趋势、反抗能力、反抗手段及可能发生的变故，增强防卫意识，做好防范准备，确保人民群众及自身的安全。

2. 依法处置、运用法律赋予的盘查权力

警察应正确运用法律赋予的盘查权力，有效使用强制措施，严格遵守有关法律规定和警械武器的使用规定及禁止使用的规定，确保武装巡逻盘查行动的准确性和有效性。

3. 规范操作、强化武装巡逻盘查程序

警察在盘查行动中既要保证执法程序的规范，又要坚持按照盘查的战术要求规范操作，提高盘查行动的成功率。实战中确定盘查对象的工作比较复杂，盘查对象可能是触犯刑法的犯罪嫌疑人，也可能是违反治安法规的行为人，还可能是因误会或错觉、判断失误而受到牵连的群众。因此，初期确定盘查对象时，应当慎之又慎，做到准确、无误、具有针对性。千万不可盲目、草率从事。警察通过盘问和检查弄清嫌疑人的身份和可疑行为，确认其有无违法犯罪行为，一旦决定实施抓捕，就应该果断出击，要根据情况和环境来决定抓捕的战术方法，出枪迅速，按照嫌疑人的反抗行为确定枪支状态，持枪控制要动作规范，抓捕动作要灵活掌握。上铐、搜身要仔细认真，动作要熟练、规范。

4. 控制为先、明确监视警戒任务分工

警察发现可疑情况时，在战术部署上应首先进行控制，人员分工上必须有一人担任监视警戒任务，担任监视警戒任务的警察队员应配备警戒武器，并处于戒备待发状态，发现异常，立即警示其他警察队员，并迅速采取果断措施，必要时依法使用武器。坚持控制为先、监视警戒原则，可以避免队员伤亡事故的发生，有效地制伏犯罪嫌疑人。

(三) 武装巡逻盘查过程中依法、安全使用警械与武器

1. 规范携装，编组执勤

武装巡逻执勤警察要全副武装，装备齐全，保持足够的警力进行编组执勤。编组执勤一般每组不少于2～3人，如遇突然袭击时，即可迅速持械在手，形成合力，互相配合，制服犯罪分子。传统的"以一胜众""以少胜多"理念，或者分散警力处置，以求各个击破的战法，都不符合现实。穷凶极恶的违法犯罪嫌疑人会拼命抗法袭警，若没有优势警力勉强处置，警察的自身安全就很难得到保证。实战中，警察必要时还可以请求增援，避免陷入敌众我寡的境地。如果情况有变而暂时又无法形成优势警力，那么就采取其他应对措施，比如尾随跟踪、拖延时间、识记体貌、车辆或物品特征等，千万不可蛮干逞强，贸然行事。警察充分利用警力优势进行武装巡逻，才是安全可靠的。

2. 明确分工，相互协同

武装巡逻属于团队行为，团队中须有"协同掩护"精神，相互之间要不断沟通，默契配合，并且每一个人都有义务对"同伴的安全"负责。事实证明，在警务实战中，"同伴安全，我才安全""同伴安全，团队才安全"。所以，实战中一定要杜绝不管不顾的各

自为战，加强协同掩护才是警察有效的安全防范。

为了确保同伴的安全，警察在武装巡逻的整个过程中，都有必要时刻注意他们在什么位置，他们在做什么；同时还要不断地作出客观地评估，自己在什么时候可以给同伴提供什么样的帮助。能够为同伴提供的有效帮助是多方面的，比如：为处置警情的同伴提供警戒、掩护，在同伴受到威胁或即将受到威胁时提供支持、援助等。

在巡逻中要讲求战术配合，提高处置效能。两人以上出警时，相互间要有分工，有主有辅，互相呼应，未持枪的同志应靠近盘问，持枪的同志保持距离进行观察，及时提醒，保障安全。在对犯罪嫌疑人进行盘查时，要注意互相配合，防止自身受到伤害；对可疑人进行盘查时，要明确分工，有专人负责通信联络，时刻保持与指挥中心及上级的联系；在被盘查人的两侧设置策应警察，持枪或警械保持警戒，防止其行凶或逃跑。

3. 保持警惕，严防突袭

警察在警务实战中可能会面临各种复杂情况：犯罪行为人在何时、何地袭警，袭警的手段、方式及激烈程度难以预料；哪些群众不懂法，哪些群众故意不配合、不支持警察执法，他们什么时候冲动、什么场合动手，也不能预知。公安警察面对现场可能出现的危险，思想上要保持高度的警惕，行动上要采取必要的预防和控制措施，一定要避免临危时措手不及。盘问检查后如对被查控对象疑点不能排除，但证据又不充分时，应首先告知被查控对象情况可疑，需要到指定地点继续接受检查，并应服从警察队员命令。搜身前应选择适当场所，对犯罪嫌疑人进行有效的控制。在到达指定地点之前要做到人、物分离。如果是徒步带离，监控警察队员应在被查控对象左侧稍后1.5~2m的距离处，作出随时拔出枪的临战准备。枪支要始终置于腰际，枪口对准犯罪嫌疑人，成准备戒备状态，与对方至少保持1.5m以上的距离，并始终保持高度警惕。

在巡逻中遇有人拦路报案，应保持戒备，要使对方尽可能远离自己的佩枪，防止犯罪分子以报案、问事为由接近突然行凶、夺枪；接受陌生人递送的东西时，应与其保持一米左右距离伸臂去接,并注意观察其举动,防止其突然袭击;遇人请求到某处处理问题时,不能单独前往,特别夜间遇到这种情况,应保证有足够的警力,要让对方在前边带路,尾随其后持械行进,并随时观察周边动向。

4. 随机处变,力保安全

随机应变是战术的灵魂。兵无常势,水无常形。在武装巡逻中,不论环境多么复杂,情况怎样变化,警察都应当灵活应对,牢牢把握住实战对抗的主动权,坚持"怎么安全就怎么处置""怎么规范就怎么处置",且不可墨守成规,拘于教条,束缚了自己的手脚。

遇到紧急情况时,也要首先保证安全,在下车巡查时,车上或者车侧应当留一人,保护车辆安全及负责通信联络,必要时请求支援等;在执勤中的巡逻警车,遇有情况临时停车时,要做到车不熄火,占据前不受挡、后不受阻的有利地形;夜间巡逻时更要提高警惕,遇有人拦车或人为设置的障碍时,应立即下车,持枪械在手,密切观察周围动静,做好应急准备,防止遭受犯罪分子的突然袭击;在人群中巡逻,要尽量靠边不走中间;在建筑群区巡逻,不要紧贴墙根行走,在行至巷道转弯处、交叉路口时,应离墙2m左右,以利于机动;在夜间巡逻中,要集中精力,保持肃静,要利用阴影处隐蔽行进,便于发现情况。

5. 充分估势,防控为先

在武装巡逻中,警察有必要对当前的警情作出充分评估,客观地分析面临的各种危险因素和可能出现的困难。尤其是处置暴力犯罪,更是要对犯罪行为人所处的位置、当时的情绪状况、携带危险物品的种类和数量、可能反抗的形式及激烈程度、现场其他人员的安危等具体情况作全面评估。充分估计,高度重视,并提前做好应对准备,是保证安全处警和规范处警的有效措施。

当前社会治安形势日趋复杂,在执行武装巡逻任务时,警察身临各种复杂的环境,又随身携带武器、警械,随时可能遇到紧急情况,甚至可能成为犯罪分子袭击的重点对象,因此,从维护警察自身安全和保障人民生命财产安全的角度出发，切实加强警察对于武装巡逻中自我保护意识及正确、合理、合法使用警械、武器的训练，对于提高武装巡逻的实效性，有效打击犯罪，具有重要的现实意义。

（四）发现重大嫌疑人时的处置

当盘查过程中发现盘查对象为重大犯罪嫌疑人时，首先是拔枪将其控制，做到人物分离，先上铐后搜身、查物、查车。现行犯和确认的重大犯罪嫌疑人可采用擒敌技术突然将其控制并上铐、搜身。如果是15种严重暴力犯罪范畴之内的犯罪嫌疑人，经警告无效可以直接开枪进行射击。盘查时犯罪嫌疑人对警察突然袭击时，如果确认犯罪嫌疑人对警察人身将造成伤亡的，可鸣枪示警；无效的可开枪射击。但应避免在群众聚集场所和有危险物品的地方以及其他规定不许使用枪支的情况下开枪射击。

（五）对袭警的处置

1. 对徒手袭警的情况处置

如果一名嫌疑人徒手袭警，警察应慎用警戒具，可利用警力优势，以一招制敌的技术将其抓获并带回审查。若多名嫌疑人徒手袭警，则警察应迅速交替掩护后撤，并掏枪对准嫌疑人，命令其不许动，尽量用语言控制，不与嫌疑人发生身体接触，同时呼叫指挥中心请求支援，如果嫌疑人继续袭警，有危及警察的生命或有抢枪的意图，警察应鸣枪示警，经警告无效可向冲在最前面嫌疑人射击，打其非要害部位，使其丧失攻击能力，同时震慑其他嫌疑人。

2. 对嫌疑人持械袭警的情况处置

警察迅速交替掩护后退，始终与嫌疑人保持一定的距离，并掏枪对准嫌疑人，喝令其不许动，若嫌疑人继续袭警，警察应鸣枪示警，经警告无效可向嫌疑人射击，打其非要害部位，使其丧失攻击能力，然后将其抓获带回审查。

3. 对嫌疑人持枪袭警的情况处置

（1）当嫌疑人掏枪的一瞬间，警戒员必须迅速掏枪对准嫌疑人，喝令其不许动，盘查员应快速移动，边掏枪边寻找隐蔽物隐蔽自己。

（2）如果嫌疑人服从命令，停止动作，则警察应命令其慢慢地将枪放下，举起双手，十指分开，转过身去，趴在地上，双手伸直，手心向上，控制好以后，警戒警察从其左后方接近，左脚踩住其左手肘关节，持枪对准其头部，同时盘查员收枪从其右后方接近，迅速铐住其右手并拉至后背，然后在警戒员的协助下将其左手拉至后背上铐，及时搜身并带回审查。

（3）如果嫌疑人不听命令，向警察射击，可鸣枪示警，经警告无效或紧急情况下可直接向嫌疑人射击非要害部位，使其丧失攻击能力，将其抓获带回审查。对巡逻执勤中抓获的犯罪嫌疑人以及群众扭送抓获的现行犯罪分子，应先进行细致的搜身，再用手铐或警绳加以约束，押送时让其走在前面，警察持械跟在后面，在人多的繁华地段，押送人员应贴身控制前往；过桥时，要走在桥中间，不要靠边行走，防止案犯的推撞，发生危险；禁止用自行车、两轮摩托车押解犯罪嫌疑人，防止其行凶伤人。

二、抓捕类

在抓捕实战中，警察经常面对重特大案件犯罪嫌疑人，此类人对抗警察的特性通常有三种表现，即暴力性、狡诈性和极端性。暴力性主要体现为敢于对抗警察，敢于不择手段采用各种方式，使用各种凶器对警察实施袭击。狡诈性主要体现在诡计多端，阴险作恶，千方百计隐藏自身不法行为，欺骗警察，企图逃避查缉而袭击警察。极端性就是犯罪嫌疑人在与警察的对抗中，丧失人性，敢于赌博自身命运，负隅顽抗，敢于伤害警察。

（一）抓捕重特大犯罪嫌疑人应注意的要点

1. 强调枪线控制

在所有的狭小空间战斗行动中，都特别强调小组的集体行动。队伍中，每名队员的枪线覆盖范围既不能重叠又要能互相掩护。小组中每个人的瞄准区域都不大，角度比较小，角度越小，反应速度就越快，越能先发制人。如果人数不够的话每个人覆盖的角度也不要超过60°，在空间较大的地方或者是地形不熟悉的地方，要始终有人负责后方戒备。后卫队员一定要沉着，当前方发生战斗的时候往往是犯罪分子最容易在后面出现的时候，任何情况下都要坚守岗位。前方的队友要信任自己后方的掩护人员，小组队员的互相信任和默契有赖于平时的训练和养成。警察作战小组在狭小空间实施突击作战时，各队员往往成密集队形，手持武器隐蔽待机，加上突击时心情紧张、动作激烈，转身跨进房间的一刻，往往会有相互拥碰擦身的情况，若对枪口的指向缺乏警觉和训练期间没有建立默契，误击队友的可能性将会很高，增加不必要的意外风险。队员在突击前，除了枪口严禁朝向队友外或扣扳机食指放在护圈外，还必须与即将发起的个人机动路线相配合。在采取进房后交替左右挺进的战术安排里，队员在门外埋伏期间，枪口指向应靠在自己进房后机动方向的一侧。这样可避免在突入过程中，枪口横越前面队友背部。要防止意外，枪口必须与挺进路线同一方向。

2. 重视突击演练

妥善的行动计划，警察对各关键环节必须有充分的考虑和缜密的应变措施。没有两个战术形式是完全相同的，因此不能认为单靠策划者的以往经验就可避免计划出错。计划初步拟订后，不管时间如何紧迫，都应该找一处跟现场结构相似的建筑物，或用木板、纸板等简单物料搭建一个相同结构的空间，使行动计划在尽量切合实际战术的环境下演练一次。这样不但可让策划者有机会做仔细的观察和研讨、证实计划的可行性、找出漏洞和补救办法，更会使队员在演练中充分了解各自的职责和位置，降低出错的机会。对需要入室搜查、拘留、抓捕犯罪嫌疑人时，不可麻痹大意，鲁莽行动，行动前要注意检查自身防护装备，叫门时不要把全身正面对门，要用墙壁掩护身体，一手持枪或警械，一手叩门，防止犯罪分子从门里袭击。

3. 明确信号传递

一旦破门手展开行动，即意味着冲房战斗进入了不可逆转的关键阶段，为防止出现混乱和失误，必须在这最后关头确认各队员均已做好充分准备。由于要保持隐蔽,且队员要紧盯着各自的警戒范围,加上可能光线昏暗,因此口令和手势都不适于使用。此时利用肢体接触传达确认信号是最可靠的通信手段。队员必须做好的射击姿势准备;武器、弹药处于备战状态;警戒范围内没有威胁情况出现,才能回复准备就绪信号。前锋与破门手未收到确认信号,行动就不能开始。

(二)抓捕嫌疑人用枪战术要求

1. 充分准备,发挥枪支性能

在查缉严重暴力犯罪行为人时,指挥员必须依法依情周密部署用枪的战术行动方案,做好充分的准备,避免因枪支使用战术方法不当而造成行动的失误,具体包括以下方面。

(1)做好使用枪支的准备。

在执行高度危险的任务时随时都有可能受到犯罪嫌疑人的暴力袭击,因此,行动前应当做好使用枪支的物质准备和思想准备。首先,要了解本人所使用枪支的基本情况,检查枪支,保证其处于良好的状态,对自己所携带的子弹数量做到心中有数,并配备必要的防弹装备。其次,要在心理上做好使用枪支的充分准备,保持充分的警惕性,行动中随时准备出枪。遇有持枪反抗的犯罪嫌疑人,必须要先发制敌,果断处置。再次,要明确职责,做好缉捕、掩护、警戒、接应行动的分工和战术协调,明确参战的同伴,明确相互间的联络方式和暗号,对有外单位参战或相互不熟悉的人员,一定要事先见面或确定明显标记。最后,要实行现场枪支管制,统一指挥,统一号令,防止滥用枪支的情况出现,避免误伤。

(2)利用枪支的威慑功能和杀伤功能。

警察使用枪支的最终目的是为了有效控制犯罪嫌疑人,不是为了歼灭对方。因此,根据行动目的,慎重选择枪支的使用功能,努力做到相机捕歼,取证留赃。

2. 合理利用城市街区掩体

在与犯罪嫌疑人发生枪战之前或枪战发生过程中,警察首先要以最短的时间找到合适的掩体来保障自身的安全并不断地运用掩体接近射击目标,并寻找最佳的射击位置,或不断地利用掩体撤离现场;如果移动过程中有其他警察配合,应该要求同伴配合你的移动,在必要时可用火力压制,掩护你的移动;在离开掩体时,要确认所需要寻找的下一个掩体的位置及移动的路线,并检查枪支中是否还有弹药,选择最短的路线到达下一个掩体;在移动过程中,不要轻易采用滚动方式,因为滚动比跑移动速度要慢得多,很容易被犯罪嫌疑人击中。利用掩体射击时,要使用与掩体形状相适应的射击姿势。如果掩体是电线杆,警察应该侧身站立,才能将身体完全保护起来。在掩体后以持枪强手面为主要活动区域,尽量采取跪姿或立姿射击,避免使用卧姿或坐姿射击。利用掩体进行射击时要在掩体的侧面进行,而不是在掩体的上面进行射击,以减小身体暴露的面积。

3. 首发命中,选择射击目标

面对一名犯罪嫌疑人时的选择战术。如果犯罪嫌疑人只有一名,并开始实施暴力袭击警察的行为,或已掏枪准备向警察射击时,任何一名警察在有效射击距离内都应果断向其开枪射击,终止其暴力行为。面对多名犯罪嫌疑人时的选择战术。警务战术的首要原则是要在力量对比上占有优势,因此,一般情况下,要尽量避免独自面对多个犯罪嫌疑人。但在万不得已独自面对多个犯罪嫌疑人的情形下,要注意遵守以下几个原则去选择首发射击的目标:

第一,选择构成威胁最大、最危险的目标。在紧急情况下,同一时间内,首发只可能会击中一个射击目标,因此必须选择对自己构成威胁最大、危险性最大的目标进行射击。如果有多个目标同时存在威胁,则按威胁大小的顺序依次选择射击。

第二,选择最明显的目标。如果与多个目标之间的距离相当,而有的目标在掩体后,有的目标则没有掩体,此时应该首发射击没有掩体保护的目标,这样解除其中一部分威胁的机率比较大,一旦成功地将首发目标击中,使其失去反抗能力,则可以迅速将注意力转移到其他目标。

第三,选定射击目标后,应该尽可能采取利用掩体的方法进行瞄准射击。有的警察会因为现场气氛紧张,在心理压力极大的情况下出现恐慌情绪而作出不适当的反应。因此要尽量避免随意向射击目标的大概方向射击，同时利用一切条件观察目标所在准确位置，选择射击目标，瞄准后再射击。如果没有观察和瞄准，或没有理由的，仅仅依靠掩体的保护想凭运气击中目标是不可取的，这样除了浪费子弹，还极有可能误伤其他人。

第四，当目标处于保护性很好的掩体中时，除非掩护队友行动需要，否则不要连续向掩体射击，因为枪支的弹容量都很有限。只有在有把握击中目标的情况下才应该果断射击，在没有后援时耗尽弹药的做法是十分危险的。

第五，在射击之前要谨慎考虑是否可能击中无辜的群众。除非有足够的信心击中目标，否则不要射击，在没有十足把握的情况下，切勿盲目自信射击。

第六，为了提高命中率，瞄准时要尽量瞄向目标暴露的最大身体部分，不要为了证明自己的枪法准确而试图瞄准不易击中的部分（如目标的头部、四肢），这样既不容易击中目标，而且很有可能受到子弹反弹。

第七，确定对一个目标射击直至目标无法构成威胁或无力反抗为止。当向一个目标射击后，必须确定该目标已经无法构成威胁或丧失反抗能力，否则不要将注意力转移到另一目标身上，除非在你射击后另一目标迫近，并且对你的安全构成极大威胁时，才有必要重新选择射击目标。

4. 执行追捕时枪支的使用

第一，要占据有利地位，稳定瞄准击发，尽量不要在跑动中射击。第二，要抓住时机，果断击发。特别是犯罪嫌疑人力图以人群、山林、围塘、庄稼地等作为逃窜的条件，一定要在其意图实现前开始射击。第三，追击时，多名警察不能与缉捕对象呈一条直线，防止误伤发生。第四，在繁华街道或有易燃易爆物品的场所追击犯罪嫌疑人时，不到万不得已（一般指犯罪嫌疑人驾车撞人或开枪射击过路行人）时不要轻易向犯罪嫌疑人及车辆射击。这是因为即使击中犯罪嫌疑人或车辆，车辆也会失去控制从而造成道路两旁行人的伤亡，同时还容易误伤周围的群众。第五，在追击奔跑中，不要将食指放在扳机上，更不能持枪前后摆动，以免误伤后面的同事和周围的群众。

5. 停止射击的时机判断

由于枪战现场情况复杂，警察在作出停止射击或接近犯罪嫌疑人的决定前，一定要保持高度警惕性，严防犯罪嫌疑人采用诈降、诈死的方式继续实施暴力犯罪。在犯罪嫌疑人要求投降后，应由距犯罪嫌疑人最近的警察喊话，命令犯罪嫌疑人将枪支、弹药和其他凶器扔到其前方位置，然后高举双手、脱去外衣，站在远离武器的空地，在确认没有威胁的情况下，再迅速上铐搜身，将其捕获。当犯罪嫌疑人被击倒后，警察应先稳定自己的情绪，并重新装弹，密切监视犯罪嫌疑人的一举一动，然后再按下面的步骤对付这个已经倒下的犯罪嫌疑人：一是观察犯罪嫌疑人头部指向的方向；二是观察倒下的犯罪嫌疑人是面朝下还是面朝上；三是注意犯罪嫌疑人手中武器的位置和它所指的方向，犯罪嫌疑人是握着武器，还是把手放在武器上；四是注意犯罪嫌疑人是否还在动；五是观察枪击现场周围的物体，如人群、交通情况和建筑物。

三、押解类

押解，是指国家司法机关依照法律规定，将犯罪嫌疑人押送指定地点的一种途中看押勤务。公安机关的押解，其内容更为广泛，从抓捕现场将犯罪嫌疑人押回公安机关，从看守、监管等部门提出犯罪嫌疑人都是押解的范畴。押解工作是警察日常重要勤务之一，警察从抓捕现场将犯罪嫌疑人押回公安机关，从看守、监管等部门提出犯罪嫌疑人，整个过程在社会上流动，犯罪嫌疑人行凶、脱逃、自杀的情况随时可能发生，警察的安全防范工作难度很大。将犯罪嫌疑人安全押解到指定地点，既要防止其逃跑，还要防止其自残及与同伙串供，随时提防犯罪嫌疑人可能对警察的伤害和对社会造成危害。押解工作是警察日常重要勤务，警察押解对象往往是重大刑事犯罪嫌疑人，所以制订周密押解计划与方案，实施正确的押解战术是完成押解任务的根本保证。

（一）押解重特大案件犯罪嫌疑人要点提示

1. 根据押解人数携带武器装备

警察队员执行押解重特大案件犯罪嫌疑人任务时会根据任务等级携带多种武器装备，如步枪、手枪、手雷、炫目弹、爆震弹等武器，观察、攀登、破门、捆铐等多种器具，甚至还有各种失能战剂，作战时应根据战场环境、态势及战术动作综合运用这些装备器材，充分发挥其效能，是作战制胜的重要保证。

着装，是指警察队员遂行任务时穿着适宜服装，携带武器装具的总称，通常根据任务、地形、警情和季节等条件或按上级要求而定，通常采用全装与便装两种方式。全装是装具齐全，负荷较大，遂行任务时间较长时的着装，适用于反劫持、捕要犯、防破袭、追剿犯罪分子、攻击犯罪分子营地等行动。警察队员的基本着装主要包括：作战服、作战靴、防弹背心、防弹头盔、防弹盾牌、防护手套、面罩、战术腰带、护膝、护肘、通信设备、95式突击步枪、92式手枪、匕首、弹匣、弹袋、戒具、作战包等。便装是遂行特殊任务时的着装，适用于不便公开身份的行动，其着装内容和顺序依据行动需要确定。正确的着装是保障遂行任务的基本条件，警察队员着装应根据遂行任务需要，做到迅速齐全、顺序披戴、捆扎结实、松紧适度、轻便贴身，既便于取用，又便于行动，对容易发生声响和反光的武器、器材，应加隔垫和包裹，以免暴露目标。卸装按着装的相反顺序进行。由于作战小组的职能不同，各作战队员遂行任务时所携装具必然有所区别，故还需在基本着装的基础上携带相关装备器材，如侦察器材、排爆器材、破拆器材、攀登器材以及特种兵器等。

2. 做好押解前枪弹检查

押解前根据任务要求，携带枪支与弹药。首先，确定携带枪支与弹药的数量、型号、领取方式、携带人等信息，明确领取时间与方式。其次，领取枪支弹药时可采取两种方法：一是集中领取，由指挥员带领部分警察队员到枪械管理部门领取。二是由枪支携带人集中领取。最后，枪弹交接时注意清点数量与核对型号，并进行验枪与武器检查。验枪前任何人不得随意操作枪支，在制定验枪区域由指挥员下达口令，统一验枪，发现枪械故障及时排除，问题不能解决的及时予以更换。

弹药检查时，一是核对型号，针对不同枪型，检查所配备弹种是否有误。二是清点数量，不仅清点总数，还要清点不同弹种的数量，并进行登记。

3. 押解过程中保障枪弹安全

警察武装押解中装配使用的武器主要以手枪和微型冲锋枪为主，警械主要以手铐、警棍、警绳、催泪喷雾器和特种防暴枪为主。武器警械的有效使用是警察武装巡逻工作质效的重要保障，何种情况使用武器，何种情况使用警械、使用何种警械，警察队员必须要有清楚的认识，必须严格依照《中华人民共和国人民警察使用警械和武器条例》作出的规定执行。枪支、弹药一律实行枪弹分离，放置位置要远离押解对象，禁止贴身押解时携带枪支，执行押解任务处置突发事件时，根据事态的紧急程度和处置需要，武器使用状态可分为3个等级：

（1）枪弹结合：从弹匣套内取出弹匣装枪、子弹不上膛、关闭保险。

（2）送弹上膛：打开保险、子弹上膛、关闭保险。

（3）射击准备：打开保险、准备射击。

一般情况下，武器使用等级的转进由组长下令，紧急情况下队员可自行视情况开枪射击。案（事）件处置完毕后，必须立刻就近选择安全地点验枪。验枪时，枪口冲下（或冲上），将子弹退出枪膛，装回弹匣里，恢复常态的枪弹携带形式。

（二）快速处置劫持事件

1. 突遇持枪犯罪嫌疑人袭击时的反击战术

当警察队员突然遭受持枪犯罪嫌疑人的伏击，对方直接向我方开枪时，只要意识到袭警事件的发生，不管是否中弹，是否看到目标，均应立即卧倒，就地向附近有掩蔽物之处移动，紧急隐蔽身体，并立即拔出枪支，推弹上膛，准备射击，同时迅速判明袭击方向及袭警者的位置，准确把握开枪时机数、距离和位置，伺机采取反击行动。只要躲过了第一次射击形成的威胁，完成紧急隐蔽动作，就有了摆脱被动、伺机反击的机会。在向对方射击，不让对方逼近的同时，要注意射击的准确性和有效性，不见目标不射击。要注意节约子弹，万不可一次打完，同时计算对方开枪的弹数。若对方只有一个人，应采取隐蔽接敌的战术动作，主动反击，抓住有利时机，击伤击毙袭警的犯罪嫌疑人。若判明嫌疑人子弹已打完，应取近直路线，直逼嫌疑人，设法予以捕获或在其继续抗拒时，予以击伤或击毙。

2. 提前预判准，做好警戒

犯罪嫌疑人利用伪装身份接近押解对象，袭击警察队员劫持被押解对象，如果想等到核实了身份后才使用枪支，那么警察队员在时机上就往往会处于被动挨打的局面，尤其在犯罪嫌疑人持有武器的时候。因此，对于嫌疑较大的人员，一开始就用枪支进行控制，进而确定其身份或意图，就会使警察队员处于较为主动的地位。在使用枪支的时机上，要注意把握两个原则，一是掌握主动，抢先射击。按照规定可以使用枪支的情形正在或者已经发生时，应迅速使用枪支射击。二是利用犯罪嫌疑人无法射击或不便射击的时机进行射击。

3. 在公共场所与危险场所里枪支的使用

犯罪嫌疑人为制造现场混乱，会特意挑选群众密集的场所，使得警察队员考虑群众安全不敢轻易开枪。应对这种情况，可采取以下方法：第一，寻找和选择最佳角度，抓住时机，尽可能避开人群和被保护的目标，尽快疏散人群和围观者。第二，万一无法将犯罪嫌疑人调离危险地带时，应调用专业射手参加围捕工作。第三，佯顺敌意，以退为进。当持枪犯罪嫌疑人处于群众聚集场所等其他场所而不便于开枪之际，警察队员可以根据情况察觉、摸清犯罪分子的意图，尽量避开在不利于我方的环境动手，诱敌入网，在恰当的时机、地点等有利于我方的情况下攻其不备，将其制服，以避免不必要的损失。在敌我力量悬殊、强攻明显会吃亏的情况下，如果采用以退为进、避其锋芒、暂时离开现场（不是放弃现场）、围而待援和关门打狗的策略，就能化被动为主动。第四，利用空间差选择射击时机。为了造成有利于开枪射击的空间位置，警察必须采用各种方法，诱使或迫使犯罪嫌疑人做到三个脱离：一是迅速转移押解对象。可使用围三缺一，虚留生路的办法，使押解对象暂时离开现场、到野外等便于射击的地形上，再行射击。二是使犯罪嫌疑人脱离有利地形。当其占据有利地形与我方顽抗，强攻对我不利时，可以使用猛烈火力压制犯罪嫌疑人的射击或采用虚张声势的办法，使其脱离有利地形迫其就范。三是脱离坚固楼房，犯罪嫌疑人在坚固楼房内与我方对抗时，可用烟幕弹或催泪弹迫使其脱离坚固楼房后再进行射击。四是脱离闹市区、人群稠密区及化工厂、油库等易燃易爆地区。当犯罪嫌疑人携带武器或爆炸物出现在闹市区或混迹在人群中时，警察队员不可贸然行事，应尾随其后，使用调虎离山或引蛇出洞之计，让犯罪嫌疑人离开闹市区或人群稠密区再发起攻击。

4. 使用枪支后的现场处置

（1）及时抢救受伤人员。对受伤的犯罪嫌疑人要在对其控制和彻底搜身的前提下进行现场急救，并护送其至医院进行救治。对误伤群众要立即进行现场应急救护，并及时呼叫急救车或送往附近医院进行抢救。

（2）保护现场，划定保护的范围，封闭现场，固定痕迹物证，禁止无关人员进入现场。对击毙犯罪嫌疑人的现场要划定警戒区域，进行有效的保护。对于散落在现场的物证、赃物及凶器要进行初期处理和保护，特别注意不要破坏相关物证及物证上可能遗留的可疑痕迹。在保护现场的同时，应立即向当地公安机关相关部门和本部门领导报告，并通知当地检察院。

（3）及时寻找受害事主和现场目击证人，留下联系方式，并按程序将其带至公安机关作询问笔录，充分运用证人证言佐证违法犯罪嫌疑人的犯罪事实。

（4）受案机关应立即撤出当事警察，并保护其人身安全，以防其受到攻击。

（5）统一口径，由宣传部门统一对外宣传、发布信息，防止错误信息混淆视听。

（6）对使用枪支的当事警察及时进行心理疏导和调适，稳定情绪。

四、处突类

突发事件是指发生突然，可能造成严重社会危害，需要采取应急处置措施的紧急事件。在我国，《突发事件应对法》将突发事件界定为：突然发生，造成或者可能造成严重社会危害，需要采取应急措施予以应对的自然灾害、事故灾难、公共卫生事件和社会安全事件。公安警察是在当地党委政府直接领导和指挥下的公安机关的一个特殊警种，主要承担反恐，防暴和处置突发事件等特殊任务。具体职责任务是：参与处置暴力恐怖犯罪事件、参与处置严重暴力性犯罪事件、参与处置暴乱骚乱事件、参与处置大规模聚众滋事等重大治安事件、参与处置对抗性强的群众性事件、参与重大活动的安全保卫任务、担负特定的巡逻执勤任务。根据警察的职责，其主要担任的处置突发事件的任务包含暴力恐怖事件、严重暴力性犯罪、群体性骚乱等事件。结合警察日常工作，分为处置人质劫持事件、捕歼要犯行动、处置群体性骚乱三个方面加以论述。

（一）处置人质劫持事件

1. 狙击战术的运用

（1）狙击位置的选择。

警察狙击手在执行狙击任务时，对于位置的选择没必要像军队狙击手那样苛刻，就目前国内发生的一些劫持人质案例而言，警方在处置中始终占据主动位置，对于狙击点的选择可以有很大空间，在考虑选择狙击位置的时候应充分考虑两点因素：一是它为进行射击及观察提供最优良的效果；二是它为防止疑犯的发现提供最优良的隐蔽效果，还应该遵循"就近、舒适、安全"的原则进行选择。

一是就近。众所周知，射击距离越近就越容易打中目标。因此在狙击点的选择上，在不被犯罪嫌疑人发现的前提下，应尽量靠近中心现场，在高度上略高于目标区但尽量不超过30°的俯角度，否则弹道会出现较大偏差。例如，在城市环境下，疑犯在三楼劫持人质，狙击点可以选择相近楼宇的四楼，这样就会有较大的视场，既可以方便观察现场情况，同时有利于进行射击。在野外或空旷地带，位置可选择在车顶、土包、大树等高于目标区的地方。

二是舒适。每个劫持人质案件的发生，都会有一个漫长的处置过程，指挥员会最先采取由谈判专家对疑犯进行心理开导等一系列和平处置的手段，只有在这些手段达不到效果的时候，才会派警察执行突入或狙击任务，这个过程肯定是长时间的，狙击手在位置选择中也应充分考虑到舒适性的问题，现场按照"能趴不要坐，能坐不要站"的要求，尽量采用卧姿或坐姿的射击姿势，达到射击的最稳定状态。如果现场条件不足，可以尽量创造条件，哪怕花点时间从远处搬一张桌子也是值得的。绝对不能勉强凑合，一个人长时间处在一个不舒服的环境内，会极大地影响心理情绪，从而影响射击水平的发挥。

三是安全。一般而言，在警察狙击任务中，狙击手的安全是有保证的，毕竟目前国内发生的劫持人质案例当中，疑犯采用刀的情况比较多，针对这种危险等级较低的情况，在狙击点的选择上，主要考虑的是位置的牢固度、周围环境对自身的影响等此类的环境安全问题，而非疑犯对狙击手的伤害问题，但一旦出现疑犯携带枪支或爆炸物劫持人质的高危等级的情况时，除了考虑环境安全之外，还要充分考虑疑犯的危险。因此，除了自身要穿戴好必要的防护装备外，如果位置选择在建筑物内，就要靠近实体墙，而非木门、铝合金、空心墙等子弹容易穿透的掩蔽物后面。如果位置选择在车体旁时，从正面看，汽车的散热器和发动机能够提供极佳的防护，在侧面，发动机和传动齿轮也能提供很好的保护。另外，在注意掩蔽物的同时还要当心跳弹的情况，当子弹以小角度击中有弹性的地面或金属板，往往会发生跳弹。跳弹比正常袭来的子弹更可能击中自己，因为子弹反弹后，防不胜防，如果需要利用容易发生跳弹的地形作为掩蔽时，必须注意：狙击位的地方距离可能发生跳弹的截面至少要有1.8m的距离，这样才能将跳弹的威胁减少到最小。

(2) 现场观察及情报收集。

专业的狙击手实际并不是一个孤胆英雄，而是一个由两名训练有素的狙击手组成的战斗小组，这两名狙击手各自担任不同的角色，一名狙击手（主射手）和一名观察员。狙击手负责对目标的瞄准和射击，而观察员则负责现场的观察、情报收集、汇报、测距、测风等任务。两个人的默契配合是完成任务的关键。因为，狙击手选择的位置往往能最有利观察到现场犯罪嫌疑人员的一举一动，他好比现场指挥员的耳目，随时将观察到的现场情报向指挥员提供全面而详细的报告，为指挥员的决策提供依据。由此可见，一名合格的观察员应特别注意观察中心现场的人、物的细微变化（特别是人的情绪）；熟悉现场的地形地物的景况和特征，并善于对各种情况进行分析判断，不间断地仔细观察，及时正确地向指挥员报告情况，至于原本应承担的测距、测风等任务，由于警察狙击任务的特殊性，除了关注楼宇之间的横风和超过 150m 以上狙击距离等特殊情况外，可不必花很大的精力去应对。每次执行任务除了携带前述的武器之外，还必须携带一整套观瞄（日夜）设备及通信设备，包括高倍率的观察镜、测距仪、夜视仪、对讲机（耳麦）等设备。同时，观察时应遵循的一般原则是：先概略，后仔细；先重点，后一般。特别是对可疑现象，应仔细观察，对收集到的情报及时进行认真分析。

(3) 最后一击。

众所周知，人的身体只有一个地方被子弹击中才会即时死亡，这就是头部（即使击中心脏，中枪者仍然会存活 8~10 秒的时间），人的头部算是比较大的目标，直径大约有 7 寸，但能够真正使得人即时死亡的部分其实非常小，脑部控制运动反射神经的地方位于眼睛后面，其大小不足 2 寸。换言之，狙击手实际所能瞄准的目标只有 2 寸，而不是 7 寸，再加上风角度，子弹抛物线及后作用力的影响，要准确击中目标是相当有难度的，警察狙击手的工作目标就是"一枪毙敌"，任务的特殊性决定了狙击手的最后一击将直接影响处置结果的成功与否。

2. 突击战术运用

（1）精心准备。

首先按照5人或7人的突击组将人员按前锋、掩护手、队长、破门手、后卫等职责划分编组。在攻击点和屯兵点之间的一个可作暂时停留的区域，根据封控组的方案制订行进路线。使用武力时应考虑使用语言控制及致命性武器。攻击方案制订中包括：近距离攻击、远距离狙击、近距离攻击+远距离狙击、使用其他特殊的技术和手段。要求人员接收组随时准备实施接受劫持对象的投降和接收人质或其他人员工作，进行搜查、安置和移交。按照案情找到相似场景，根据行动方案进行模拟演练。根据既定的方案进行演练，在演练中根据发现的问题和更新的信息，及时调整，修改方案，重新演练，依此类推，反复进行。参与攻击的队员是方案的执行者，事关行动的成败，因此对于他们在演练中提出的问题，一定要设法予以解决。

（2）攻击执行阶段。

要检查所有的武器装备、通信设备等。现场指挥部、警察指挥员、攻击组、狙击组等相关人员最后核对时间的准确和统一。指挥员申请和明确武力攻击的授权与命令的传达（武力使用命令的原则由攻击组负责人请示，由现场指挥员直接下达），实施武力攻击，解救人质。等待合适的时机或切入点，或者等待谈判组的信号，准备行动。当行动开始时，发现以下情况就可授权攻击：具备条件，申请攻击授权；发现伤害人质的行为，申请攻击授权；立即进行攻击（已授权）；只要具备条件，立即狙击、攻击（已授权）；发现伤害人质的行为，立即狙击、攻击（已授权）。在善后处置阶段，要上报现场处置情况，向现场指挥部报告处置的情况，劫持对象伤亡情况、被捕情况、人质和警察的伤亡情况、武器装备使用情况、现场其他情况等。人员过滤时，随时准备实施接受劫持对象的投降和接收人质工作。准备、筹划、申请和执行的要点和程序与运送计划和接收计划相同。要求劫持对象将所有武器留在现场，所有人必须空手离开现场。所有人从一个固定出口有序离开（先人质后劫持对象、先协从后主脑、先搜身后上铐），沿应急安全通道带至人员过滤区域。将有关工作移交相关部门，预定地点集合在事先方案中计划的地点集合，最后检查武器装备的使用情况和缺失、损坏情况。

（二）捕歼要犯行动

捕歼要犯或恐怖分子战斗具有难度大、政策性强、敌我难辨、环境复杂、联合行动、协同困难等特点。其战斗类型通常可分为对犯罪现场要犯或恐怖分子的处置、对潜逃中要犯或恐怖分子的处置和对被围困要犯或恐怖分子的处置三种。

1. 对犯罪现场要犯处置

担负突击任务时，通常可编成若干突击队、火力队、围控队和一个机动队，各分队警力根据敌情和地形情况灵活部署。突击队由战斗力最强的分队担任，按不同的攻击方向，配置在相应的攻击出发位置上，其任务是：运用各种战术手段、直接捕捉或击毙捕歼对象，火力队通常由部分警力配备各种轻、重武器和特种警用器材编成，配置在便于实施火力支援的位置上，其任务是：以火力掩护突击队的攻击行动和直接杀伤捕歼对象，围控队通常由一定警力编成，当围控范围较大，地形复杂时，也可由主要警力编成，配置在捕歼对象所在位置周围的重要道路、地段和制高点上，其任务是：对捕歼对象实施严密包围控制，防止其突围逃跑；制止无关人员进入作战区域。机动队可以由少量警力编成，配置在便于机动的位置，担负机动支援任务和应付意外情况。

2. 对潜逃中要犯处置

选择好伏击地点和确定伏击部署后，指挥员应指挥各组进入预定位置，并进行必要的伪装，指挥员应亲自部署和检查重点地区的设伏情况，并向上级报告，尔后隐蔽待击，并根据情况适时采取行动。当犯罪分子徒步逃入我设伏区时，观察警戒人员应首先发出警告，令其缴械投降，若其拒捕抵抗时，指挥员应指挥堵击、侧击组迅速出击将其包围捕歼。当犯罪分子乘车进入我设伏区时，指挥员应指挥警戒人员或堵击人员破坏其车辆，迫其投降，如犯罪分子依托其他地形顽抗时，突击组、尾击组迅速将其包围，集中警力将其捕歼。当犯罪分子车辆紧随地方车辆进入我设伏区时，指挥员应判明情况，令堵击组抓住战机，待地方车辆过去后，迅速将犯罪分子车辆破坏。指挥各级成员发起突然攻击,在犯罪分子立足未稳时将其捕歼。当犯罪分子发现我方行动企图改变方向逃跑时,指挥员应果断处置,迅速指挥各组协调行动,包围犯罪分子;若地形受限或距离较远,一时无法达成合围时,应命令尾击组追击逃犯,堵截组实施堵截,突击、侧击组迅速由翼例对犯罪分子实施攻击,力求将其合围捕歼,或在运动中捕歼。当犯罪分子乘车闯过我设伏区域时,指挥员应立即组织实施追击,指挥堵截组迅速迂回到犯罪分子逃跑前方实施设卡,防止犯罪分子逃脱。

3. 对被围困要犯处置

搜索,是寻找发现隐藏的犯罪分子,并将其相机捕歼的战斗行动。通常是在我方已对捕歼地域实施了围控的情况下进行的。搜索行动时,指挥员应根据上级意图,犯罪分子活动情况、搜索区域地形及本分队任务及警力部署等情况,在正确分析判断情况的基础上,合理部署警力,明确规定任务,周密组织协同;行动中应采取相应的队形和方法,实施严密、细致的搜索,灵活处置情况,及时发现和捕歼犯罪分子。

搜索时可以根据不同的地形和目标情况灵活运用不同的搜索方式。搜索方式主要有:拉网式搜索、向心式搜索、分片式搜索、夹板式搜索、螺旋式搜索等。无论采用哪种搜索方式,搜索前,分队指挥员应判明犯罪分子可能隐藏的地点及潜逃的路线,必要时,可组织有关人员先进行现场勘察,尔后,结合任务和地形,向所属及配属分队明确任务和组织协同动作。其内容包括:本分队的搜索地域及重点地段;搜索的队形及方法;派出的观察警戒的位置、主要观察方向和控制地段;围控组的配置;各组发现情况时的处置方法;各组之间的协同方法;搜索中的保障措施等。指挥员明确任务,组织协同动作后,应指挥各组迅速到达预定位置,成搜索队形展开,组织实施搜索行动。

(三)处置暴乱骚乱事件

1. 劝导在先,慎用武力

对群体性暴力事件的处置,要求劝导在先,稳定冲突双方人群情绪，控制他们的行为，救护冲突双方受伤人员，尽力实现"冷处理"。指挥员应根据情况变化组织警力有针对性地对冲突双方人群进行宣传教育，力求不用或少用武力。当双方冲突激烈，我警力需要使用武力之时，也应控制好使用的时机与程度，以非杀伤性武器警械为主，不可出手过早或过当；也不可出手过软、过迟；坚持以制伏为限度，以防止和制止暴力破坏活动为目的。对在现场疯狂打、砸、抢、烧、杀的暴力犯罪人员，不管是属于冲突哪一方的，都应坚决制伏抓获。对于疯狂袭警、抢夺我警察携带武器装具及砸、烧我警用车辆的人员应坚决打击，决不手软。对持枪向我方警察射击的犯罪人员，应组织火力将其歼灭。

2. 暴力冲突尚未发生的防控

警察队接到可能发生群体性暴力冲突的情报之时，就应对有关地域进行严密的监控。并应迅速向稳定团报告有关情况。同时，要按照"加强警戒，严密监视；宣传疏导，控制局势；及早行动，制止接触"的步骤，迅速准备，力争先期到达，展开防控行动。警察队到达事发现场时，若冲突双方仍在各自居住地进行准备，人员尚未集中出发之时，警察队可占先机之利，可根据可能参与武力冲突人数及当地地形情况，根据出警的队员数量、装备情况进行警力部署。

当冲突人群持械以暴力对抗我阻截行动时，应采取正当防卫手段予以制止，并果断使用非杀伤武器和警械予以驱散；还可采取小群突击战法抓捕一部分非法武装分子。但对一般性冲击我防线行为应采取克制态度，严守纪律，防止激化矛盾，影响总体处置行动。

3. 暴力冲突发生时的防控

当群体性暴力冲突发生时，应按"制止暴力、强行隔离、适时驱散、逐步撤回"的原则采取行动。如果暴力冲突激烈，人员众多，我方穿插警察队员受阻，难以隔离冲突双方，此时，应果断使用防暴武器和警械，连续投射防暴弹，并令警察队员强行穿插分割人群；对于武力抗拒者应予坚决反击，并应现场抓获。对于使用枪支向警察队射击的非法武装分子，应组织精确火力将其歼灭。动用预备队投入驱散行动,强行制止暴力冲突和破坏活动。

如果暴力人群对抗我方驱散行动,我方驱散警察队员可根据警察队员数量状况,采用一面或两翼推进、多路向心穿插、分片驱散等战术手段予以驱散。对于不听劝告,坚持反抗的非法武装分子,警察队指挥员应组织现场抓捕组,在警察队强行穿插隔离人群过程中,小群多路地扑向目标,强行收缴施暴工具,抓捕为首分子和暴力人群骨干。对于那些打、砸、抢、烧、杀的严重暴力犯罪人员,可采取集中警力重点围捕或快速冲击、坚决打击的方式予以抓捕。

4. 暴力冲突制止后的防控

群体性暴力冲突被制止后,应根据"加强控制,防止重聚;积极宣传,消除对抗;收缴凶器,瓦解组织"的步骤,积极依法处置,做好平息后的善后工作。当群体性暴力事件被制止,人群已返回各自居住地之时,我方指挥员应及时派出警戒监控人员,加强居民地外围的监视控制,防止暴力人群重新聚集和实施报复。消除各种暴力冲突的隐患,组织百姓恢复正常治安与生活秩序。当局势稳定时,可分期分批,逐步撤离警察队员。

五、遭遇类

遭遇战来源于军事术语,指的是敌对双方军队在运动中相遇发生的战斗。双方都力求用进攻行动歼敌于运动之中。此分为预期遭遇战斗和不预期遭遇战斗两种情况。在警察执法过程中,在没有充分准备的情况下与犯罪嫌疑人之间突然间发生的对抗过程。遭遇战具有距离近、时间短、突发性强、可能会出现伤亡等特点。在盘查、抓捕、搜索、设卡等执法活动中都有可能出现遭遇战的情况,鉴于警察遭遇战危险性的特点,要加强针对性训练。

(一)遭遇战战术要点

1. 以快制胜精确控制

常言说,短兵相接,快者胜。这说明了"快"在对抗中的重要地位,只有"快"才能取得胜利。警察在实战的防卫中也是如此,特别是近距离的用枪射击,只有快才能占据主动,有效实施。这主要体现在两个方面，一是"快"会转变防卫的被动性。警察在实战中是主动执法被动防卫的，因为，只要有警情都必须要出警，并且要及时进行处置，这是一种主动行为，而防卫则是警察在犯罪嫌疑人袭警反抗，为保护自身安全而进行的自卫，是一种被动的行为，可见，警察在实战中要有效地进行防卫着实不易，必须要"快"方可由被动转为主动，利于取胜。如果警察防卫速度慢了或与犯罪嫌疑人袭击速度相同，必然处于极其被动的局面。二是"快"能在近距离内迅速控制对方。警察在实战防卫中，要对犯罪嫌疑人实施控制，方式多种多样，视情况的不同，通常会有语言、徒手、警械、枪支等方式，但无论是哪一种，最基本的要素就是要具备一定的力量、技能和速度。力量就是指所需的人力、物力；技能就是指控制所运用的各种技术动作和能力；速度就是要求人力、物力要及时到位，并及时通过各种技术方式运用到实战当中去，对所要控制的对象进行控制。三者之间在技能实施上是紧密相连的，缺一不可，否则控制技能就无法有效完成。

2. 建立默契紧急支援

如果战斗突然发生，遇上枪械故障、需要更换弹匣、与持枪嫌疑人面对面遭遇等情况发生的可能性便会大大增加，由于事出突然，且警察队员的战斗行动通常距犯罪分子较近，此时队友给予的及时掩护不仅至关重要，甚至关系到队员生死。因此小组队员间的互相火力支援是小组战术训练里重要一环。对于战斗中传达这类要求支援的信息，作战分队在作战时都会预设一些暗号，避免采用明语沟通而让对手识破自己的窘境。例如当一名队员发觉手中武器失灵而又不能立即找到掩护时，他会向身边队友喊出："红色！"意思是需要紧急火力掩护，好让他察看武器或暂时退出战斗，队友得悉后便要立即取代他的战斗位置。当队员修理完毕失灵的武器，便会喊出："绿色！"将重新投入战斗的信息通报给各队友。小组的成员除了要正确掌握基本战术和搜寻技巧外，更要互相建立起准确可靠的沟通方法与合作无间的关系，这一切固然有赖平时不断的认真演练和勤于做经验总结及探讨，但更重要的是各人必须有团队精神和互相信任，因为在危险的搜寻任务中，各人的生命都是靠大家的默契和互信来维持的。

3. 合理发挥交叉火力

交叉火力是从两个以上方向射击同一目标的火力，是发挥火力的重要手段，利用己方优势火力，从两个或多个方向上，同时对犯罪分子展开攻击，形成交叉重叠的火网，使犯罪分子无暇两边兼顾，即使有坚强的掩体来保护，仍无法伸出头来反击，施行交叉射击的一方从而达到火力压制之目的。小组队员在房间搜寻过程中，万一与犯罪分子相遇，会利用数量上的优势，迅速作出交叉射击的部署队形。面对小组队员的攻击，对手的反应必然是火速寻找掩护，一般房间内虽然存在许多阻挡视线的障碍物，但家具、装饰物不能抵御枪弹，因此交叉射击仍是有效的攻击手段。无论对手躲在掩护物的哪一侧来避过其中一方的队员攻击，都会不可避免地暴露在另一方队员的火线里，若直接靠在掩护物后方，则会同时受到两面的夹击。交叉射击有利亦有弊，如果缺乏适当安排，对队员及人质都会造成危险，交叉射击的火线角度切勿接近180°，这虽然可以最大限度地分散对手的注意力，但会在不觉间造成队员互相对峙射击的局面，任何一边的队员若未能击中对手，近失弹便会误伤另一边的队友。交叉火力的运用通常有以下几种主要方式：

（1）扇面式交叉火力。

即小组队员成弧线形站位，武器火线指向处于弧心位置的犯罪分子，对敌实施集火射击，构成扇面形状的火力网。这种方式通常在犯罪分子相对聚集在一起、小组已经对犯罪分子秘密形成半包围之势时采用，便于实现一面制点，将犯罪分子聚而歼之。

（2）斜切式交叉火力。

即小组队员占据两个成一定角度的重要位置（角度应小于180°），对犯罪分子实施侧向交叉射击，令犯罪分子难以左右相顾的火力部署方式。侧向射击能够增大杀伤覆盖面积，适用于打击相对散乱之犯罪分子，同时秘密占领两个点状位置，比形成弧线形包围更容易实现，因此，斜切式交叉火力是最实用的方式。

（3）立体式交叉火力。

即小组队员利用接敌时的不同路径，从地下、地面、空中构成三维火力网，将犯罪分子罩于其中，令犯罪分子难以作出反应和对抗动作的火力部署方式。这种方式火力猛烈、隐蔽突然，适用于打击与人质分离之犯罪分子。但由于作战条件限制，可选择的火力点位置往往不以人的意志为转移，突击队员很可能彼此处于相对位置，因此在运用此方法时一定要避免误伤。

（4）移动式交叉火力。

小组在对犯罪分子进行攻击时，为保存自己和有效追歼犯罪分子，通常不会固守一地，往往边射击边机动，运动中同样应注意实施交叉射击，这时就要采取移动式交叉火力部署。有两种方式可供参考：一是在原有交叉火力的基础上，向前平推或侧移，始终将火线的焦点集中在犯罪分子身上；二是多点跃进，不断重新组合或变换交叉火力点。这两种方式都有赖于小组成员间默契配合与小组长的灵活指挥。

（5）互补式交叉火力。

通常意义主要是指武器火线在空间上的交叉，由于警察作战小组任务的复杂性，不同种类火力的综合使用同样具有重要意义，因此我们提出一种互补式交叉火力的方式。即小组成员合理使用步枪、手枪、狙击枪以及其他火器，对犯罪分子形成远中近、高中低、打点和控面相结合的火力网。步枪射速快、威力大、容弹多，但转向慢、构成瞄准慢、受空间限制多；手枪小巧灵活、转向瞄准迅速，但威力小、射程近、精度低；狙击枪射程远、精度高，但不适合冲锋陷阵和狭小空间突击。因此，当犯罪分子既有散兵游勇，又有部分人同人质结合时，小组应当合理搭配火力的种类，实施互补式交叉射击，既打点又控面。

（二）警察遭遇战近距离用枪战术

1. 保持冷静，沉着处置

常言道，惊慌失措。其意就是说，人受惊了，就会慌张，在处理问题或应对事态时，就容易出现思路不清或思维空白现象，难以采取有效措施。警察也是人，同样在惊慌时也难免会有不知所措的情况，特别是在与犯罪嫌疑人近距离激烈对抗的情况下，危险时刻存在，随时都有可能受伤或牺牲，心理紧张确实难免，特别是警察在对抗中已受到伤害，出于对伤情的担忧，紧张的程度还会加强。如果此时警察不能保持冷静，沉着地进行防卫处置，势必会使自身的综合处置能力及观察发现问题、分析研判方案、定下处置决心、运用技战术动作等能力下降，如发生出枪速度慢、射击准确度差、控制牢固性不强、弹药使用把握不准等情况，从而使防卫力度不够，直接影响自身安全。

2. 准确判断，利用战机

在实战中，准确地判断好现场情况和充分利用好每一个战机，对于警察近距离使用枪支进行防卫来说是非常关键的两个前提要素。因为没有准确的判断就没有明确的防卫方向，就无法把握防卫的重难点，就没有缓急之分，防卫就会在盲目中进行，难以取得实效；没有充分利用好战机，警察就难以得到有利的实战机会，防卫将无法实质性地展开，就难以扭转被动局面，抢占主动。如果警察在近距离用枪防卫中不考虑这两个要素，其采取的一切防卫措施都是不可靠的。

警察近距离用枪防卫现场的判断主要包括三个方面内容：一是犯罪嫌疑人情况，包括人数、使用凶器、继续行凶袭击能力、事态恶化的可能性等；二是现场情况，包括有无易燃易爆设施和物品、有无无辜群众、有无可利用掩护体等，因为警察是以服务人民为天职，一切的防卫行为都是在以保护广大人民群众生命财产安全的基础上进行的，千万不可只顾个人的安危而放弃群众安全，这是违背警察宗旨的。如果警察在近距离用枪进行防卫时，没有对现场的情况进行判断，就有可能伤及无辜，造成更大损失。

战机，从防卫的角度来看，就是警察实施防卫控制的切入点，能否及时、准确利用，关系到警察的安危，事关查缉行动的成败，可以说是警察整个防卫过程的关键点和转折点。通常情况下，战机会在三种情况下出现：其一是犯罪嫌疑人在袭击警察的过程中，因自身因素突然中断袭击时，警察迅速抓住此机会进行防卫的瞬间，如犯罪嫌疑人移动摔倒时、低头时、转身时等；其二是犯罪嫌疑人在袭警行为间断的瞬间警察进行防卫，如犯罪嫌疑人持枪射击时，必然会有更换子弹的时候，用刀刺砍时，必然会有刺砍后回收重新发力的过程等；其三是警察根据现场的情况和犯罪嫌疑人的特性，通过人为方式，设法创造出来的战机，如把握风向，喷射刺激性气体，迫使对方无法睁开眼睛；枪战时，通过火力吸引，以取得迂回机会等。

3. 讲究战术，有效防卫

（1）牢记基本安全要素。

警察在防卫的实战中，要确保安全，基本要素有三个，即距离、掩体和戒备。"距离"是指犯罪嫌疑人与警察之间彼此位置的远近，是警察安全的因素之一。距离近了，犯罪嫌疑人容易在短时间内采取多种方式攻击警察，而如果距离远了，犯罪嫌疑人袭击警察的难度就会加大，并且随着距离的不断拉远，难度也会成正比的增大。因此，距离拉大，对近距离用枪防卫的警察来说，会有两大好处：一是空间变大，利于施展各种技战术动作；二是反应时间增多，便于警察作出更多正确的应对决策，尽可能地把损失或危险降到最低。可见，设法拉开距离，寻找更大空间，是警察近距离用枪防卫的关键。"掩体"就是警察用于掩护的物体，如墙体、汽车、电线杆、粗大树干等，警察如能充分利用掩体就会降低受伤害的危险。"戒备"就是警察利用各种装备进行警戒防备的一种状态，这有一定要求，如徒手戒备，就是进入准备格斗的姿势；持枪戒备，就是出枪上膛，时刻做好瞄准射击战斗准备等。三者之间从顺序上最好不要出现明显的先后，力求同时进行，因为警察在实战中能够做到迅速拉开距离的同时寻找利用好掩体，并合理使用武器装备做好战斗准备，此时是警察最好的临战状态，极利于其进行安全防卫。

（2）充分发挥自身优势。

警察作为执法主体，自身拥有一定的优势。优势体现在：一是警察是一支训练有素的正规化、职业化的专门队伍，整体处置能力较强。二是警察配备有专门的实战装备，如枪支等。这可大大提高警察的应对能力。三是警察查缉行动的主动性较强，如在装备投入、力量部署等方面都有较强的主动权。针对警察近距离用枪防卫来说，有效地发挥自身优势，是警察开展防卫的基础，是克敌制胜的关键。这主要从三个方面入手：一是要有效发挥枪支的威力。就是通过枪支的强大杀伤力来体现警察的强大力量，从而威胁反抗袭警的犯罪嫌疑人，使其自动放弃反抗或恐于打击而终止袭击行为。要达到这种目的，关键要注重"快速"和"准确"两个方面，"快速"就是指警察出枪快，射击快，比袭击行为在先的犯罪嫌疑人还要快，以克服警察防卫于犯罪嫌疑人袭击行为之后而被动的客观困难，以"快"来变被动为主动。"准确"就是警察在使用枪支时要依法准确打击目标。二是要注重团队力量的整合。这是在警察近距离用枪防卫中发挥自身优势的重要途径之一。警察一定要通过加强沟通、紧密配合、增强协同等方式，最大限度地把每个参战警察的特长融合在一起，使彼此之间能够取长补短，优化组合，成为整体，从而发挥其最大威力。三是充分做到有备无患。就是警察在行动前要充分预测危险，并做好相应准备，如做好枪支出现故障的应对准备，犯罪嫌疑人趁距离较近之机企图抢夺枪支的应对准备等，以取得行动上的准备优势。

（3）合理锁定处置目标。

警察在查缉实战中要开展防卫打击，一个必不可少的环节就是要合理锁定处置目标，这是警察有效精准打击的前提和基础。虽然警察近距离用枪防卫离目标不远，但同样需要合理锁定处置目标，才能使防卫更加准确有效。通常情况下，有人员目标锁定与身体部位锁定之分。人员目标锁定就是对多个犯罪嫌疑人中的较危险人员的优先锁定，主要分为三种情形：第一，就是多个犯罪嫌疑人在同等距离采用同样凶器和方式袭击时，警察首先要锁定的就是其中最明显、最易于处置的犯罪嫌疑人，如一人在室外明显地方，身体全部暴露在外，无任何遮掩，另一人则在室内，只暴露出身体的某个部位。警察在处置选择上就应该先选室外完全暴露人员进行处置，因为这相对于室内的人员来说，在使用枪支对其进行射击时，较为容易瞄准。第二，就是多个犯罪嫌疑人在不同距离采用不同的方式袭击时，警察要锁定处置的先后应该是由近到远，因为从距离上来说，犯罪嫌疑人离警察越近就越容易采取动作袭击。第三，就是多个犯罪嫌疑人在同等距离采用不同的方式或凶器进行袭击时，警察此时锁定处置目标的重点,应首先要放在威胁最大的人员上,如有持枪和持刀两者,那肯定要先处置威胁最大的持枪者,而如果只有持刀具和持木棍的,那就先处置持刀者。部位锁定就是对所要处置犯罪嫌疑人的身体重点部位为目标进行锁定打击,一般来说,主要就是打击其关键活动的部位,因为人一旦失去活动能力就无法移动,同时也会失去使用各种器械的能力,就无法再袭击他人,如用于持各种凶器袭击的手和用于移动的腿等,这些部位受到枪支的射击后,是很容易丧失其基本能力的。

(4) 灵活采取防卫措施。

在实战中,犯罪嫌疑人是凶残多变的,警察在近距离用枪防卫时,一定要注意灵活应对,科学地采取防卫措施,特别是在用枪射击时,必须要根据现场不同情形、不断变化而运用不同的方法。方法包括:一是在条件允许的情况下,尽量瞄准射击重要部位,以尽快控制对方,避免造成更大的伤害。《人民警察使用警械和武器条例》第 4 条明确规定,人民警察使用警械和武器,应当以制止违法犯罪行为,尽量减少人员伤亡、财产损失为原则。二是情况确实紧急无法保证准确性的,如左右移动快速逼近的,警察要果断采取概略射击的方式进行还击,不能因为过于追求精确度而贻误战机。三是在犯罪嫌疑人中枪后未丧失反抗能力依然丧心病狂不顾一切冲向警察的,警察一定要小心应对,讲究战术,迅速处置。首先,要坚持安全为先的原则,该调整战术撤退的要迅速撤退,切莫英雄主义,硬打硬拼,不合理冒险。撤退时要力求做到"五边",即边后撤、边观察、边提醒、边瞄准、边射击。也就是说,警察在向后撤时要注意多方兼顾,多管齐下,不仅要退还要及时观察防卫对象、周围环境及撤退路线是否通畅等,同时提醒周边群众,迅速配合躲开,同时也提醒犯罪嫌疑人,如果不停止暴力行为将继续使用武力。其次,队友之间要注意配合,注重策略的运用,如当犯罪嫌疑人不断地向其中一名警察进行连续袭击时,其他队友绝不能袖手旁观、被动等待,应积极地从侧面设法牵引对方,使其注意力分散,转移袭击对象,以让受袭击警察的危险得到缓解,同时也利于警察迂回地控制对方。再次,就是要坚持防卫,虽然警察在近距离防卫中，遇到的困难非常大，但无论如何艰苦危险，一定不能出现消极态度，一定要坚持设法克服，即使是自己受伤了，弹药用完了，枪支遇到故障了，也不可轻易放弃，这是警察防卫转危为安的关键。最后，就是合力控制，一招制敌。警察在防卫过程中，一旦控制时机成熟，要迅速形成合力，牢牢地将对方控住，力求一招制敌，如有机会可实施徒手控制的，警察要根据自身所处位置，预先准备，当行动的信号发出后，便同时发力，全面控制，使对方无任何挣扎之机。

第五章 警务实战战术篇

第一节 警察实战战术概论

警察战术,从本质上来看:它是部分军事战术在维护国家法律和治安秩序领域的应用,是部分军事战术与司法实践活动相结合的产物,它受不同历史时期的国家法律、司法实践和军事学术,军事技术发展等因素的制约,伴随着军事和司法实践活动的发展而发展。

警察实战战术,是人民警察与形形色色的犯罪分子及犯罪嫌疑人作斗争的有力武器。作为人民警察,掌握警察实战战术的基本理论和技术,并注重在执法实践中加以灵活运用,对于有效地打击各种犯罪活动,提高捕获犯罪分子及犯罪嫌疑人的能力和成功率,最大限度地减少人员伤亡和物资损失,有效地保护自身安全,提高自己的职业素质,以及有效地维护社会秩序,保卫国家和人民利益,保卫社会主义制度,都将起到积极作用。

一、警察实战战术的几个概念

清查,是警察对可能具有违法或犯罪行为的嫌疑人可能藏身落脚或往来出没的地点、场所进行清理和检查,从而发现或确认违法或犯罪行为,并对其进行查处的重要措施。

盘查,是警察对可能具有违法或犯罪行为的嫌疑人进行盘问,对其携带的物品进行检查,从而发现或确认违法、犯罪行为,并对其进行查处的重要措施。

抓捕,为捉拿、捕获之意,泛指警察对各种违法、犯罪分子或犯罪嫌疑人的武装捕获活动。

战术,是指导和进行战斗或对抗行动的方法。

战斗,是敌对双方进行的武装冲突。

警察实战战术,是指导警察进行清查、盘查和抓捕行动,正确查找和捕获各种犯罪分子或犯罪嫌疑人的作战行动方法。

警察实战战术的概念有以下含义:

(1) 警察实战战术是警察战术学的分支学科。它源于军事战术,发展于司法实践,受法律的制约,是犯罪与制服犯罪矛盾斗争的产物。

(2) 警察实战战术是指导警察与各种犯罪分子以及犯罪嫌疑人进行战斗的科学方法。它以警察警务实战战术实践经验为基础,研究警察警务实战的规律、特点和方法;研究警务实战的组织指挥规律和取得胜利的基本法则;研究不同情况和不同条件下,战术设计和战术应用的具体方法。

(3) 警察实战战术研究的目的,是及时发现和高效捕获各种犯罪分子及各种犯罪嫌疑人,查清犯罪事实和证据,有力地打击犯罪活动,尽可能地少付代价,避免失误,减少损失,最大限度地提高执法活动的效率和效益。

(4) 警察实战战术所指导的基本战斗形式是清查、盘查和抓捕行动。正确地组织、指挥和实施警务实战,正确地对不法侵害进行有效打击,是警察实战战术的基本内容。

二、警察实战战术的任务

警察实战战术的总任务在于:充分认识警察进行警务实战和依法警务实战战术的客观规律,并对其加以概括总结,从而形成指导人民警察在各种不同情况下有效地实施警务实战战术应对各种犯罪分子及犯罪嫌疑人,科学地进行警务实战战术的系统学问,使人民警察的执法业务素质得以提高,努力达到最有效地打击犯罪活动和最有效地减少代价,以获得最佳的执法效益的目的。

警察实战战术的具体任务是:

(1) 通过研究警察实战战术的行动原则和谋略思想,丰富警察实战战术作战对策,为提高发现和捕获犯罪分子及犯罪嫌疑人的成功率并尽可能地减少损失而服务。

　　警务实战,是一种查找与捕获相结合的武装战斗行动,存在着较大的潜在危险性。犯罪分子或犯罪嫌疑人为了逃避罪责,总是千方百计地躲避和反抗对他们的抓捕,常常使用暴力抗拒抓捕。如果"查"的方法科学、得当,能够及时、准确地发现犯罪分子或犯罪嫌疑人,就能够为抓捕行动的展开提供可靠的客观依据和现实的实施条件。在已确认其身份、知其下落的情况下,捕获犯罪分子或犯罪嫌疑人的谋略设计及战术方法是否得当,是否符合战术原则及有关法律规定,战术应用是否具有突然性、针对性、灵活性,其方案是否符合客观实际情况,就成为警务实战能否成功的关键因素。战术是智慧的结晶,是学习与训练的结果,也是我们战胜犯罪嫌疑人的法宝。我们掌握了战术的基本理论、基本特点和基本方法,掌握了各种情况下能够采用的诸多战术,有意识地、主动地加以灵活运用它们,就能大大提高警务实战的成功率和安全系数,减少人员伤亡和物资损失,以小的代价换取大的胜利。

　　(2) 通过研究警察警务实战的组织指挥规律和协同方法,为警务实战的正规化、现代化服务。

　　随着社会生产力和科学技术的发展,新的技术装备不断地被人民警察采用,犯罪分子及犯罪嫌疑人的犯罪活动也日益带上了现代化的色彩。警察体制的科学化改革,警察力量的科学化编成,机械化、自动化指挥器材和战斗器材的大量采用,快速反应能力的迅速提高等,都受到新技术革命的巨大影响。技术的现代化,要求必须按技术规律办事;管理的现代化,要求我们必须按科学程序办事;警务实战的特殊性,又要求我们有钢铁般的纪律、高度的组织协同、强有力的控制系统和灵活的反应体制。这就迫使我们在正规化、现代化建设方面迈出更大的步伐。警务实战,从情报搜集、战斗准备、指挥决策到组织实施具体的行动,都越来越需要向正规化、现代化方向发展。过去那种单凭经验,轻视战术或不懂战术、各自为战、不讲指挥程序和指挥谋略方法的"随意战法",已不适应飞速发展的形势需要。这就要求我们下功夫研究正规化、现代化的步骤和措施。警察实战战术,可以为警务实战的组织指挥和作战的正规化、现代化提供有益的帮助，可以为警察实施较大规模的整体协同作战提供理论和现实的指导。

（3）通过研究人民警察的战斗力性能和职业特征，为提高人民警察的执法活动素质和战斗力服务。

人民警察作为打击犯罪的主要力量，由其职业性质决定了辛苦、劳累、危险性大的职业特征。这种职业特征，决定了人民警察必须具备高尚的道德情操、良好的身体素质、很强的战斗技能、高水平的战术意识以及与这些品质相适应的心理素质。只有具备这些条件，才能确保其战斗力的增值，才能确保警务实战的高效率和高效益，才能保证有效地发现和制服犯罪分子及犯罪嫌疑人，并保证自己的生存。这就要求我们不断地提高自身的职业素质和战斗力水平，以适应工作需要。警察实战战术的重要任务之一，就是要通过学习和训练，大幅度地提高人民警察的执法素质水平，提高发现和抓捕犯罪嫌疑人的能力，增强自我保护的生存意识和能力，增强战胜犯罪嫌疑人的本领，使之不管在怎样艰难困苦的场合，都能保持旺盛的斗志、顽强的作风、饱满的战斗热情、精湛的战术谋略、熟练的战斗技巧和强大而充满活力的战斗力。

（4）丰富和发展警察战术的理论和技术。

警察实战战术是警察战术的分支，从我国警察战术理论和技术研究的现状来看，它才刚刚起步，还处于初创阶段。尽管我们在与各种犯罪分子长期的斗争中已经有了大量的经验，有很多辉煌的成就，也有大量生动的实战案例可供研究，但从总体来看，理论严重滞后，科学的概括和总结还相当缺乏，基本的警察战术理论体系还没有建立起来，警察协同战术、各警种战术、警察指挥学等重要研究领域中，涉足的研究人员数量极少，与警察战术相配套的教育、训练体系也才刚刚开始探索。这种情况与实践中紧迫急需警察战术理论指导的要求很不适应，与国外同行相比差距很大，这种情况也必然地使警察生命和国家财产的损失增大。所以，下功夫研究具有我国特色的警察战术学理论体系，建立和发展警察战术研究的组织机构，大力推动警察战术的学术研究，丰富警察制伏各种犯罪活动的技术手段，是我们紧迫而重大的任务。

第二节　警务实战战术原则

警务实战战术原则，是从警务实战战术实战活动中科学总结概括出来的指导和制约战术应用的基本规律和原则，它使警务实战战术有了必须遵循的准则和规定性，在纷繁复杂充满着不确定性的警务实战中，遵循战术原则能够有效地为指挥员和警务实战战术人员指明行动的方向，提供战胜犯罪嫌疑人的方法，或者提出总的原则要求，指出通向胜利的途径。但是它不是教条，不能给每一个具体行动提供翔实可靠的依据。能否成功地活用战术原则，取决于指挥员的战术修养、指挥素质和决心，取决于警务实战的战术设计是否符合警务实战战术现场的实际情况，还取决于参战指挥员的灵活性、创造性的发挥程度，所以学习和掌握战术原则，灵活运用战术原则，是对每一个指挥员、战斗员的基本要求。

警务实战战术原则可根据不同警务实战的规模和不同的指挥层次，分为警务实战战术的一般原则和协同战术原则两类。

一、警务实战战术的一般原则

警务实战战术的一般原则，是警务实战战术活动普遍规律的科学总结。它适用于指导不同情况下具体的警务实战，制约并指导着警务实战的战术设计，行动组织方式，直接关系着警务实战的效率和成败。

（一）依法施策，确保安全

警务实战战术是执法行为，它代表着国家法律的尊严，表明法律的不可侵犯。同时又受到法律规定的严格制约，其活动从内容到形式都不准许超越法律的约束范围。尽管警务实战的战术方法千姿百态，施计用谋策略变化无常，但都禁止采取违反法律的手段来对付警务实战战术对象，如果超越了"依法施策"的范围，"战术"也就改变了性质，其使用结果，也同样要受到法律的追究和制裁。

确保安全，是警务实战战术设计与实施时，必须遵循的基本原则。确保群众安全，是警察执法的根本任务，它要求我们在采取任何警务实战时，都应把人民群众的利益和安全放在首位，同时应兼顾参战警察的安全，应尽可能地将人民群众和抓捕对象隔离开来。绝不能为了抓捕某个抓捕对象而弃群众生命财产于不顾，蛮干、硬干、使战斗伤及无辜，造成群众生命财产的重大损失或参战警察的不必要伤亡，更不准许采用伤及群众安全为代价，以换取战斗效果的方法进行警务实战。

"依法施策，确保安全"这一基本原则制约着所有战术设计和战术行动。控制着它的使用范围和使用方向，限制着它的随意性。作为警务实战的指挥员、战斗员、人人必须牢牢树立群众观念。熟知和掌握有关法律的具体规定，使我们的警务实战及战术使用能够确保群众的安全，有坚实的法律基础，并符合有关法律条例的具体规定，确保执法活动的准确性和有效性。

（二）评估犯罪嫌疑人，因势用兵

现代警务实战，现场情况瞬息万变，侦察与反侦察、抓捕与拒捕的斗争尖锐复杂，要想不打无准备、无把握之仗，就必须充分评估犯罪嫌疑人，随时准确获取警务实战战术对象的情报至关重要。要了解抓捕对象的案情、人数、现状及其生活习惯、性格特征和犯罪手段等。同时必须尽一切可能获取警务实战战术对象的现实活动情报，即使在极为不利和困难的场合，也要设法对警务实战战术对象的现实情况尽可能地了解掌握，知其要点。这种获取情报的努力要从获知最初情况开始，一直持续到警务实战全部结束为止。在这个过程中的每一个阶段，对情报，情况的获知都不能有丝毫的松懈。在判断各种情报情况时，要善于辨别真伪，善于评估情报的时效性、可用性、善于从多方面核实情报。全面正确地进行分析判断。判断中，不仅要判明警务实战战术对象的当前企图，还需预测到事件可能发生的变化和发展，涵盖犯罪嫌疑人与我方的双方态势，形成一个完整的认识过程。

充分评估犯罪嫌疑人，是在对犯罪嫌疑人情况的充分准确获取和研究的基础上,在警务实战的每个具体战术的制定和实施中,都应对警务实战战术对象的防卫心理、反抗能力、反抗手段作充分的有时是必要超量的估计,并对其可能采取的对抗行动及可能发生的变化和发展,作出真实可靠,全面准确的判定。

因势用兵:"势"是指犯罪嫌疑人与我方双方不断变化着的对抗态势;"态"是指双方的状态;"势"是指对抗的"形势"。在警务实战过程中,态势是在不断变化着的,但总是遵循其固有的特征、特性在发展变化,总是有规律可循的。"因势用兵"就是把握"势"的发展变化,抓住对方的弱点,千方百计制造和扩大其劣势,同时形成我方的优势。优势是由对情报的充分准确获取;对犯罪嫌疑人情况可能的发展变化准确判定,是对当前情况的正确掌握和以往行动经验的积累;是平时预设战术方案的事先准备和战时创造性综合运用的相互结合所形成的。只有因案施策、因情施变、以变制变,战术行动才有针对性、合理性、科学性,才能因势用兵,发挥战术的作用和效果。

因势用兵,必须掌握好犯罪嫌疑人情况、战机、地点、警力、战术这五个要素,充分准确的犯罪嫌疑人情况分析判断是基础;"战机"是取得胜利的客观条件,是时间和空间交汇所形成的机会。它可随着战斗的推移而出现,也可以通过主观努力去创造。战机就像不速之客,有时瞬间出现,有时瞬间消失,有时持续一定时间,有时会多次反复出现。因而善于及时抓捕战机并果敢地下定决心是至关重要的。"地点"是战机出现的空间条件,必须充分掌握抓捕地点的地形,地物地貌,建筑物内部结构和周围环境,实施充分有效的布控,才能形成有效的空间条件。"警力"是利用战机战胜犯罪嫌疑人一方的能动力量,"警力配置"要遵守"合理的警力对比优势"的原则。适度调集和使用警力,多方位、多层次的合理配置,全方位地充分发挥各警种、各战斗单位的战斗能动性,做到一是精于谋略,周密布置。既无不足、又不过度,留有余地。二是突出重点,点面结合,层次分明。三是奇正相依,适时机动,注重协同。"战术"则是根据具体情况决定运用什么计策,采用何种形式和方法进行警务实战。它是具体指导实施战斗的方法和准则。"灵活多变，快速反应"，是提高警务实战成功率，正确设计战术和实施战术的重要保证。

掌握这五要素，也就是说在对犯罪嫌疑人情况准确分析判断的基础上，在合适的时间、地点，投入适宜的警力并加以合理配置，灵活的应用战术。在警务实战战术活动时，精细准备，全面筹划，稳妥实施，因势施变，应成为每个指挥员战术设计和战斗实施的指导思想和行动准则，是提高警务实战成功至关重要的核心。

"因势用兵"要善于寻找警务实战战术对象的"弱势"，除了要全面掌握案情和其个性和行为特征外，更要准确分析掌握其"弱点"。"因势用兵"从某种意义上来讲，也可以说是利用抓捕对象的弱点给予突然打击。警务实战战术对象作案之后，在躲避逃窜中受防卫心理支配，大多数都有较高的警惕性。他们对公安机关的警务实战，多数都有心理准备，制定了一些预防措施，并准备相应的凶器。因而要重点研究警务实战战术目标的弱势，研究他们是否有备，备在何处，何处不备，怎样消除戒备的问题。要努力寻找警务实战战术目标心理上、行为上、防卫上的"弱、虚、松、疲、精、愚、逸、恋"之处，寻找他们最大的需要，最强的动机。对于防备较充分，各方面弱点暴露不明显的警务实战战术目标，我们应采用各种主动措施，设法调动他们、麻痹他们、刺激他们，使他们在活动中，行为上暴露弱点，这称为"造势"。通常可采用"逸而劳之，饱而饥之，安而动之，利而诱之，卑而骄之，怒而挠之，亲而离之，乱而取之"等方法，使其心理失去平衡，促其行为失常，从而明显地暴露出弱点来，然后针对其弱点，攻其不备，出其不意地给予打击。

充分评估犯罪嫌疑人，因势用兵的战术原则，在警务实战中作用极大，把它融汇于各种战术方法之中，是战术设计的指导和战术实施的基本原则，对整个战术过程都起着直接的制约作用，特别对提高警务实战的成功率有至关重要的作用。

（三）因犯罪嫌疑人示形，快速反应

"兵以诈立，多谋善变者胜"这不只是军事斗争的重要原则，也是警察警务实战战术活动的重要战术原则。以智取胜，就是针对警务实战战术目标的具体情况和有条件地采取的行动来施计用谋，巧设圈套，避免僵化的硬拼、硬打，设法以巧妙的谋略，最小的代价，获取尽可能好的战术效果。这项战术原则要求我们采取每项战术行动时，都应考虑如何智取，如何造势，如何主动制造假象给警务实战战术对象造成感觉上、认识上、心理上、行动上的错觉，使其防卫注意力分散或转移，充分暴露出弱点，出其不意地给予突然打击。要尽可能地让他们在防卫方面犯错误，使他们相信我们的虚假情报或表象佯动，从而为战术行动的实施创造良好的战机和巧取的条件。"示形"：是制造错觉的重要前提，也是设计用谋的重要组成部分。它不仅能巧妙地隐蔽我们的企图，而且对迷惑警务实战战术对象，达成战斗的突然性，减少行动代价有直接的重大作用。

"示形造假"要掌握好"度"，不可过头，也不可不足，过头容易使我方意图暴露，被警务实战战术对象察觉或识破，难以达到引诱犯罪嫌疑人失误的目的。不足则警务实战战术对象察觉不明，感觉不到，或虽有察觉，但疑而难决，也难达到制造错觉的目的。所以"示形"虽为造假用诈，动则要真，真假相辅，要机智适度而又不露真相，常用的方法可归纳为"能而示之不能；用而示之不用；远而示之近；近而示之远；虚而示之实；实而示之虚；取而示之不取；不取而示之取"等，均应示之适度。在具体做法上，可采用突然制造、施加虚假压力，迫使其向错误方向行动。或渐次递进地逐步诱导，孙子曰："形兵之极，至于无形。无形，则深涧不能窥，智者不能谋"。就是说，伪装佯动或示形造假做到最恰当的程度，就看不出形迹，使其察觉不到底细，聪明的犯罪嫌疑人也无法对付。达到这一步，也就达到了"形人而我无形"的境地，即达到了犯罪嫌疑人一方暴露弱点，正中我方圈套。我方知犯罪嫌疑人，而犯罪嫌疑人不知我方，并机智地让犯罪嫌疑人按我方的指挥棒行动，从而达到我方的目的。只要做到这一步，才能做到"致人而不致于人""出其不意，攻其不备"的最佳效果。

因犯罪嫌疑人示形的要害是主动麻痹调动犯罪嫌疑人，使其犯错误，造成对我方有利的态势。夺取对抗中的主动权，以谋略巧取胜利。所以不论哪一种战术方案，都要合理巧妙地应用这一原则，就能取得十分明显的实际效果。

快速反应，"兵之情主速、其疾如风"。大凡用兵作战，先发制人贵速、主动攻击贵速、抓捕战机贵速、灵活应变贵速、实施机动贵速。没有一定的速度就难以成功地运用战术，行动的快速能造成警务实战战术对象判断上的错误和准备上的不足，能减弱他的反抗机会和反抗能力，增强我方的打击力度和强度。并且可弥补警力不足和装备上的缺陷，特别是有利于迅速抓住战机。

快速反应是建立在对犯罪嫌疑人情况明了的基础上，它要求指挥员、战斗员对其动态现状，可能发生的突变和发展方向做到心中有数或预先准备。它是长期作战经验的积累和缜密审思的结晶，是平时预设战术方案的预先准备和应急创造性综合运用的相互结合。

在警务实战中，犯罪嫌疑人情况在随时变化，战机瞬间即逝，这就要求指挥员敢于定下决心。不知因情施变，行动迟缓，发现战机犹豫不决，警务实战战术对象就会先我而动，采取逃窜、隐蔽或拒捕措施，所以"难得的是时间，易失的是机会，重要的是速度，果敢定下决心是关键。战机抓不住，战术也必然落空。"

警务实战战术预案的设定应是"动态"的。所谓动态是指在基本方案确定后，应考虑可能发生的多种（至少两种以上情况的）突然变化，并在基本方案的基础上作出动态预测，预设多套方案，这样才能真正做到因案施策，因情施变，以变制变。一旦发生突然变化，警方便能做到心中有数，敢于果断定下决心，作出快速反应。这样才能防止在突然情况发生时茫然不知所措，或僵化呆板不知变化，或急躁冒失乱加变化，从而造成整个抓捕行动的失败。

快速反应是战术行动的制胜法则之一。它是建立在对抓捕对象动态情报的熟知与正确分析断定的基础上。它是战术行为的灵魂，只有快速反应才能在千变万化的警务实战中掌握主动权，才能充分发挥出以奇制胜，攻其不备，出其不意的战术效果。

(四) 相机捕歼，力求全胜

警察警务实战与军事斗争有不少相似之处，但各有其不同形式、特点和要求。警务实战的目的不在于大量杀伤犯罪嫌疑人，消灭其有生力量，而在于发现和捕获犯罪分子及犯罪嫌疑人，查清全部犯罪事实，获取罪证，交付法庭予以审判。因此警务实战中的具体战术，从设计到实施都应以生擒活捉，并获取罪证为主要目标。只有这样才符合法律的要求，才能产生好的警务实战战术和好的行动效果，这是由警察警务实战战术工作的特殊性质和要求所决定的。

但是警务实战并不排除在必要情况下，击伤击毙犯罪分子或重大犯罪嫌疑人。所谓"必要"首先是指法律准许，其次是确有必要。《人民警察使用警械和武器条例》以及其他有关法律法规中都详细地规定了使用武器的法律许可范围和条件，只要符合法律规定而且确有必要，就可以果断击伤或击毙。警察要认真学习和正确执行《人民警察使用警械和武器条例》，努力在使用警械和武器方面做到恰到好处，该捕则捕，需歼则歼，因情因案，相机行事，果断处置。

当然能捕则尽量捕获犯罪嫌疑人或犯罪分子，就击伤、击毙而言，击伤比击毙好，除了不击毙不足以防止事态恶化，直接击毙确有必要外，能不击毙以不击毙为好。如果我们的战术真正符合实际，实施得当，出其不意，行动迅猛，恰当地使用非杀伤性的武器，一般均能生擒活捉，并防止意外事故发生。"生擒活捉"对警务实战来讲，就意味着"近战"和"肉搏"。意味着战术设计、战斗指挥、战斗实施的灵活巧妙。它对指挥员、战斗员的战术与战斗素质提出了很高的要求。

力求全胜，"全胜"是指战斗行动全面达到了自己的企图。对警务实战战术来讲，是指在不付代价或付出最小代价的情况下将警务实战战术对象全部捕获并人赃俱获。这就要求我们在进行警务实战时多准备几手，细致准备、全面筹划，稳妥实施。在警务实战中若由于轻视犯罪嫌疑人，计划不周或应急应变指挥不当，造成警务实战战术对象脱逃或部分脱逃，不仅侦察工作得从头做起，又费时、费力、费财，而且脱逃在外的警务实战战术对象若继续作案，穷凶极恶地进行报复，必将给社会带来更大的危害。

警务实战战术应对犯罪分子或犯罪嫌疑人时，获取赃物罪证是为了保证审判的顺利进行，是保证定罪量刑正确的可靠依据。所以进行所有警务实战时，都应注意尽量获取有效的一切证据，不能只是抓人，这一点，从侦察活动开始直到最后完成警务实战战术任务的整个过程都应该彻底执行。

上述四项基本的战术原则，使警察警务实战战术应用有了必须遵循的依据和相应的规定性。依据这些原则，进行战术设计和实施战术行动，会使警务实战的质量得以大幅度提高，如果我们每一项具体的战术行动都能融这四项基本的战术原则为一体，并灵活地加以运用，那么战术的针对性、合理性、有效性和可操作性及成功率都会有可靠保证。因此每个指战员，特别是指挥员，对警务实战战术的一般原则都应熟记、理解，结合自己的实战经验在综合灵活应用上狠下功夫。这对提高我们的战术修养水平，提高我们的战斗力和行动效益将会起到不可估量的作用。

二、警务实战战术协同战术原则

警务实战战术协同战术原则，是在较高层次，较大范围中，组织指导多个单位、多个警种、不同力量集团，参与较大规模警务实战应遵守的基本原则。它制约着较大规模、较高层次、较大范围警务实战的组织指挥、战术协同和战斗结果。

协同战术原则的基本内容和要求如下：

（一）建立合理的警力对比优势

一般来讲，在获得可靠情报和知己知彼的情况下，能取得合理的警力对比优势者胜。

所谓"合理的警力对比优势"，就是使用的警力、武器、装备最大限度的有把握地利用警务实战战术抓捕对象，同时又能合理节约人力、物力，把自己的消耗和损失降到最小限度，最大限度地获取胜利的成果。

"合理性"主要表现在以下四个方面：

（1）对犯罪嫌疑人与我方双方战斗力的估计客观、可靠、知其长短；

（2）调配警力足够、适度、留有余地；

（3）有效的布控并能通过有效的机动按时到达指定位置并发挥其作用；

（4）具有用警务实战战术抓捕目标的可靠性和利用警务实战战术保存自己的有效性。

达到这四点要求，所建立的警力对比就是合理的，就能形成优势。

（二）发挥协同作战的整体威力

现代警务实战，不单纯是个人的执法行为，而是集体和整体的执法行为，而且是常需要不同警种或不同战斗集团以各种不同的武器装备合成的战斗力，从而使整体战斗力功能出现"相乘效应"而大幅度增长。在警务实战中，只要诸警种或诸集团在统一意图、统一计划、统一指挥下，实行有层次的行动，按目的、目标、时间、地点，协调一致地行动就能形成整体威力，发挥整体优势。这对完成既定任务，取得警务实战胜利具有决定意义，随着我国警察力量正规化、现代化的发展，协同作战，发挥整体威力的原则将会更为突出和重要。组织协同，发挥整体威力的基本要求是：

统一意图、统一计划、统一指挥、在一定的起止时限内各级指挥员按各自的分工，分层次指挥所属警力，相互协调保质保量地完成各自的任务。其具体要求是：

（1）警务实战战术应对严重暴力犯罪分子或犯罪嫌疑人时，由县以上公安机关负责统一指挥。所有执行任务人员服从统一指挥，上自指挥部，下至各战斗小组均应指定负责人，明确指挥关系；

（2）发现犯罪分子或犯罪嫌疑人踪迹，在小范围内警务实战战术的，应以发现地的县以上公安机关为指挥层，负责警务实战的全权指挥。处在警务实战战术第一线的各战斗小组执行层，担负组织所辖参战人员完成指挥层下达的各项任务。紧急情况下，组织执行层负责人来不及请示或与上级中断联系时，有权采取紧急措施；

（3）犯罪分子或重大犯罪嫌疑人去向不明，需跨区域大范围实施运用警务实战战术的，以上级公安机关为指挥层，负责协调指挥有关地区公安机关的警务实战。有关地区公安机关为组织执行层，按照指挥指令或指示精神，结合本地实际情况实施具体指挥。

（三）有效流畅的指挥系统是实施战斗的根本保证

在统一指挥、统一意图、统一计划的同时，充分有效流畅的指挥系统是实施战斗和取得胜利的根本保证。警方必须注意在警务实战战术预案的制订中，明确制定多层次，多层面的诸警种的协同作战要点，明确分工，层层落实，要保证指挥的及时流畅必须做到三个准确及时：

（1）情报准确及时的传递，这样才能保证指挥层、组织执行层、协同作战单位情况明确，指挥决心及时准确；

（2）首长决定命令的准确及时下达；

（3）准确及时的执行命令。这就是要求严格可靠的通讯联络保障，不但各级指挥机关之间，而且要以各种可靠手段直达各战斗小组。

这样才能形成高效迅敏的通信指挥网络，才能形成高速反映、高效率的战斗团体。

（四）着眼于"关节点"的保障和运转的高效能

根据系统工程原理，合成警力作战，就像一部组合完备的机器运转一样，是一个完整的系统。在系统的各个部门之间都有起连接作用的"关节点"，它是存在于合成警力整体之中并在整体运转中起制约和协调作用的关键部分，例如：警务实战中各级指挥机关的相互联络、警务实战实施中的机动方式、警务实战的警力区分和配置、战机出现时的行动指挥决策、具体战斗行动的战术方法和行动实施的组织协同、关键时机的武器使用等。"关节点"一旦出了问题，合成警力这部"机器"就会运转不灵，甚至出现局部瘫痪或造成整体混乱。

合成警力的组成越复杂,合成警力的"组合元件"越多,与整体运转相关的"关节点"也就随着增多。合成警力的整体运转速度越快,强度越大,各"组合元件"及各"关节点"失灵或损坏的比率也就越大。因此,我们必须着眼于各"关节点"的保障,着眼于各"关节点"运转的高效率,确保自己行动链条的严整和整体运转的功效。

(五) 在关键的时间、地点建立行动中心

行动中心,是指挥员施计用谋和将合成警力投入的方向和地点。一次警务实战全局上的胜利,是由构成全过程的各个阶段和构成全局的各个局部的胜利组成的。但是各个阶段、各个局部在全局中的地位和作用是不同的,有的无关紧要,有的比较重要,有的则至关重要。所谓"至关重要"就是直接影响全局成败的关键,就是行动重心,例如,犯罪分子及犯罪嫌疑人活动情报的及时性、准确性;出动的时机与方式;主要方向的警力机动;包围中的偷袭行动;攻击的最佳战机等。在关键的时间、地点上,战术行动的得失,对整个行动进程和结局产生重大直接的影响都可认为是行动重心。

建立行动重心的基本方法是实施有效的机动。机动,是具有能动作用的战术要素,它是保证在关键时间、重要地点集中警力,占领有利地形,形成优势,也是达成警务实战突然性的主要手段。机动应力求秘密快速地进行。通过机动,完成基本的警力布置,形成打击重心、指挥重心、行动重心、保障重心,从而给予这些重心以特殊的重视。

(六) 运动多样化的形式警务实战战术抓捕对象

现代警务实战,其坚决性、灵活性、连续性十分突出,速度的竞赛、时间的争夺、生存与死亡的较量,始终贯穿于行动的全过程。警务实战的空间范围空前增大,行动将在更为广阔的领域交错展开。行动的突然性、紧张性、严酷性倍增,参战的警种及警力集团增多,协同程度越来越高,战斗样式越来越复杂化、多样化,物资消耗增长速度惊人。这些特点表明,只有采用多样化的战术手段和战斗样式，才能适应形势的发展，才能符合警务实战的规律，提高战胜犯罪嫌疑人的把握。

警察警务实战战术活动的丰富实践，已经创造了大量有效的警务实战战术形式和众多的战斗样式，并正在创造出更新的战术和战斗方法。在警务实战中，包围、分割、迂回、渗透、伏击、偷袭、强击、诱捕、追击、搜索、清查、巡逻、设卡、盘查、内外配合等战术丰富多彩。随着科学技术的进步和警用武器装备的改进和更新，随着警察战术理论的创新和实践经验的总结，我们的战术手段和战斗样式还会有更大的发展，更能适应各种不同情况下警务实战的需要。

因此，作为合成警力的指挥员，应熟悉各种各样的战术方法，熟悉各种警用器械和武器装备的性能。要能够根据不同的情况，熟练、精通地运用多样化的战术手段，灵活地指挥警务实战，创造性地达到发现、捕获各种抓捕对象的目的。

（七）以心理战破坏警务实战战术对象的心理平衡

心理战，是一种针对人的理智和感情的作战。它以特殊信息媒介为武器，依据心理学原理，通过宣传或其他各种手段对单独目标或群体目标的心理实施攻击，使其心理产生错觉和混乱，进而导致其意志的崩溃，意识观念发生变化，最终改变其行为和态度，到达"不战而屈人之兵"的目的。

为了达到特定的心理战目的，作为合成警力的指挥员必须重视心理战的实施手段。心理战手段是指为达到心理战目的而采取的方法和措施。心理战手段是多种多样的，我们一般分将其分为三类：

（1）宣传心理战：它是一种非强制性的心理攻击手段，是以大众传播工具或口头传播为媒介，通过对有关事物和理论依据的有力说服，去影响心理战对象的认识、情感和意志，进而导致其态度和行为的转变。

（2）威慑心理战：也称武装心理战。就是以强有力的作战行动或其他各种武力性质的活动为手段，对攻击目标施加心理压力，使其在精神上受到强烈震撼，进而瓦解被攻击者的士气，争取小战大胜或不战而胜。这也是一种强制性的心理攻击手段。它以武力为后盾，有强迫对方听命的效果。这种心理攻击手段在警务实战中运用最多。

（3）谋略心理战：谋略心理战是以隐蔽自己的行动企图为前提，通过用谋用诈等手段，造成被攻击对象的不注意，使其在理智上犯错误，从而顺利实现自己企图的心理战方法。其主要特点是斗智、夺心和用诈。

不论是何种心理战，都是以信息为武器，对人发生作用。所以，心理战的实施模式是：发送信息，吸引注意，产生影响，改变态度。作为合成警力指挥员必须注重心理战这种特殊作战的效应，把心理战作为一种取胜的重要手段和指挥的重要职责来看待，注重对心理战及战术方法的研究应用，努力用心理战破坏警务实战战术对象的心理平衡。

心理战是信息战，它有自己的局限性，它所发出的信息，不论是直接的还是间接的，不论是真的还是假的，都必须进入一定的"土壤"，并与对方的某些思想、观念、需要、情感等心理因素发生一定的交融，才能起到作用。如果发送的信息与对方的心理因素格格不入或极为对立，则无法达到目的。这时就需要果断采取其他措施，制伏警务实战战术对象，对抓捕对象实施综合打击。

总之，我们把握了协同战术的基本原则，在实战中灵活运用这些原则，我们就把握了事态，把握了进行较大规模、较高层次、较大范围警务实战战术活动的主动权，把握了指导合成警力进行警务实战的基本规律。在此基础上对付突发暴力事件，我们就能应付自如，并取得最后胜利。

第三节　警务实战战术行动的指挥

警务实战战术行动，是指为制止和打击各类违法犯罪行为，采取清查、盘查、围追、堵截等手段，以武装或非武装的形式，在一定的时间和空间内查觅、抓捕各种违法犯罪分子和重大犯罪嫌疑人的活动。

警务实战战术行动的指挥，是指警务实战战术行动的指挥员及其指挥机关，对所属警力及相关人员实施警务实战战术行动所进行的特殊的组织领导活动。指挥，是警察战斗力的关键因素，对其他各种行动因素起着决定性的影响。因此，指挥的正确与否，是警务实战战术战斗行动成败的先决条件。

一、警务实战战术行动的指挥构成及其职能

警务实战战术行动的指挥构成，从机构设置上讲，由指挥员及其指挥机关组成。指挥机关通常由指挥组、通信组、保障组和宣传组等组成。指挥组的主要职能是：收集、整理案情、案发地地形、社情等情况，为指挥员定下行动决心提供可靠的资料；同时根据指挥员的意图，拟制行动方案；组织、协调各行动方面和行动人员的动作，保证指挥员行动决心的实现，并随时掌握各行动方面的行动进展情况，为指挥员分析判断情况、调整行动计划当好参谋和助手。通信组的主要职能是：负责指挥员及其指挥机关与各行动方面的通信器材保障和通信联络畅通，保证上请下达及时准确。保障组的主要职能是：负责警务实战战术行动中武器弹药、装备器材、车辆运输、服装装具、生活用品及其他有关行动的保障工作。宣传组的主要职能是：负责宣传报道、战前动员、现场鼓励及行动结束后的总结表彰工作。

二、警务实战战术行动的指挥特点

警务实战战术行动的指挥与常规军事行动的指挥相比具有以下几个主要特点：

（一）情况突然，组织指挥时间仓促

警务实战战术行动，是以各种犯罪行为的发生而发起的，各种犯罪行为往往是没有预知的突发性事件，犯罪形态可变性大，稍有贻误，就会丧失有利战机，使犯罪分子有机可逃，给抓捕工作增添更大的难度，给社会治安带来无法估计的隐患。因此，警务实战战术行动的指挥，往往是在时间紧迫、任务艰巨的情况下，采取边布置行动，边了解情况，边投入战斗，边组织协同，边计划保障，边

补充完善行动方案的快速应急指挥方式实施。

(二) 目标流动，指挥行动难以定位

快速逃离现场，是各类犯罪分子作案后共有的本能特点和基本规律，尤其是交通工具的发展，更为犯罪分子逃离现场、逃避打击提供了更为便利的条件。因此，犯罪分子作案后潜逃和藏匿地的准确方位很难确定。这就要求指挥员必须根据犯罪分子的作案企图、社会关系、逃匿的方向、时间和潜逃方式等情况进行综合分析、准确计算、得出合理的判断和论定。

(三) 警力分散，组织指挥必须超前

公安机关的治安管理是以属地管理为前提，区域管理为基础，条块管理相结合的管理模式，平时工作多以各自为战居多，且居住地交叉分散，警力集结难度大，因此指挥员在接到案情通报后，必须即时下达预先号令，将接受任务、理解意图、了解案情与传达任务、布置工作、组织保障等工作同步展开，才能争取时间，赢得战机，达到集结快、出动快、布置快、处置快的目的。

(四) 情况多变，行动方案变更频繁

警务实战战术行动常在瞬息万变的情况下进行，指挥员必须根据警务实战战术目标的活动变化情况，不时调整修正既定方案，补充变更原定决心。如警务实战战术对象由甲地转移到乙地，由团伙行动转变为单个、多向行动，由逃避性转变为抵抗性、威胁性、由非暴力转变为暴力行为等情况的变化，必然引起战术形式、战术手段、战斗布置、行动时间和行动进程等多方面的变更。因此，指挥员在组织警务实战战术行动时，应设想多种情况，预定多种行动方案，并具有适应各种复杂情况变化的心理素质和应变能力。

(五) 多警参战，组织协调至关重要

警务实战战术行动，特别是对重大暴力犯罪分子的警务实战战术行动，往往是治安警、巡警、警察、交警、武警等多警种参战的联合行动，指挥跨度宽，协调难度大。组织行动时，指挥员必须对各警种的当前任务、而后任务、行动区域、协同方法作出明确具体的规定,并在警务实战战术行动过程中实施不间断的指挥和协调,只有这样,才能步调一致,形成整体合力。

(六)双重身份,指挥战斗集于一体

担负警务实战战术行动的指挥员,尤其是基层和担负独立警务实战战术行动的指挥员,大多集指挥员和战斗员于一体,既要组织指挥、协调行动,又要冲锋陷阵,身先士卒,为人表率,以自己的模范行动引导、带领和影响部属积极完成战斗任务。然而,各级指挥员必须把组织指挥的职能放在首位,行动中,要随时注意调整自己的位置,使自己始终处于既便于指挥、又便于战斗,还便于与上级及友邻保持联系的有利位置,决不能本末倒置,顾此失彼。

(七)法律制约,警务实战战术行动必须合法

警务实战战术行动,是以法律为武器,采取各种强制手段,制止、预防和打击各类违法犯罪行为,特别是重大、特大暴力犯罪行为的行动。因此,警务实战战术行动的全过程,是一个严格执法的过程。这是警务实战战术战斗行动区别于军事战斗行动的一个最为明显的特点。这一特点,要求组织警务实战战术行动的指挥员在组织指挥各种警务实战战术行动时,必须具有较高的法律观念和法制意识,必须以事实为依据,以法律为准绳,根据各种不同的警务实战战术对象,不同的案件性质,采取不同的行动措施和不同的战斗手段,保证整个警务实战战术行动的程序合法、采取的手段合法、产生的后果合法,决不能简单、粗暴、鲁莽和草率行事。

制约警务实战战术行动的法律、法规,主要有:《刑事诉讼法》《行政诉讼法》《人民警察法》《人民警察条例》《人民警察使用警械和武器条例》以及其他有关的法律法规等。警务实战战术行动的指挥特点,要求指挥员的指挥必须简捷、快速、高效。

三、警务实战战术行动的指挥方式

衡量指挥效率的一个重要标志就是能否缩短每个指挥周期的时间。不同层次的指挥级别,在不同情况下所需的指挥周期时限不同,但都有个界线。这个界线就是不能贻误战机和影响任务完成。

一次指挥过程容许的最长时间称为指挥临界时间。指挥员在组织指挥警务实战战术行动时，应在保证工作质量的前提下，尽量缩短指挥临界时间，缩短了临界时间，也就缩短了指挥周期，提高了指挥效率。提高指挥效率是由多方面的因素促成的，其中一个重要因素就是指挥手段与指挥方式要得当。

指挥手段，是指实施指挥所采用的工具和方法的总称。包括指挥作业工具、信息传递与处理工具、各种通信方法以及指挥自动化等内容。

指挥方式，是指实施指挥的方法与形式。警务实战战术行动的指挥方式，按指挥权限的集中程度，可分为集中指挥和分散指挥；按指挥跨越的层次，可分为按级指挥和越级指挥；按指挥位置是否固定，可分为移动指挥和定点指挥；按指挥位置的远近，可分为现场指挥和遥控指挥；按指挥员的职级层次，可分为加强指挥和同级指挥；按指挥身份是否暴露，可分为开放指挥和隐蔽指挥；按指挥程序的繁简程度，可分为逐次指挥和简化指挥；按指挥要求的强弱，可分为指令性指挥和指导性指挥等。

集中指挥，亦称统一指挥或合成指挥。它是指行动指挥员对所属警力或不相隶属的行动单位在上级的授权下实施的集权领导，统一协调的指挥。它是警务实战战术行动指挥的基本形式。

分散指挥，亦称分割指挥。它是指参战警力分散行动时，由各行动分队在上级指挥员的统一意图下独立实施的指挥。分散指挥时，上级只给下级明确基本意图和任务，下达原则性指示，下级按照上级的整体意图，独立自主的指挥下属完成各项行动任务。这种指挥方法，通常是在行动规模、地域较大，行动方向较多或没有较可靠的通信联络手段时采用。

按级指挥，是指指挥员依照隶属关系逐级实施的指挥。按级指挥是在指挥环节顺畅、各种情况正常的情况下采用的基本指挥方法。采用这种方法，有利于各级指挥员间相互了解行动意图和行动变化情况，有利于充分发挥各级指挥员的主观能动性、积极性和创造性。

越级指挥，是指指挥员越过直属下级或数级实施的指挥。通常在执行特殊任务或紧急情况下采用。越级指挥时，越级指挥员，应及时将其命令指示告知被越过的下级指挥员；受越级指挥的下级，必须及时向其直属上级报告受领任务的指示及贯彻执行的情况。

移动指挥，是指指挥员及其指挥机关，在运动中实施的指挥。现代条件下，一般借助于直升机、车辆、船艇等工具与设备实施。通常在情况紧急或实施开进、追捕、围缉行动时采用。

定点指挥，是指指挥员及其指挥机关，在相对固定的地点或设施中实施的指挥。通常是在行动范围较小、警务实战战术目标较固定的情况下采用。定点指挥，有利于指挥的稳定性和持续性及指挥设施的建设。但在距犯罪嫌疑人较近、短兵相接或受犯罪嫌疑人火力威胁的情况下，应适时变换指挥位置，以防不测。

现场指挥，是指指挥员的指挥位置设在现场或随行动警力跟进的指挥。现场指挥有利于指挥员直接掌握警务实战战术行动中主客观条件的发展与变化情况，有利于指挥的针对性、准确性和应变性。

遥控指挥，是指指挥员远离现场，借助于各种通信设备、文书或传递口令等方式实施的指挥。这种指挥多为上级指挥员采用。遥控指挥一般只明确基本的指挥原则、行动要求和目的。

加强指挥，是指上级领导配属到下级协助指挥或直接担任指挥。通常是在下级执行重要任务或独立执行任务以及执行任务的主要方向上采用。

同级指挥，是指指挥员的职务与行动分队的编制级别等同的指挥。通常在分队独立完成任务时采用。

隐蔽指挥，是指指挥员在不公开或不能事先暴露行动意图的情况下，采用密语、密码、暗号等隐蔽手段，秘密指挥行动人员抓捕警务实战战术目标的指挥。是保证指挥安全稳定的重要措施。其指挥手段主要有暗示、暗语、光亮、手势、旗语及电子讯号收发器等。这种方法多在临近警务实战战术目标时采用。采用这种方法，易收到出其不意、攻其不备、迅雷不及掩耳的行动效果。

逐次指挥，是指指挥员按照一般的指挥程序，逐项依次实施的指挥。其特点是：井然有序、层次清楚、条理分明、准备充足。但这种方法，必须是在行动准备时间充足的情况下采用。

简化指挥，是指指挥员简化或合并部分组织程序实施的指挥。是在紧急情况下争取时间，快速行动的有效指挥方法。简化指挥的方法主要有简化工作程序和简化指挥程序两种。简化工作程序，主要是通过省略或合并一项或数项工作程序来实现。如将传达任务与布置任务，简化为下达任务；将集结警力与了解情况、判断情况相配合并同步实施；将布置警力与组织协同、组织保障同步进行等。简化指挥程序，主要是在情况紧急下，以越级指挥的方法，将指挥命令越级下达到临近警务实战战术目标的有关警力单位，以期达到提前控制目标、控制局面、掌握事态发展的目的。采用简化指挥，应注意随时了解掌握事态的变化发展情况，确保各种保障措施。

指令指挥，是指指挥员下达的指令具有强制性的指挥。指令性指挥具有严肃的法律效力和严肃的纪律效力。对指令性指挥的指令，下级一般必须无条件的、不折不扣的执行，不容许有丝毫懈怠或改变。如有违抗者，必须依法追究其法律责任或按党纪、政纪处分。因此，指令性指挥，必须要有严格的法令、法规和组织纪律作保证。指令指挥要求指挥员的指令，要做到任务、措施、目的、时限、要求等内容明确具体。

指导指挥，是指指挥员下达的指令不具有强制约束力的指挥。采用这种方法时，指挥员通常只明确行动的主要任务、主要意图和主要的行动原则；具体的行动方法、步骤、措施等由下级指挥员根据实际情况和事态的发展变化情况灵活运用，独立操作。指导性指挥多用于分散行动时采用。

指令指挥与指导指挥，应根据具体情况，灵活运用，一般情况下，采用集中指挥、按级指挥、现场指挥时，以指令性指挥为好；而采用分散指挥、遥控指挥时，以指导性指挥为好；执行单项任务或行动警力少、规模小的行动时，以指令性指挥为好；执行多项任务、投入警力多、指挥跨度大、行动区域广时，以指导性指挥为好；担负攻坚任务、紧迫任务时，以指令性指挥为好；担负次要任务、助攻任务或对指挥依赖性弱的行动时，以指导性指挥为好；情况明了、指挥便利时以指令性指挥为好；情况不明、指挥不便、可变因素多时，以指导性指挥为好。

总之,警务实战战术行动的组织指挥,是一个融多学科知识、专业知识和指挥才能于一炉,集机、智、勇为一体的科学的、严谨的、复杂的综合工作过程。作为指挥员,必须努力学习社会科学、自然科学和现代科技、法律知识、犯罪心理常识及领导科学、指挥艺术等知识,掌握多种指挥方式和方法,并在指挥实践中,不断总结经验、丰富知识、拓宽视野、开阔思路,努力提高自己的分析判断能力和组织指挥能力,把自己锻造成制止、打击犯罪中的"舵手""剑柄"和"克星"。

四、警务实战战术行动的指挥要求

警务实战战术行动的指挥要求,是指对指挥员指挥心理、指挥艺术、指挥技巧和协调能力、判断能力和应变能力等诸要素的综合要求。

（一）掌握情况细致

准确、及时、全面地了解掌握各种情报资料,是警务实战战术指挥员正确判断情况、果断定下决心的首要条件。毛泽东同志曾经指出:"指挥员的正确布置来源于正确的决心,正确的决心来源于正确的判断,正确的判断来源于周到的和必要的侦察和对侦察材料连贯起来思索。"这一论断,科学地揭示了指挥员形成战术决策的思维规律,精辟地阐述了掌握情报与判断情况的必然关系和密切联系。因此,任何一名指挥员在受领任务以后,必须运用各种侦察手段、收集情报、掌握信息,力求对各种主客观情况及行动过程中的各种势态变化,做到心中有数,了如指掌。

（二）情况判断准确

情况判断,是指挥员对掌握的犯罪嫌疑人情况、我情、地形、气象等情况进行全面分析,并得出结论的活动是定下决心的基础。情况判断的准确与否,直接关系到指挥员定下行动决心的正确与否,直接关系到警务实战战术行动的成败与否。因此,指挥员对收集掌握的各种资料,必须加以深刻的研究,细致的分析,得出正确的结论,才能把握行动的主动权,才能为最后获得胜利创造前提条件。

（三）警力布置周密

警力布置，是指挥员根据战斗决心对所属警力所确定的战斗编组、配置和任务区分。它是指挥员决心的最重要的内容和最具体的体现，也是指挥员组织战斗的一项重要工作，对于达成战斗意图，保证可靠的指挥和协同，完成战斗任务有着十分重要的意义。

在警务实战战术行动中，警力布置的基本要求是：

1. 优势与适度相结合

警务实战战术行动中，警力布置的一个最基本的准则，就是在警力的投入上要保证占绝对优势的地位。

警力优势，是指在犯罪嫌疑人和我方力量的对比上，警力人数、行动态势和武器装备等方面优越于对方。优势的程度应根据警务实战战术行动的性质、地形和警力素质及其担负的任务等情况而定。通常情况下，担负主要任务或担负直接抓捕任务的警力与警务实战战术对象的比例为 2:1 至 3:1。

警力适度，是指对警力的使用，在保证完成任务的前提下，保持合理的使用密度，做到既不缺员，又无闲余。警力过剩，密度过大往往容易暴露目标、加大伤亡，同时还给组织协同和行动保障增加困难；警力不足，就会难以达到行动目的，确保行动任务的完成。

2. 重点与一般相结合

警务实战战术行动中警力布置的另一个原则是保障重点、兼顾一般的原则。

重点，指的是警务实战战术行动的主要任务和主要任务方面。保障重点，指的是集中主要警力、火力于担负警务实战战术行动的主要任务和主要任务方面。

一般，指的是警务实战战术行动的次要、辅助任务和次要、辅助任务的方面。兼顾一般指的是在保障重点的前提下，对担负次要、辅助任务和次要、辅助任务的方面要"适度"布置。次要、辅助任务及任务方面，是整个警务实战战术行动布置的重要组成部分，是整个行动战术构成必不可少的重要方面，对主攻及整体战斗任务的完成，起着稳定、补充、牵制、援助和配合协同作用。必要时，助攻及助攻方面可能转换为主攻及主攻方面。因此，指挥员在布置警力时，不能孤注一掷，形成布置空缺或失去独立战斗的行动能力。

3. 整体与独立相结合

警务实战战术行动的警力布置，既要有利于整体行动，又要便于独立行动，把二者有机地结合起来，才能适应警务实战战术行动中各种情况变化的需要。

整体布置，指的是警务实战战术行动各个方向、各个部位、各种保障以及协同动作等全方位的整体战斗态势。在警力布置和任务区分上，既要明确主攻、助攻、佯攻的行动梯次和要求，在火器配备和火力配系上，又要构成正面、侧面、背面及交叉等多方面、多方向、多角度的整体威力。

独立行动，指的是在整体布置下的各行动方向、行动分队和行动部位都具有独立行动的战斗能力。以便在指挥中断或战况发生变化时，能按照指挥员的总体意图机断行事，弥补整体布置的不周或不当之处，独立地完成自己的当前任务，并主动的支援友邻行动，积极的配合全面任务的完成。

4. 平面与制高相结合

警务实战战术行动的警力布置，既要具有较强的平面控制和打击能力，又要具有必要的制高瞰控和打击能力。形成立体性、交叉式的警力和火力控制网络体系。

5. 攻击与防卫相结合

警务实战战术行动的警力布置，要做到"三能""七便于""两避免"。"三能"，即警力布置要根据行动区域内的地形、地物，做到攻能进，守能驻，退能撤。"七便于"，即便于利用地形地物隐蔽配置；便于发挥行动警力的特长和火力优势；便于减少犯罪嫌疑人火力的伤杀；便于指挥员指挥；便于相互支援和协同；便于转移和离开；便于行动决心的实现。

6. 原则与灵活相结合

警力布置的原则性，指的是警力布置要符合上级的意图，符合行动决心的要求，符合基本的战术原则和战斗行动的基本规律。

警力布置的灵活性，指的是警力布置要适应客观环境的变化，适应战斗情况的变化。

原则性是前提、是基础，是对整体战术思想和战斗意图而言的；灵活性是原则性的延伸、补充、深化和细化，是对具体战术手段和战斗方法而言的。各级指挥员在组织警务实战战术行动中，必须把整体的原则性和具体的灵活性有机地结合起来，既不要统得过死，又不能放任自由。

7. 摆与囤相结合

摆，即摆兵布阵，是指指挥员对警力布置的具体配置，是警力布置的现实形式。

囤，即囤积警力，是指指挥员在布置警力时，要囤扎部分警力作机动预备力量，以适应行动中犯罪嫌疑人与我态势的变化和应付可能发生的意外情况。摆与囤的度和量，应根据警务实战战术对象、任务性质、周围环境等情况而定。

(四) 火力运用合理

火力运用，是指挥员对各种火力的组织和使用。通常是根据行动任务、武器性能、犯罪嫌疑人的情况和地形等情况确定。火力运用是为了充分发挥各火器的战斗效能，在警务实战战术行动的全过程和任务的全纵深内，发挥出最有效的效应。

警务实战战术行动中的火力运用，要力求做到以下几点。

1. 合理运用，整体协调

警务实战战术行动中的火力运用，要求指挥员要根据警务实战战术目标和武器性能的种类及特点，在武器配备上：要做到长武器与短武器结合，重武器与轻武器结合，单射武器与连射武器结合，远射武器与近射武器结合，夜瞄武器与直瞄武器结合，枪发式武器与手投式武器结合，杀伤性武器与非杀伤性武器结合；在火力配系上：要做到平行火力与交叉火力结合，平面火力与俯仰火力结合，要力求构成正射、侧射、斜射、倒射、交叉射、俯射、仰射火力相结合的多层次、立体性火力系统；在任务区分上：要明确主攻火力、掩护火力、压制火力、牵制火力及支援火力的组成和火力协同的方法；在火力的运用上：既要发挥各种武器的性能特长和整体火力效果，又要满足各行动分队或小组独立战斗的需要；在协同方法上：要明确召唤火力、转移火力、指示目标和停止火力的联络方法及信号。

2. 火器疏散，火力集中

警务实战战术行动的指挥员，在配置火力时，应将各种火器尽量分散配置，在保证火力集中与不间断的前提下，还要保持一定的间距，并灵活适时地实施火器和火力的机动。要把握主要时节，突出打击重点，集中组织多种、多具火器从不同距离、不同方向、不同角度上，压制打击对我威胁最大的目标。特别要注意的是应将狙击武器和狙击手配置在最佳射击位置上，并提供必要的警力和火力为其掩护和保护。

3. 打控结合，相机并用

警务实战战术行动的一个重要特点是：尽最大可能将警务实战战术对象生擒活捉，以利于案件的进一步依法审查、深挖和处理。因此，警务实战战术行动的指挥员，在运用火力时，要善于将杀伤性武器与非杀伤性武器结合并用，采取打、电、熏、震、麻等多种手段打击、控制警务实战战术对象。

打，即使用枪弹或橡皮弹打击、控制或杀伤有生目标。

电，即使用高压电击棒、电击枪、电击箭等各种电击器，将警务实战战术对象击伤、击晕而捕之。

熏，即对暂不能击毙、击伤或匿藏在室内、坑内、洞内等场所不便抓捕的目标，可使用催泪弹、烟幕弹迫其外出而歼之或捕之。

震，即使用爆震弹将目标震惊、震晕、震呆，使其暂时失去抵抗能力而捕之。

麻，即使用麻醉弹将目标麻醉而捕之。

（五）下达指令简明

下达指令，是指挥员将自己的指挥意图、决心传达给部属的活动过程。警务实战战术行动的一切工作，都要求迅速、准确、清楚，不能出现丝毫的含糊和漏误。因此，警务实战战术行动的指挥员，下达指令时，必须做到言简、意明、有序、直接。

言简，是指下达指令的语言、文字简洁扼要，不能繁谈赘述。

意明，是指表达的意图要明了清晰，不能含糊其辞。

有序，是指表述意图条理层次要清楚有序，不要颠三倒四。

直接，是指指挥员要将指示、命令直接下达给执行者，要尽量减少指挥层次，确保指挥的时效性。

（六）指挥心理沉着

沉着冷静，是警务实战战术行动指挥员的基本要求和必备素质。指挥员的沉着性，主要表现在行动艰难、进展受挫、战态变化、特别是对我方不利的情况下的稳定控制能力。沉着能避免临战张皇失措及急躁、消极情绪的产生；冷静有利于广开思路，全面分析，得出正确的判断，定下正确的决心。同时，指挥员的沉着冷静，对稳定部属的思想情绪、行动斗志和取胜信心，有着至关重要的影响。因此，只有沉着冷静的指挥，才能趋利避弊、转危为安，稳定局势、夺取主动、克敌制胜。

（七）指挥决心坚定

指挥决心的坚定性，主要表现在大胆的定下决心，坚决地实现决心。指挥员在指挥警务实战战术行动过程中，只要对各种情况分析判断正确，只要犯罪嫌疑人与我态势和影响行动进程的基本情况未发生根本性变化，只要上级没有下达改变或修正行动决心的命令，就必须坚定不移地实现既定决心。同时对各种情况的处置要果断，该攻必进，该停必止，该退必撤，切忌犹豫寡断、思而不决。

（八）指挥位置得当

指挥位置，是指指挥员及其指挥机构实施指挥时所在的地点。指挥位置，尤其是现场指挥员的指挥位置选择得当与否，对指挥员的指挥效果有着直接的影响。

通常情况下，指挥位置的选择应考虑下列因素：

（1）能直接观察到警务实战战术目标活动的位置；

（2）对行动区域视控面最广的位置；

(3) 对本部属行动观察面最大的位置；
(4) 在警务实战战术行动主要任务或主要方向的地段上；
(5) 既便于观察指挥，又便于隐蔽自己的位置；
(6) 便于与部属、上级和友邻通信联络的位置；
(7) 便于前进、后退和转移的位置；
(8) 犯罪嫌疑人火力威胁不大的位置。

第四节　警务实战战术行动的组织

警务实战战术行动的组织，是指警务实战战术行动的指挥员及其指挥机构，对警务实战战术行动进行的计划和组织活动。警务实战战术行动的任务紧迫、情况多变、准备仓促，行动指挥员受领任务后，必须根据实际情况，抓住重点，简化程序，统筹安排，精心组织。当情况紧急时，可先行出动，边推进边准备，边行动边组织，争分夺秒、不失时机地到达预定警务实战战术地域，迅速展开警力，适时投入战斗。

警务实战战术行动组织的主要内容和程序是：
(1) 下达预先号令；
(2) 了解掌握情况；
(3) 分析判断情况；
(4) 组织现地勘察；
(5) 定下行动决心；
(6) 下达战斗命令；
(7) 组织战斗协同；
(8) 组织各种保障；
(9) 组织群众疏散。

一、下达预先号令

预先号令，是指为争取时间，使行动人员尽早进行战前准备，尽快转入临战状态，根据上级指示拟制下达的预告性指令。主要内容包括：案件性质，警务实战战术对象的简况，行动人员将要进行的任务,参加行动的警力,准备工作的内容和完成时限等。预先号令的内容必须简短、明确,便于理解和执行。预先号令下达的方法,通常是口述或借助通信工具逐级下达,情况紧急时可越级下达。

二、了解掌握情况

了解情况,是指各级指挥员在获知案情或受领任务后,对上级意图、警务实战战术对象、警务实战战术任务及与警务实战战术行动有关的主客观情况的了解和理解活动。各级指挥员及其指挥机构受领任务以后,应迅速通过各种渠道,采用各种方法,进一步详尽了解掌握有关情况,为定下正确的决心提供准确的资料。

(一) 案 情

主要包括:案件的性质和简要经过;犯案地点和时间;犯罪嫌疑人的人数、性别、年龄、经历、体貌特征、作案特征、心理特征、技能特点、行为习惯、家庭情况、社会关系;携带的武器、器械的数量、种类;潜逃的路线、方向及可能潜藏的地点和行动企图等。如有可能,应将犯罪嫌疑人的照片翻拍复制下发,提供给行动人员辨别和判别。

(二) 我 情

主要包括:案发地区的警力分布及警务实力;警力素质和装备;行动保障能力;周边友邻可投入的警力;执行任务的能力和已采取的措施;通信设施和联络的方法等。

(三) 地 形

即行动区域内的地形特征。如山地、川地、平原地、森林地、丛林地、农作地、居民地、水域地等。必要时应绘制地形图和交通图,以便分析、预定对我方最有利的地形位置展开警务实战战术行动。

(四) 社 情

是指行动区域及其周边的社会情况。主要包括:人口稠密度、民风习俗、宗教信仰、群众政治态度、法制观念以及警务实战战术对象与周边的社会关系等。

（五）天　气

即当地当时以及近期内的天气气象情况。主要包括风、雨、雪、云、雾及气温等因素，从中分析研究天气、气象对警务实战战术行动产生的影响，充分做好各项保障准备。

三、分析判断情况

分析判断情况，是指指挥员在下决心之前，对完成警务实战战术任务的主客观条件进行全面分析研究并得出结论的思维活动。指挥员在定下警务实战战术行动决心前，必须对了解掌握的各种资料，通过去粗取精、去伪存真、由此及彼、由表及里的思索，再综合得出主客观相一致的结论。这是指挥员定下决心的前提和基础。

1. 分析判断情况的基本内容

（1）犯罪嫌疑人情况判断。主要判明警务实战战术对象的人数、行动企图、心理素质、抵抗手段、抵抗能力和抵抗可能持续的时间等。

（2）犯罪嫌疑人与我方力量的对比判断。包括人数、人的行动素质、心理素质；武器装备的种类、数量、性能；犯罪嫌疑人与我方态势等。

（3）地形条件的分析对比。主要分析地形对犯罪嫌疑人、我方行动的利弊关系。

（4）社情分析。主要分析研究警务实战战术对象与周围居民、村民或山民及流动人员有无特殊的社会关系，是否可能发生意外事件等。

（5）天气、时间的分析判断。分析研究各种不同的天候、时间条件对双方行动的利弊关系。

2. 判断结论

通过对上述情况的综合分析对比，按照以我方之强、击犯罪嫌疑人之弱，扬我方之长、克犯罪嫌疑人之短的原则，得出下列判断结论：

（1）警务实战战术时可采取的最有效、最得力的行动措施和战术手段；

（2）警务实战战术行动中需投入的警力和配备武器弹药的数量、种类及其他保障；

（3）选定实施警务实战战术行动的最佳行动态势；

（4）实施警务实战战术行动的最佳行动时机；

（5）选定对警务实战战术行动最有利的地形、位置和行动的路线、方向、突破点；

（6）行动中可能出现的意外情况、应变预案及应急措施等。

四、组织现场勘察

现场勘察，是指挥员带领有关人员到现场观察、校勘和研究犯罪嫌疑人情况、地形及其他情况的活动。现场勘察行动，通常在临近警务实战战术地域时进行。现场勘察主要解决和明确的问题是：察明警务实战战术对象藏匿的具体位置；核实警务实战战术对象的确切人数及持有的武器械具等；详察目标区域的地形、地物；选定警务实战战术行动的最佳路线、方向和攻击点；确定警力、火力的配置位置和行动编成；选定控制、封锁和攻击警务实战战术对象的制高点等。

现场勘察的方法通常有：一点集中勘察、一点轮流勘察、多点同步勘察、多点集中勘察，伪装接近犯罪嫌疑人勘察等。

一点集中勘察，是指指挥员带领有关人员，集中在一个点对目标及周围情况进行的侦察活动。主要于目标区域内情况简单、任务单一时采用。

一点轮流勘察，是指指挥员组织有关人员轮流在一个点进行的侦察活动。主要适应于勘察地段狭窄、距犯罪嫌疑人较近、容易暴露的情况下进行。

多点集中勘察，是指指挥员带领有关人员，统一对目标周围数个地段或方向逐次进行的侦察活动。主要在目标区域较大，地形复杂，准备时间充足时采用。

多点同步勘察，是指指挥员按设想的任务分工，组织各行动分队负责人，按任务区分，从各个不同的方向或位置同时对目标区域进行的侦察活动。通常是在目标区域较大、情况紧急、指挥跨度大、为争取时间，赢得战机时采用。采用多点同步勘察时，应事先明确各勘察点重点解决的问题和注意事项，并在勘察结束后进行统一汇总，综合分析，作出全面判断。

伪装接近犯罪嫌疑人勘察，是指勘察人员化装成便民，深入目标区域内进行的侦察活动。主要在目标区域外难以了解目标区域内情况时采用。伪装接近犯罪嫌疑人勘察，要做到胆大、心细、谨慎、逼真，符合目标区域的客观场景及正常活动规律等。伪装接近犯罪嫌疑人勘察时，通常要两人以上，以便相互掩护、相互接应。伪装勘察的方法和手段，应根据目标区域内的地形、地物及社情等情况而定。如在城镇居民区，可伪装成邮递员、水电工、查线员、收购废物者等；在商场集市，可伪装成供销员、购物员等；在公园、娱乐场所，可伪装成情人、游园者；在乡村可伪装成货商、寻亲访友者或收购农副产品者；在山区可伪装成打猎、采药、游玩者等。

现场勘察，应做到隐蔽、快速、细致、准确并时刻保持高度警惕。

五、定下行动决心

定下行动决心，是指挥员对主客观各方面情况的分析判断，对行动目的和行动方式所作出的基本决策活动。定下决心，是一个复杂的思维和工作过程。指挥员应在正确理解上级意图，本级任务和周密判断情况的基础上，适时听取情况报告和有关建议，迅速定下行动决心。其内容主要包括：警务实战战术意图、警务实战战术方向、警务实战战术地域、警力布置、任务区分、行动保障等。

定下决心的基本要求是：符合上级意图，扬我方警力优势，利用有利条件，克犯罪嫌疑人要害。

决心形成后，在时间许可的情况下，指挥员应向上级领导或上级党委、政府领导报批,而后付诸实施。情况紧急时,可边实施边报告。

六、下达战斗命令

下达战斗命令,是指挥员给其下属规定战斗任务的活动。是指挥员实现决心的一项重要的组织工作,是各警务实战战术人员实施战斗行动的基本依据。指挥员的行动决心一经确定,就应立即下达战斗命令。

下达战斗命令的方法,通常是口述下达,也可书面下达。根据警力分布位置和通信条件等情况,条件许可时,尽可能用电台、电话以同步通话的形式或将有关人员集中起来,一次性下达,以免误传、漏传或重复下达。

下达战斗命令的要求是:简明、准确、迅速、保密。

下达战斗命令的内容主要有:

(1) 对犯罪嫌疑人情况判断的结论;
(2) 上级的任务和行动企图;
(3) 本级的任务、企图及行动重点;
(4) 友邻任务、分界线及接合部的保障;
(5) 各行动分队及小组的编成、配置及任务;
(6) 与上级或友邻配合协同的方法及联络信号;
(7) 完成任务的起止时限;
(8) 出现意外情况的应变措施;
(9) 指挥员的位置;
(10) 其他应特别注意的事项。

七、组织战斗协同

组织战斗协同,是指挥员为使参战警力形成有机整体而计划与协调各行动分队相互配合行动的活动。通常于行动前在现场、地形图上或利用计算机系统组织。周密组织和保持不间断的协同动作,是保障战斗决心实现的重要工作。

组织战斗协同的方法和程序:

协同动作,通常按战斗时节组织,有时也可按目标组织。按战斗时节组织协同的方法和程序是:

(一)划分时节

警务实战战术行动的战斗时节,是指将警务实战战术行动的全过程,按可能的发展进程所划分的阶段。目的是为了便于组织计划协同内容,准确区分各警务实战战术分队或小组的行动和协同的方法、步骤,使组织协同动作有条不紊。按警务实战战术行动的进程划分时节,通常可划分为占领预定位置、做好行动准备、迅速隐蔽接近犯罪嫌疑人、迅猛攻击抓捕、搜查清理现场五个时节。

(二)预想情况

预想情况,是指根据犯罪嫌疑人我双方的行动特点,本部任务和地形条件,对各个战斗时节可能出现的情况进行设想并预定应对策略的活动。目的是使各行动分队或小组的协同动作具有明确的针对性。预想情况应抓住主要矛盾,既可以犯罪嫌疑人方的行动为主,也可以我方的行动为主。以犯罪嫌疑人方的行动为主,是指设想犯罪嫌疑人方可能采取的几种行动方式和手段,预定我方的应付对策;以我方的行动为主,是指以我方有利条件或优势因素,预定我方的行动布置。

(三)明确打法

明确打法,是针对战斗行动各个时节预想的情况,以及战斗决心和任务,具体明确各种情况下各分队或小组的行动和相互协同的方法等。其顺序通常按先所属、后配属,先第一梯队、后第二梯队,先主攻、后助攻的顺序逐次明确。协同的顺序和内容主要有:各分队、小组或个人占领指定位置的时间、顺序、路线和任务;攻击开始后所属各分队、小组的动作、时间、顺序、路线及相互协同的方法;上级或友邻的行动及与其协同的方法;指挥员的位置及与所属分队、小组协同的方法;情况变化后变更布置和战法的措施和协调方法;战斗结束后各分队、小组的任务及其协同方法等。

组织协同动作,应从行动实施起,连续地、不间断地进行。

八、组织各种保障

组织各种保障,是指挥员根据上级的保障指示、行动任务和行动分队的实际情况,计划组织警务实战战术行动过程中的情报资料、武器装备、交通运输、通信联络及生活供给等保障工作。是为警务实战战术警力顺利执行战斗任务而采取的各种保证措施。

(一)情报资料保障

情报资料,是决定警务实战战术行动的性质、规模、范围和战斗形式的基本要素,也是决定其他各种保障的重要因素之一。因此,指挥员必须组织精干力量,采取有效手段,迅速查明与执行警务实战战术任务直接相关的犯罪嫌疑人情况和地形等情况,为其他保障计划的形成提供依据。

武器装备保障:警务实战战术行动所需的武器弹药、警械器材、防护器具、观察器材等都应做到量足质好,保证随时能投入战斗。

交通运输保障:警务实战战术行动中所使用的各种车辆、船只、飞行器等交通运输工具及其所需油料都必须时刻保持良好的状态。

通信联络保障:通信联络,是保障指挥和战斗协同的基本手段,要求做到迅速、准确、保密、不中断。通信器材要以有线和无线电台、电话通信为主,以辅助器材、信号为辅。

(二)生活供给保障

古人讲:"兵马未动,粮草先行"。警务实战战术行动是突发性行动,时间紧迫,行动仓促,而且往往行动环境条件艰苦。因此,指挥员应根据任务性质、行动时间、天气气候地形条件等情况,把衣、食、住、行作为一项重要的保障内容纳入行动计划。

(三)医疗卫生保障

警务实战战术行动,多数是以暴力对付暴力,武装对付武装的对抗性行动。行动中难免发生伤亡。因此，现场救护人员、自救互救药品及必要的急救设备等不可忽视。

九、组织群众疏散

警务实战战术行动的一个重要特点，通常是在警务实战战术对象与受保护对象交混在一起的环境中进行的，警务实战战术行动本身就包容着打击制止犯罪与保护人民生命财产安全的双重职能。因此，警务实战战术行动的指挥员，在组织行动中，必须把组织疏散群众作为一项重要任务来完成，预防警务实战战术对象狗急跳墙，劫持人质或直接伤害群众。

（一）组织疏散群众的时机

组织群众疏散的时机主要有：

（1）警务实战战术目标位于繁华闹市或群众聚集区时；

（2）警务实战战术目标携有杀伤性武器、爆炸物、易燃物、有毒物和放射性等物品时；

（3）警务实战战术行动区域内存放有能引发危及人民群众生命安全的物品时；

（4）上级指示或其他情况必要时。

（二）组织群众疏散的手段

组织群众疏散的手段主要有：

（1）利用车载电台广播通告；

（2）利用目标区域内单位或系统有线电视通告；

（3）利用警笛通告；

（4）组织人员口头喊话通告；

（5）其他可以告知的方法通告。

（三）组织疏散群众的范围

组织群众疏散的范围主要由危险区和安全区来决定。

危险区，是指警务实战战术目标持有的武器、危害品可能危及的杀伤半径以内的区域。通常按武器的有效射程和危害品的辐射面来划定。凡在这一范围内的群众都应划为疏散对象。

安全区，是指警务实战战术目标持有的武器、危害品危及杀伤半径以外的区域。凡被疏散的群众，都必须疏散到安全区以内的地区。

（四）组织疏散群众的要求

组织疏散群众时，应注意以下几点：

（1）疏散群众前，应向群众简要说明原因，但对抓捕行动和案件侦查有影响的情节不宜泄露；同时，在语气上要保持平静，尽量避免给群众心理和精神上造成惊慌和恐惧感。

（2）疏散群众应尽可能迅速、隐蔽、有序地进行，特别要引导群众避开警务实战战术对象的观察视野和火力威胁区。

（3）疏散群众时，应向群众明确疏散的路线和安全区。

（4）对老、弱、病、残、幼等行动不便的群众，要提供力所能及的帮助。

（5）群众疏散完毕后，如情况许可，应组织人员逐户、逐楼、逐地段、逐区域地进行检查，以防漏疏或个别群众拒绝疏散的情况发生。

（6）群众疏散后，应布置一定的警力或其他治安力量对疏散区域实行临时管制，预防少数不法分子乘机行窃或破坏。

（7）警务实战战术任务完成后，应及时通知群众返回，并取消管制。

第五节　警务实战战术行动的实施

警务实战战术行动的实施，是进行警务实战战术战斗的全过程，是实现行动决心，完成战斗任务的具体行动。指挥员在这一过程中，应不断掌握犯罪嫌疑人情况变化和各行动分队及友邻的行动进展，特别是主要任务和主要方向上的进展情况，及时作出正确判断，果断处置各种问题，并保持与上级及友邻的密切联系，适时下达补充命令，不断协调各行动分队的战斗动作，实施坚定、沉着、灵活、集中和不间断的指挥，处理好各个战斗时节的各种情况，牢牢掌握行动主动权,全力夺取警务实战战术行动的彻底胜利。

警务实战战术行动的实施程序一般是:占领预定位置、做好行动准备、隐蔽并迅速接近犯罪嫌疑人、迅猛攻击抓捕、搜查并清理现场。警务实战战术行动的实施程序不是固定不变的模式,在行动过程中,可能随着行动进展情况的发展变化,呈现出间断性或跳跃性。

一、占领预定位置

预定位置,是指预先规定配置警力、火力的地点。占领预定位置,是指行动警力在受领任务后,按指挥员预先规定的布置,向目标区域开进、接近和占领各自配置位置的行动。是实现行动布置的首要环节。

(一)预定位置的选择

预定位置的选择,应根据警务实战战术目标周围的地形、地物和警务实战战术目标持有的武器性能、器械种类等情况而定。通常情况下,选择在距犯罪嫌疑人较近、地形隐蔽、犯罪嫌疑人直射火力威胁不大、便于观察、便于指挥、便于出其不意发起攻击的位置。预定位置原则上由上级规定,必要时,行动指挥员可根据现地条件自定。

(二)占领预定位置的方法

占领预定位置的方法,亦应根据目标周围的地形条件灵活地采取多种方法占领。

1. 直接占领

直接占领,是指行动警力自出发地径直抵达预定位置的占领方法。通常是在与警务实战战术目标不直接接触或预定位置距目标较远,不易被目标发现时采用。

2. 利用天气条件掩护占领

即利用暗夜或浓雾等视线不良的天气条件为掩护而悄然占领的方法。

3. 利用地形地物隐蔽占领

即沿隐蔽的道路或利用沟、坎、渠、墙、树等有利地形地物占领的方法。

4. 利用现代化交通工具占领

即利用快艇、直升机、飞行伞等现代化交通运输工具快速、突然占领的方法。

5. 化整为零，佯装占领

即将行动人员分散伪装成便民或混杂在无关行人、游客中分批或逐个占领的方法。

6. 强制占领

即在隐蔽占领条件不成熟或隐蔽占领时被目标发现察觉的情况下，可采用在火力的掩护下强行占领的方法。

行动人员占领预定位置时，要注意隐蔽行动主体、隐蔽行动意图，慎防暴露目标，谨防遭遇袭击。

二、做好行动准备

做好行动准备，是指行动警力在进入预定位置后，进一步做好临战前的各项行动准备工作的活动。其内容有：

（1）进一步观察犯罪嫌疑人、熟悉地形；

（2）确定自己、友邻及指挥员所在的位置；

（3）选定最佳的行动路线、暂停点和攻击点；

（4）检查武器、装具、着装及其他战斗保障，确保战斗任务的完成；

（5）进一步熟悉各自的任务，友邻的任务及各种协同方法；

（6）进一步熟虑各自完成警务实战战术任务的具体行动步骤和应变措施。

三、迅速隐蔽接近犯罪嫌疑人

接近犯罪嫌疑人，是指警务实战战术行动的警力从预定配置位置，向警务实战战术目标运动逼近的行动过程。

（一）接近犯罪嫌疑人运动的时机

接近犯罪嫌疑人运动的时机，是指向目标接近运动最有利的时间和机遇。警务实战战术行动中，能否掌握好有利的接近犯罪嫌疑人时机，是能否顺利完成接近犯罪嫌疑人任务的关键。一般在持枪抗拒歹徒火力的威胁下，接近犯罪嫌疑人运动的有利时机主要有：

（1）犯罪嫌疑人火力减弱。

犯罪嫌疑人火力减弱，主要是指犯罪嫌疑人方火器数量和火力密度的减小。如多具火器变为少具火器、连发火器变为单发火器等时机。

（2）犯罪嫌疑人火力中断。

犯罪嫌疑人火力中断，主要是指犯罪嫌疑人火力使用中的间歇。如暂停射击、更换弹匣时等时机。

（3）犯罪嫌疑人火力转移。

犯罪嫌疑人火力转移，主要是指犯罪嫌疑人火力转向其他方向或目标射击的时机的。

（4）地形有利。

地形有利，是指接近犯罪嫌疑人运动地段上的地形有利于我方隐蔽身体，避开犯罪嫌疑人方的观察和射击的时机。

（5）上级有令。

上级有令，是指上级命令我方前进时，必须前进。

（二）接近犯罪嫌疑人运动的姿势

接近犯罪嫌疑人运动的姿势，是指接近犯罪嫌疑人警力运动中所采取的动作形态。常用的姿势主要有：

（1）直身前进。

直身前进，是指行动警力直身大步或快步前进的动作。通常是在隐蔽条件较好、犯罪嫌疑人火力威胁不大、遮蔽物高于人体时采用。

（2）屈身前进。

屈身前进，是指行动警力俯身大步或快步前进的动作。通常是在受犯罪嫌疑人火力威胁、遮蔽物略低于人体时采用。

(3) 匍匐前进。

匍匐前进，是指行动警力身体贴近地面，以手臂和腿的合力推动身体前进的动作。分为低姿、高姿和侧身三种姿势。通常在受犯罪嫌疑人火力威胁、地形较开阔平坦或遮蔽物较低时采用。

(4) 跃进。

跃进，是指行动警力在受犯罪嫌疑人火力威胁下，突然跃起，屈身快跑，分段前进，迅速到达预定地点的动作。跃进时，各行动警力应相互掩护，交替前进。

(5) 滚进。

滚进，是指行动警力卧于地面滚动身体移动位置的动作。通常在犯罪嫌疑人火力下通过棱线或横向变换射击位置时采用。

(6) 静肃前进。

静肃前进，是指行动警力在距犯罪嫌疑人较近、对犯罪嫌疑人情况顾虑较大的情况下，以小步、慢速、静肃前进的动作。主要适用于室内、建筑工地、材料堆放地及住宅区等场所。静肃前进时，应注意耳、目并用，准确判断，敏捷反应，随时准备应付处置各种突然情况。

(三) 接近犯罪嫌疑人行动的方式

警务实战战术行动中的接近犯罪嫌疑人方式，应根据不同的警务实战战术对象、不同的地形地物、不同的行动时间和不同的气象气候等条件，灵活运用，相机而定。其主要方式通常有：

1. 伪装式接近犯罪嫌疑人

伪装式接近犯罪嫌疑人是指行动警力伪装成平民，秘密接近警务实战战术目标的方法。主要是在警务实战战术目标对我行动意图不明或戒备心理不高时采用。

2. 诱惑式接近犯罪嫌疑人

诱惑式接近犯罪嫌疑人，是指行动人员以给警务实战战术对象提供某种需求为诱惑，接近目标的方法。如根据犯罪分子或嫌疑人提出的要求，假借为其提供车辆、饮食、衣物、现金、武器等理由接近警务实战战术对象。诱惑式接近犯罪嫌疑人员，通常应选派机智灵活、胆大沉着、技战术全面精干的警察担任。

3. 隐蔽式接近犯罪嫌疑人

隐蔽式接近犯罪嫌疑人，是指利用各种地形地物作掩护，从目标观察、射击的死角秘密接近目标的方法。如墙壁、墙角、楼梯、树木、土包、棱坎等，必要时可施放烟雾作掩护。通常是在我方行动意图未暴露的情况下采用。

4. 迂回式接近犯罪嫌疑人

迂回式接近犯罪嫌疑人，是指行动人员迂回到警务实战战术目标观察、射击的翼侧或侧后以接近目标的方法。必要时可采用正面牵制吸引对方的注意力和火力，侧后迂回接近的方法接近犯罪嫌疑人。迂回接近犯罪嫌疑人应做到隐蔽、迅速、准时。

5. 偷袭式接近犯罪嫌疑人

偷袭式接近犯罪嫌疑人，是指行动人员在警务实战战术对象毫无察觉的情况下，以隐蔽、迅速、突然的动作，出其不意的接近目标的方法。偷袭式接近犯罪嫌疑人通常应充分利用有利地形或夜幕作掩护。

6. 搜索式接近犯罪嫌疑人

搜索式接近犯罪嫌疑人，是指警务实战战术人员在警务实战战术目标的具体位置不明确的开阔地、复杂地进行搜寻而渐进接近犯罪嫌疑人的方法。搜索式接近犯罪嫌疑人的特点是犯罪嫌疑人暗我方明，警务实战战术人员暴露在警务实战战术目标的视线和火力的威胁下。因此，接近犯罪嫌疑人时应时刻保持高度警惕，随时做好战斗准备。

7. 强攻式接近犯罪嫌疑人

强攻式接近犯罪嫌疑人，是指警务实战战术人员采取强制手段，强行接近犯罪嫌疑人的方法。通常采用的强制措施主要有火力掩护、火力压制、强行接近等。

火力掩护，是指警务实战战术行动分队以部分火力保障接近犯罪嫌疑人行动的警力安全的协同动作。

火力压制，是指警务实战战术行动分队集中部分火力封锁、控制警务实战战术目标活动，使其暂不能还击或机动的协同动作。

强行接近，是指警务实战战术人员冒着危险，强行接近犯罪嫌疑人的方法。如强行破门、破窗，强行利用有利地形地物和采用各种战术动作接近犯罪嫌疑人等方法。

（四）接近犯罪嫌疑人行动的队形

接近犯罪嫌疑人队形，是指警务实战战术行动指挥员在接近犯罪嫌疑人过程中，根据犯罪嫌疑人情况、地形情况，对警力所作的编组和排列。亦称接近犯罪嫌疑人战斗队形。接近犯罪嫌疑人队形的基本要求是：便于发挥我方警力、火器的优势；便于战斗协同和组织指挥；便于互相配合，应付各种情况的变化。其基本队形主要有：

（1）一字队形。

是指警务实战战术行动警力沿警务实战战术行动正面展开成一线的战斗队形。通常是在地形开阔、视野良好的情况下采用。主要用于搜索式推进。

（2）一二路队形。

是指警务实战战术行动的警力成一路或二路纵队运动的队形。通常是在通过狭窄地段、地形隐蔽或距犯罪嫌疑人较远时采用。

（3）弧形队形。

是指警务实战战术行动警力翼侧向前或向后展开成弧线的战斗队形。弧形队形分正弧形和反弧形。正弧形队形翼侧向侧后展开成弧线形；反弧形队形翼侧向侧前展开成弧线形。正弧形队形一般是对在正前方犯罪嫌疑人情况顾虑较大时采用；反弧形队形一般是在对侧前方犯罪嫌疑人情况顾虑较大时采用。

（4）三角队形。

是指警务实战战术行动警力展开成三角形的战斗队形。三角队形可分为前三角和后三角队形。三角队形一般适用于地形较开阔的农作地或丛林地，前三角队形是对前方犯罪嫌疑人情况顾虑较大时采用；后三角队形是对后方犯罪嫌疑人情况顾虑较大时采用。

（5）梯形队形。

是指警务实战战术行动警力向侧后展开成梯式的战斗队形。梯形队形可分为左梯形和右梯形。梯形队形一般在地形较开阔的地段采用。左梯形队形适用于对右前方犯罪嫌疑人情况顾虑较大时采用；右梯形队形适用于对左前方犯罪嫌疑人情况顾虑较大时采用。

（6）"W"队形。

是指警务实战战术行动警力展开成"W"形的战斗队形。通常在对山林地、高苗地实施搜捕时采用。

（7）环形队形。

是指警务实战战术行动警力展开成圆环形的战斗队形。通常在对警务实战战术目标实施围缉或搜索时采用。

（五）接近犯罪嫌疑人行动的指挥

接近犯罪嫌疑人前，指挥员应切实了解接近犯罪嫌疑人路线上的情况，及时给警务实战战术警力明确接近犯罪嫌疑人的时间、路线、方法和保障措施。接近犯罪嫌疑人中，指挥员应随主攻警力行进，适当靠前指挥，不断观察犯罪嫌疑人情况、地形和所属警力的行动，加强对接近犯罪嫌疑人警力的指挥与控制，保持不间断的联络，及时协调警力行动，准确掌握接近犯罪嫌疑人行动的方向和路线，调整行动的速度和节奏，灵活变换各种队形，确保接近犯罪嫌疑人的警力按时到达攻击位置。

四、迅猛攻击抓捕

迅猛攻击抓捕行动，是指抓捕警力在接近警务实战战术对象后，迅速、勇猛、机智、灵活地采用各种战术、技术动作或以火力、器械依法对警务实战战术目标实施击毙、击伤或制服捕获的战斗行动。是抓捕战斗最紧张、最激烈、最关键的阶段，也是实现行动决心和行动目的的关键时节。

（一）发起攻击的位置

在警务实战战术行动的实施中，发起攻击抓捕的位置越临近目标越好，距离越短越好。通常情况下，在三米以内效果最佳，容易达成行动的突然性，使抓捕对象在没有戒备意识和拒捕反应的情况下，束手被控制。因此，攻击抓捕行动发起的位置，根据现场条件而定：

（1）开阔地、丛林、高苗地：应选择在警务实战战术目标的侧后较隐蔽的位置；

（2）楼房民宅地：应选择在墙根、门窗口或楼梯口；

（3）车、船内：应选择在车门口、船舱门口。

（二）行动人员的要求

由于抓捕行动的攻击距离近、时间短、目标单一，发起攻击后，单位面积上的人员相对集中，且比较杂乱，我方的火力掩护优势此时难以发挥作用，如果行动协同不好，就有可能造成混乱，甚至不必要的伤亡。因此，行动人员必须做好：

1. 严格分工，密切协同

发起抓捕攻击行动时，行动警力应严格按照预先的任务分工和先后顺序行动，密切单警与小组、小组与分队间的配合与协同。主攻手直攻目标，助攻手协助配合，其余警力应迅速控制现场，注意发现意外情况时果断处置。

2. 动作迅猛，速战速决

抓捕行动是短兵相接的殊死搏斗，因此，行动人员必须动作勇猛、迅速、突然，力求一招制服犯罪嫌疑人，不给警务实战战术目标以任何反抗的机会。

3. 判断敏捷，应变果断

攻击行动时，行动人员要不断观察目标区域情况，快捷、准确作出判断，果断地采取应变和补充措施。如遇抓捕对象持枪、持械负隅顽抗，特别是在我方抓捕人员或群众生命安全受到威胁时，应果断依法使用武器、警械还击，直至有效地将其制服甚至将其击毙。使用武器时，应注意防止误伤自己同志和周围群众。

4. 牢记信号，注意指挥

警务实战战术行动的情况瞬息万变，因此，行动人员要时刻牢记各种信号、记号规定，时刻注意指挥员的指挥，以保持攻击行动的整体性和协调性，避免孤警冒进或孤军作战。

（三）行动中对指挥员的要求

行动指挥员，是整个行动分队的灵魂和核心，因此，抓捕行动中，指挥员应做到：

（1）指挥位置应随行动分队机动，通常应随主攻手之后跟进。

（2）要不断观察目标情况的变化，实施连续的、不间断的指挥。并随时准备投入战斗，弥补行动空缺。

（3）果断判断情况，果断处置情况。如遇现场情况与预想情况差异较大时，应及时调整布置，改变行动计划和行动措施，不能强攻硬上，死打硬拼，以免造成不必要的损失或伤亡。

五、搜查清理现场

搜查清理现场，是指警务实战战术行动警力在完成行动任务后，依法对目标及目标区域现场和现场留置的物品进行搜寻、检查、清点、甄别、取证和保护的活动。重点是搜查清理犯罪分子使用过的作案工具、赃物、赃款等，必要时可派刑侦专业技术人员协助实施。

当抓捕对象被捕获或制服后，警务实战战术行动即进入"搜查清理现场"阶段。这一阶段，行动指挥员应组织行动警力做好以下工作：

1. 报告上级

即行动指挥员应及时向上级指挥员报告完成任务的情况，听取上级的指示。

2. 搜查勘验

组织行动人员认真清除现场遗存的各种有害隐患；对捕获的对象进行人身搜查；对行动现场的留置物进行清查、勘验，并做好取证工作。如抓捕目标被击伤，应视其伤情对其进行现场救护或将其送往医院救治。

3. 押解移送

对抓捕的对象，根据案情性质和上级领导的指示，押解移送到有关部门作进一步处理。在押解途中，押解人员应保持高度警惕，严防抓捕对象突然反抗脱逃或自残、自伤、自杀的情况发生。

4. 自救互救

对行动中负伤人员要及时进行现地自救互救，伤情严重者，要及时送往医院救治。

5. 组织撤离

行动结束后，指挥员应及时通知各行动分队停止警务实战战术行动，有组织地撤离现场。

第六节　清查战术

清查行动是公安警察对犯罪分子或重大犯罪嫌疑人可能涉足藏身的场所进行清理和检查的一种查缉措施。

清查行动的针对性、方向性较强，目的是为了寻找、发现和缉捕犯罪分子或犯罪嫌疑人。

清查可分为"预期清查"和"非预期清查"两种基本形式。

一、预期清查

（一）预期清查的概念

预期清查是指在重、特大刑事案件发生后，我方查缉人员在行动前已知特定的犯罪嫌疑人的一定情报，已经掌握了清查目标的一些犯罪情况、活动特点、人身体貌特征、体能、技能。在有准备的情况下，对特定犯罪嫌疑人可能藏身落脚的场所进行有重点的清理和检查。从中寻找、发现和缉捕这些犯罪嫌疑人。

（二）预期清查的特点

1. 目标准确，针对性强

警察对公共复杂场所和居民住宅的清查一般事先都是在接到上级指示、协查通报、通缉令或群众举报、特情反映等情报基础上，通过核实已掌握清查目标的基本犯罪情况，并对其姓名、性别、年龄、体貌特征、衣着、口音、携带物品、体能、技能等已有所了解，对清查目标可能流窜逃跑的方向及可能落脚藏身的公共复杂场所和居民区域也有可能性较大的判断，警察就是根据清查目标的这些情况特征，决定在特定区域展开清查活动，以便发现和缉捕目标。

清查活动的主要任务是寻找、对照、核实、发现目标。所以，找准对象非常重要。这就要求警察在执行清查任务的过程中，善于观察事物，分析情况，要能够及时发现目标或者嫌疑人，进而接近这些目标或者嫌疑人。因为实施缉捕清查的根本目的就是要找到犯罪嫌疑人，遏制犯罪，维护社会治安秩序。所以，我们所进行的一切清查行动都要服从和服务于这个目的。

2. 结构复杂，出入口多

（1）公共复杂场所结构复杂，因为每一栋公共娱乐消费场所的建筑都占有相当大的空间，由于建筑物本身的原因和出于营业的需要，有的经营者会在内部装修多个形状各异、功能不同的相对封闭的小空间，这就为犯罪嫌疑人落脚藏身创造了隐蔽的环境条件。加之场所内部大多灯光黑暗，有的只有极少几个过道灯，光线条件差，可视范围小且有限，不易发现和识别缉捕对象。

出入口多，公共娱乐场所按照有关规定都设有多处出入口，如消防门、紧急疏散口等，犯罪嫌疑人可利用这些出入口逃出公共娱乐场所，躲避清查行动。由于出入口都是固定的，也有利于我们进行部署，设伏抓获犯罪嫌疑人。

（2）居民住宅建筑集中连片，内部结构复杂。

①城镇居民住宅。各种建筑物集中连片，间距狭小。居住楼房、平房等多沿主要街道两侧排列。

一是楼房区：一楼多是商业网点、公司和企事业单位，二楼以上多为居民住宅楼。楼房样式繁多，外观各具特色。高大建筑物中间和背后多为较低矮楼房或成片平房，各种建筑物多有隔墙相互连接。建筑群内通道密集，四通八达，多有后门、侧门。楼房底层多有地下室，顶层多有平台，居民楼阳台上下间隔距离较小，相当一部分阳台左右相互连接，只有隔墙分开，单人搭手即可窜过。多有电梯、楼梯（安全通道）和坡道，出入上下快捷便利。

二是平房区：平房区多为居民杂居大院，出入通道较少，多为一个大门或前后门，院内较为封闭，居民房屋相连，相互关系较为密切。各大院之间均由隔墙分开，隔墙高度较低。

三是城郊结合部的零散平房：建筑比较混乱且没有规划，道路泥泞，居民多为外来打工、经商的暂住或无户口流入人员。成员复杂，生活无规律性。

②村屯住宅。主要是指自然形成的形态各异的村庄。村屯边沿多为树林、竹林等形成的自然屏障，村庄有主要出入路口，另外有多处不规则的出入小路，多为沙土路，而且机动车行进困难。乡村建筑物规模不大，多为独门独院的坐北朝南平房或顺路而建的厢房，一般是三层以下的矮层楼房。土木和砖石水泥结构房屋兼有，各家都建有完整的小院，用木栅栏、土、砖、石围墙相隔。有些除正门外，还有后门或侧门，院和院之间来往方便。院内结构各地不一，所以形式繁多。

农村居民住宅面积比较大，室内宽敞，多堆有杂物，容易隐蔽藏身。

居民在自家院内有养家畜和家禽的习惯。特别是夜间的犬吠声和家鹅的鸣叫声易惊动案犯，对我方夜间的秘密清查行动极为不利，是我方清查准备时应考虑的内容之一。

3. 组织周密，及时全面

在关键的时间、地点确定行动重心。警察在清查行动前，要对已掌握的情报和确定的清查对象的体貌特征、体能、技能等方面，进行认真分析判断。充分准备，周密计划，做到有的放矢，不打"无把握无准备之仗"。

（1）组织要周密，要善于施计用谋。何时开始清查，重点放在哪个居民住宅区，具体落实到哪栋楼房、楼层和房间，这些都是清查处置活动的关节点和行动重心。没有行动重心的清查活动，是不可能取得清查行动的圆满结果。

查缉的实践已经证明，在公共复杂场所和居民住宅区实行"地毯式"的清查搜索行动是不可取的，不仅收效甚微，而且很容易引起犯罪嫌疑人的警觉逃窜或公然袭击警察的案件发生，所以在关键的时间内确定行动的重心，集中力量重点清查是赢得胜利的重要法则。

（2）贵在"快"字，要充分利用一切机动车辆迅速赶到清查现场。占据有利地形，在态势上形成优势，达成清查行动的战术突然目标。

（3）准备充分。清查行动重心的建立，亦是警力、武器装备投入的地点。要保障任务的完成就要配足配齐清查必备的武器和特种装备器材。

4. 统一行动

预期清查的行动一般均较统一，通常是县、市以上公安机关根据上级公安部门的指示精神和当前治安形势的需要而采取的统一行动，这样才能使潜逃或藏匿于某一地区的特定犯罪嫌疑人全部被清查出来。必须做到：统一思想、统一时间、统一行动、统一指挥、统一协同。接到上级的任务后，每一个警察都要牢记清查目标的特征。要听从指挥，服从命令，整齐划一，统一行动。行动时警察要机动灵活，胆大、心细，善于利用隐蔽物，随时拔枪射击，发现目标，缉捕案犯。

（三）预期清查的战术形式

1. 精心设计，充分准备

（1）精心设计。每一次清查行动，不论规模大小，任务多少都要认真对待，精心设计，即从已掌握的大致情报和罪犯的一些情况入手，结合公共场所和居民住宅的外部建筑，内部结构，行进路线，室内通道和出入口等，拿出符合清查战术需要的行动方案。不但要准备出正常情况下的清查行动方案，还要设计出非正常状态下，即意外突然遭遇情况下的清查方案，以及战斗打响后如何处置的第三套方案。方案要简明扼要，内容要真实，数据要准确。正确性取决于外来情报的准确性和现场环境条件等情况的真实性。方案中计划的内容要落实到位，指挥员必须坚持检查制度，认真查实方案中具体要求的落实情况。此方法不仅适用于设卡盘查和入室缉捕，而且更适用于清查公共复杂场所和居民住宅。

（2）充分准备，确定重点。

①心理准备：即每个参战人员都应注意调节自己的心理状态，

加强清查前的心理准备，克服焦躁心理、麻痹大意心理和顾虑心理。有意识地激发清查人员的主观能动性，抑制消极因素的影响。

②装备的准备：包括清查用的机动车辆、通信设备、如手机等；配备足够的武器，如手枪、微冲等；装备警用器材，如电警棍、电击手套或电击器、麻醉枪、强光电筒、催泪弹等；防卫器材主要是防弹衣、钢盔等。总之，准备的越充分，取胜的把握越大，不打"无把握无准备之仗"。

（3）划定清查范围和地点。

从以往的清查行动的效果看，多警种、大范围、无重点"拉网式"的清查活动，往往收效甚微。不仅打草惊蛇使案犯逃窜，而且直接或间接地影响到商业网点的营业。所以，在行动前要根据清查的目的、性质，准确划定清查公共复杂场所和居民住宅的范围，确定清查的重点部位。并根据违法犯罪嫌疑人在这些场所和地点的活动时间规律进行定点、定时或定地点、不定时间的公开清查。也可秘密清查。

范围的大小要根据具体情况而划定。对目标不确定的清查范围要适当放宽；对目标已确定并已掌握犯罪嫌疑人一些体貌特征的，清查范围可缩小一些。

同时要与公共复杂场所单位的领导和内保人员、保安人员建立稳定的联系，以便随时掌握这些地点、场所的治安情况，相应确定清查的重点。这是治安部门常用的清查方法。

（4）确定重点户的方法。

①深入户籍区和场所，掌握重点犯罪嫌疑人情况。警察结合日常业务工作，深入踏查，除召开由居民委员会、村民委员会、治保会和有关治安积极分子参与的座谈会外，主要靠警察挨家逐户的调查走访，开展进行"一口清四知道"活动。即知户主姓名，知具体住址，知家庭经济状况，知重点人口体貌特征、自然情况、社会关系，是否有武器、凶器，现在何处，详细住址和室内结构。

②制作平面图，确定方位。警察在深入户籍区调查走访的过程中，在注意搜集线索情况的同时，将辖区内的居民住宅标在图纸上。以街巷道路为轴线确定两边房屋的具体方位，然后在这些楼房

和平房中，找出重点清查户，用醒目颜色标出。再拉出引线详细画出重点户房屋的内部结构情况，门、窗、阳台、围墙等都要标明清楚。

③因案而定，灵活掌握。警察要根据当前的治安形势和发案的种类，来确定清查行动的重点。要因案而异，要根据具体情况而定。如在北方的夏秋季节，若连续发生撬盗居民住宅、盗窃仓房、储藏室，犯罪分子见物就偷的案件，清查的重点一般要放在城乡结合部的暂住人口中的昼伏夜出，经济反常的住房上。警察清查时要注意发现赃款、赃物。

对季节性盗窃、抢劫、强奸案的高发区，清查的重点还要放宽到正在施工的建筑工地、工棚、未交付的楼房和城外的小窝棚、小泵房、小水电站以及临时短期出租房户、外来人员频繁的常住户等。

2. 主动出击，先发制敌

该战术适用对居民住宅区和公共复杂场所的预期清查。这些场所人员集中，成分复杂，结构各不相同，空间大小不一，清查时如若战术方法不当，极易引起混乱，从而造成不必要的损失和伤亡。

运用主动出击，先发制敌的清查战术，要求如下：

（1）清查行动前要主动预先了解掌握清查目标的情报资料。包括案件性质、年龄、性别、体貌特征、体能、技能、特长、衣着、人数、口音、是否持有武器、凶器，可能窜来和到达的区域及可能落脚藏身的地点、起居规律等。

（2）对应清查的区域、范围、地点主动预先进行现场勘察。绘制方位图，制订行动计划，通常由执行清查任务的警察在自己的管辖区内摸排情况，召开居民委员会、治保会、村委会和治安积极分子座谈会，收集犯罪情报，然后划出或确定重点清查场所，了解场所结构和内部人员活动情况，确定清查的重点人员。

（3）严密组织，灵活机动。由于预期清查目标明确具体，对犯罪嫌疑人的情况了解较为全面，预先准备应较为充分，组织方式应秘密隐蔽，不留破绽。但清查时间要灵活掌握，绝不能提前公布（包括警察在内），以防串通走漏风声，使清查对象予以戒备且出现继续逃窜和袭警的可能。最好的方法是事先对警察编组、进行机动车辆和武器装备的配置等准备的工作，都以其他名义进行部署。在准备充分的情况下，抓住时机突然决定实施清查，按预定方案到指定地点，就能给犯罪嫌疑人一个措手不及。

（4）行动隐蔽，先发制敌。秘密行动，主要是借助各种伪装，穿着便装秘密接近清查目标。以各种名义为借口叫开房门，可伪装成安装有线电视的、入学报名的、查煤气、电表、电话的、收卫生费、治安费的，要因情施变，根据现场周围的环境条件来决定用什么方式。

一是制造、利用各种借口和理由，以伪装的身份将清查对象诱调至我方易于盘查、检查、缉捕的地点，使其脱离我方不便清查、缉捕的场所，以创造最佳的清查战机。

二是先行控制。在室外架网守候、等待战机，待目标出现时，以突然动作控制清查目标，此时就由清查行动转为强制缉捕。就是要先行发现犯罪线索和犯罪嫌疑人，先行确认清查目标处所和目标位置，先行制定适应公共复杂场所和居民住宅区的清查方式。警察事先要便衣伪装、秘密巡查以便于隐蔽接敌，先行采取控制行动。即控制整个场所、控制局部空间、控制有关人员，先行采取各种隐蔽、秘密、突然的清查缉捕行动，达到预期清查的目的。

3. 示形用诈，择地择机捕获

预期清查，不管是在居民住宅区还是在公共复杂场所，由于清查目标的基本情况事先预知或有所了解，可以预先有所准备，可以预先选择清查的战术方式，可以预先了解居民住宅区及公共复杂场所的内外情况。对于不便于公开清查、不便于动手缉捕的场所、地点和时机，均可主动地采用各种应变措施予以处置。而示形用诈、择地捕获的战术方法对于解决不便公开清查和难以动手捕获的问题最为有效。战术方法正确，就可以在清查行动中占据主动，扬己所长，击敌之短，就可以赢得战斗的胜利。否则就会遭受挫折、付出代价。

运用示形用诈、择地捕获的清查战术，要求如下：

（1）清查目标明确、位置确定。

（2）制造、利用各种借口和"合情合理"的理由或利用各种伪装身份将清查目标诱调至易于我方盘查、缉捕的地点，使之脱离我方不便清查、不便捕获的地点、人员和环境，创造最佳的清查战机。

（3）牢靠控制后再行盘问、检查或缉捕。

（4）若因条件限制，无较合适的诱调理由和借口，则可采用秘密监视、秘密跟踪、场外、室外架网守候或"见而示之不见"的示形方式，寻找、等待最佳战机，待战机出现时突然动作，控制清查目标，进行盘问、检查或缉捕。

4. 居民住宅区预期清查的战术处置方法

（1）居民住宅的清查行动，是查缉战术的重要内容之一，亦是严密控制居民点（住宅小区）治安秩序，防范和打击各种现行违法犯罪活动的重要手段。因此认真研究居民地清查的行动特点与战术处置方法，对于确保一方平安，创造良好的治安秩序都具有重要意义。

居民住宅区是指居民常住或临时居住，人员相对稳定，人口稠密的成片建筑区域。预期居民住宅的清查行动是指警察在行动前，已经掌握了清查对象的去向及其体貌特征，并对其可能落脚藏身和出没的居民点有重点地集中进行清理、检查和整顿，寻找和发现违法、犯罪嫌疑人并将其捕获的一种查缉措施。这些居民住宅有的是违法犯罪行为的发生地点；有的是作案后畏罪潜逃后的藏身地点；有的是转移、隐藏赃物、凶器的地点。如果不及时进行清查、检查，不仅不能发现违法犯罪证据，及时查清违法犯罪嫌疑，而且还可能使其再次逃窜危及社会。更严重是还可能使其利用隐藏的凶器、武器行凶袭警。所以及时有目的地对居民住宅的清查，是查缉活动非常重要的一个环节。

（2）应根据清查的范围和楼房建筑的规模大小调用警力。在对居民楼清查时，不论楼房结构如何，先要选择好指挥位置。一般设在楼的正面可通观全楼，便于隐蔽的位置，有利于观察指挥和通信联络。其次，警车一般不可驶入居民区内，应停放在居民区外，便于行动的隐蔽位置，接警待命，驾驶员不能离车。三是要合理分布警力，将警力分成清查组、监控组、后备组三个组。各组的任务是：清查组负责对楼内的全面清查；监控组负责把守出入口或楼房所有面的监视，特别是负责阳台的监视任务；后备组则是负责在出现意外时或发现目标后协助清查组一起抓捕罪犯。

（3）各小组的战术方法如下：

①监控组。任务是在到达现场后：第一，按行动方案快速进入监控位置，切断可疑人员和犯罪嫌疑人的逃路，在楼房的正背两面或四面，距一定位置（能观察一面）设下埋伏，任务是观察罪犯是否由此面逃出，并将信息及时报告给指挥员；第二，在楼的所有拐角处设伏一人，贴墙隐蔽观察从此面出现的目标；第三，在楼房的所有出入口设伏两人，特别要注意观察前后窗门的阳台，以切断犯罪分子的逃路，各自选择好隐蔽位置，时刻准备对付外逃罪犯。当清查警察清查完第一层，进入第二层的时候，随即跟着进至二层楼梯口卡住下楼通道。依次到达楼房顶端。

②清查组。负责整个楼内的清查任务，警力布置视楼的形式和结构而定，清查小组一般不少于三人，清查组是随楼口监控组同时进入清查位置，当楼口监控组设伏完成后，随即开始清查工作，从低向高依次搜索前进。为避免罪犯迂回藏匿，每清查检查一层时，所有出入口全部设卡，切断其逃路。清查搜索时，要采取交叉掩护的战术方法进行。

③后备组。设伏在楼房的附近待命，要坚守岗位。当发现目标需要进行抓捕时，迅速进入现场执行抓捕任务。若犯罪分子冲破监控关卡逃出楼房时，后备组应立即展开楼外堵截追捕行动，迅速捕获罪犯。

要注意的是，对居民楼的清查时，要尽量避免惊动其他居民。

清查时要特别注意楼内的公共厕所、洗手间、夹层墙以及楼梯角堆放的杂物等，这些地方往往是罪犯容易隐藏的部位。

5. 公共复杂场所预期清查的战术处置方法

（1）所谓公共复杂场所，是指车站、码头、公园、影剧院、录像厅、歌舞厅、夜总会、大型电子游艺场、洗浴中心、宾馆、旅店等各类人员流动频繁，相对集中，犯罪嫌疑人易于涉足藏身的地点。我们之所以把这一空间作为清查的重点区域，是因为不论是暴力犯罪分子还是各类刑事犯罪嫌疑人或者是流窜犯，他们作案潜逃后，都把上述公共场所作为其落脚藏身的首选地点。

（2）严密控制、协调动作。对被确定为重点清查的公共复杂场所内的可疑人员应严密予以控制，方法如下：

①用警力封锁门窗、楼道。因为在公共复杂场所犯罪嫌疑人逃窜的特点之一就是"窜房越墙"，多是些非正常的楼口、房上通道，所以如果对这些地形不够注意，往往会被罪犯利用而达到其逃窜的目的。

②讲究站位，相互掩护。对场所的清查，通常以3人小组或5人小分队为单位，以前后三角或一字排开的队形。相互之间保持3~5m距离，相互掩护，交替前进。对酒店、宾馆、包房实行三点站位法，三名警察站在包房大门，能打开的一侧，贴墙一字排开，以强攻和诈门两种形式进入，不停顿地扑向清查对象。如发现有异常举动应立即采取果断措施严厉制止，清查中的可疑人员如需留置或带回审查的或不宜在现场盘问的，应严密控制住。先搜身后盘查，在确定其无凶器、武器的情况下，再迅速带回审查。

若清查对象突然逃窜和暴力袭警，应立即拔枪控制。

在清查时警察要注意正确的站位和相互掩护，注重动作的相互配合，协同作战。注意控制清查节奏，讲究战术方法。

（3）核实身份，生擒案犯。

①核实身份。如果宾馆、旅店、招待所的店主和服务人员通过通缉、通报的特征情况和辨认清查人员携带的犯罪嫌疑人的照片，证实了嫌疑人即为犯罪嫌疑人，清查活动遂可转为缉捕。倘若不能肯定嫌疑人的身份，需要进一步核实确定的方法是：由服务人员或者乔装成警察以打扫卫生、送开水、换床单被罩、检查卫生、修电灯、电视、投宿等名义，进入重点嫌疑人房间，暗中观察、核对嫌疑人的体貌特征和携带物品的情况及其行为状态与情绪状态，判断其是否为查缉的对象。与此同时，对重点嫌疑人寄存的物品应开包

进行检查，以便从中发现能够证明物主身份的线索，查明其身份。

这里应明确一个问题，如果犯罪嫌疑人的照片与重点嫌疑人的面貌特征不符，不应轻易排除其嫌疑。因为实践中常遇到这样的情况：照片是数年前拍摄的，犯罪嫌疑人的面貌已发生了变化；照片因拍摄技术问题而与人物原形不符；犯罪嫌疑人进行了整容。因此，对重点嫌疑对象身份的认定和疑点的排除，应将多种因素结合起来综合判定。必要时可进行正面盘查、审查和调查的方法来确定其真实的身份。

需要指出的是：对持枪犯罪案件的暴力犯罪嫌疑人的处置要引起足够的重视。宾馆、旅店、招待所的店主和服务员举报持枪犯罪嫌疑人可能住在本店某房间，但还不能完全确定其就是犯罪嫌疑人。此时，警方不宜兴师动众，绝不能搞人海战术。应派出几支小分队，一面将宾馆、招待所、旅店的通道、出口严密控制。应将其假想为案犯，予以监视控制住。一面化装侦察，核实情报。一旦确定嫌疑重大或就是案犯，可立即组织警力出其不意攻入室内，能制服的应立即擒获，如没有条件制服的应秘密监视，咬住不放，迅速上报，由指挥部组织缉捕。

②生擒案犯。如果通过秘密手段已经确认了犯罪嫌疑人的身份，清查工作即可转入缉捕阶段。有条件当即缉捕的，可当即突袭制服犯罪嫌疑人。

具体战术方法：设法将犯罪分子人枪分离或人包分离后，加以擒获；趁犯罪分子熟睡时捕获；突然袭击进入室内生擒；化装入室拿下；将犯罪分子引出宾馆、旅店、招待所，引到预伏地点进行捕获等。

总之，预期清查的战术方法很多，实战中要根据不同案情和不同清查地点、时间、对象采取各种灵活的预期清查战术。但各种预期清查战术方法基本都是从清查战术演化、发展而来，其应用的基本原理是一样的，只不过根据案件具体情况不同而灵活应用的方式不同罢了。所以，我们应在掌握基本的预期清查战术方法的基础上，创造性地应用预期清查的各种战术方法。

(四) 预期清查应注意的几个问题

(1) 预期清查目标明确，目的性强。所以在清查过程中，如遇到其他违法行为，除确有必要处置之外，一般都不予以处置，以免惊动查缉目标，影响全局统一行动。

(2) 凡是预期清查目标，多系身负重罪，凶暴残忍，因而在发现目标时，要组织警力及时疏散群众，将群众与犯罪分子分离开。特别是在公共复杂场所出现清查目标，要设法将其调离到远离群众，有利于缉捕的地点处置。

(3) 发现目标时，如警力和准备不足，没有把握时，可采用跟踪尾随监视。并及时上报，请求增援。在适宜时间和地点进行抓捕，避免盲目行动。

二、非预期清查

(一) 非预期清查的概念

非预期清查是公安机关常用的一种清查方法。具体指警察对治安管理的特种行业等场所或治安状况较复杂混乱的公共场所和居民区，重点进行清理和检查的治安行政措施。通过清查发现从事违法、犯罪嫌疑线索和人员，进而对这些线索和人员审查，来破获刑事案件和缉捕犯罪嫌疑人。这种清查方法在事前清查人员对查缉对象是不确定的，是通过清查中获得线索缉捕犯罪嫌疑人的。

我们所要研究的主要是对公共复杂场所和居民住宅的清查行动，即对违法、犯罪嫌疑和暴力犯罪分子为主要对象的清查战术。因为他们大多持有凶器或枪支，随时可能行凶拒捕。倘若清查的组织和战术方法欠妥，麻痹大意，就难以发现和缉捕犯罪嫌疑人，就可能造成警方和人民群众的伤亡。

(二) 非预期清查的特点

1. 目标不明确

对公共复杂场所和居民住宅的非预期清查的一个显著特点是在行动前警察只知此次清查的类别和清查的范围，而对具体犯罪嫌疑人的情况、外部特征是不了解的。只有清查过程中发现有违法、犯罪的行为或重大嫌疑，才能最后确定具体目标，采取强制措施予以捕获。必须强调：我们对公共复杂场所的清查的目的在于整治社会治安秩序、控制社会面，从中发现违法、寻找犯罪嫌疑人。这就决定了清查的不确定性，但是清查活动一般情况下又带有一定的规律性，即这种行动往往选在重大节日前进行。

2. 清查行动搜索性强

公共复杂场所和居民住宅的清查是一项搜索性强的工作。因为清查行动的方法、性质和目的，决定了其自始至终带有搜索性。不管是从什么角度出发，配合什么行动，也不管案件的种类及侧重点如何，只要警察深入到居民住宅区，所采取的方法就是清查搜索。寻找发现违法、犯罪行为和犯罪嫌疑人，这是清查行动的主要任务。同时积极主动地去寻找、搜索、清理和查处有关违反治安管理的人和事，处置突发事件，维护社会稳定。

3. 敌暗我明，遭遇突发性强

清查行动的一个主要特点是我方在明处，犯罪嫌疑在暗处。我方是公开（即使秘密的，也是警察主动去寻找、发现犯罪行为和犯罪嫌疑人）进行，犯罪嫌疑人是暗中隐蔽。公共场所和居民住宅的复杂性，犯罪嫌疑人藏身的隐蔽性，决定了警察清查公共场所和居民住宅的行动的危险性。

一方面是场所建筑结构复杂，通道狭窄，利于隐蔽，不利于清查。由于楼群密集高大，内部结构设计复杂，警察清查行进往往受阻。在寻找房间通道和搜索的过程中，极易打草惊蛇，使犯罪嫌疑人破门跳窗夺路而逃；或者做好心理和武器、凶器方面的准备，待我方清查人员靠近时，犯罪嫌疑人欲藏不能欲逃无路躲不过的情况下，就会持械和武器发动突然袭击，伤害我方清查人员，这种突发的暴力行为，来势凶猛、迅速，难以躲避，易形成严重的后果。

另一方面是夜间大清查。一般是结合破案战役或专项斗争，专项打击和专项治理活动而开展的有目标、有重点的清查活动。这种清查警力集中，主要指向重点复杂场所和单位。清查工作形成一定规模，此种"拉网捕鱼式"之清查战术，是常用的发现违法、犯罪行为和犯罪嫌疑人的清查方法，但是当前在城市高楼大厦、商业网点密集，娱乐场所繁多，人员集中，车流量大的特殊环境条件下，无重点无定点式的大海捞针式清查搜索，无疑等于拳头打跳蚤，往往事与愿违，使我方清查活动起不到应有的作用，结果放掉了犯罪嫌疑人。因为敌暗我明大兵团"拉网捕鱼式"清查搜索，容易使犯罪嫌疑人产生警觉，导致逃跑或袭警案件的发生。

预期清查和非预期清查，在清查实战中常有清查效果上的交叉。但二者的清查侧重点不同，行动的预先准备程度不同，所采用的战术方法也有较大差别，因此我们在清查工作中应视清查的不同类型把握其不同的特点，采用极有针对性的战术方法，灵活机智地处置清查中的各种情况。

第七节　车辆查控战术

一、车辆查控的特点、范围与程序

（一）车辆查控的特点

1. 车辆查控的对抗性强、危险性大

车辆查控是围绕嫌疑车辆、车辆上乘坐的嫌疑人员及对车辆实施犯罪的嫌疑人员所展开的查控活动。涉及车辆犯罪的案件多属严重刑事案件，作案的违法犯罪分子在暴力犯罪中，为了达到犯罪目的、逃避打击，往往不惜一切手段和警察周旋，他们行踪诡秘、东躲西藏。而这些严重暴力犯罪分子一旦被警察发现，又极可能孤注一掷、负隅顽抗，甚至不计后果地滥杀无辜。

由于车辆查控工作量大，犯罪分子的特征不明显，犯罪嫌疑人在暗处，我方在明处。警察在查处这些违法犯罪活动时，极易受到犯罪分子的袭击。而警察在大量的车辆查控工作中，往往防不胜防，危险性较大，犯罪嫌疑人与我方双方对抗性突出。在车辆查控中，周围环境情况复杂，各种突发事件难以预料，人民警察在执行职务时，一定要保持高度的警惕性，作好自身的安全防护工作，熟悉各种战术方法和查控手段,最大限度地捕歼案犯,保护群众,保障自身安全。否则就会给人民生命财产带来更大的损失,甚至还会给参与车辆查控工作的人民警察带来重大伤亡。

2. 车辆查控的针对性、强制性强

车辆查控首先是要在大量的车流当中确定嫌疑车辆,然后再有针对性地检查车辆或有针对性地重点检查有某些特征的车辆,其主要途径是从车到人,查获有关的犯罪嫌疑人。这就要求人民警察苦练基本功,从车的运行状况、车牌、车的外部形态和司机、乘坐人员上善于观察,分析情况,及时发现目标和犯罪嫌疑人、嫌疑车辆的情况和线索,进而采取进一步行动。否则,就会事倍功半,在付出了大量的工作劳动之后,一无所获,找不到所要查控的对象和目标。

在确定了嫌疑车辆和嫌疑人后,就需要依照有关法律和法规、进行强制性的检查。如果嫌疑车辆和嫌疑人拒绝检查或不配合检查,就必须采取强制性的措施对其进行检查。对于以暴力顽抗,袭击人民警察的犯罪嫌疑人或冲卡的嫌疑车辆,人民警察可以采取包括使用武器在内的一切手段,强制性地迫使对方接受检查。

3. 查控环境具有复杂性、多变性

在车辆查控过程中,车辆盘查点或卡点的周围环境,对查控的效果影响较大。特别是在建筑物密集、人流量大、路况复杂、车流量较大的路段,犯罪嫌疑车辆、嫌疑人容易逃窜、躲避检查。在警察发现犯罪嫌疑车辆、嫌疑人逃窜、反抗而采取强制措施时,为了确保人民的生命财产安全,往往有所顾虑。当警察在盘查嫌疑车辆时,隐藏在附近的犯罪分子容易突然袭击警察,造成警察的重大伤亡,这样血的教训值得我们思考。所以警察必须对复杂的环境,及环境的多变性保持高度的警惕,在保障自身和人民群众财产安全的基础上,运用多种方法和手段,高质高效地完成任务。

4. 查控手段具有多样性、灵活性

在车辆查控中,查控一般采取从车到人或是从人到车的方式进行。这主要是根据查控的对象、查控的要求、查控的环境、警力的部署的不同,而采取不同的查控手段和方式。在反走私、反盗窃和抢劫机动车辆等行动时,嫌疑车辆有明显特征,或是可以从车辆上查找到明显的犯罪痕迹和线索,或是相关单位已提供了嫌疑车辆有关线索的,可以采取从车到人的方式进行查控;在查控抢劫、盗窃车辆团伙且犯罪嫌疑人特征明显时,或是在营运车辆上查控犯罪嫌疑人时,可以采取从人到车的方式进行查控。

由于车辆的机动性强,其犯罪既可快速作案,又可快速潜逃,给查缉工作带来一定的难度,也对公安机关提出了更高的要求。这就要求我们快速反应,以快制快,采用定点设卡、随机设卡、便衣巡逻等手段进行,以及采用全球定位跟踪、车辆联网报警等高科技手段,灵活多样地处置、查控犯罪嫌疑车辆及犯罪嫌疑人。

(二)增援、组织、协同困难

警察在车辆查控中,犯罪嫌疑人暗我方明,警察容易受到犯罪嫌疑人的袭击,为了保障警察执行任务,有力地打击涉及车辆的犯罪活动,车辆查控中的增援、组织、协同显得尤为重要。由于车辆犯罪作案逃跑快,处理好报警、接警、布警、出警、处警之间的衔接关系;处理好交警、巡警、刑警、治安队、派出所警种之间的协同关系;在最短的时间内调集、指挥、布置警力,抓住战机,有效地实施查控确有一定的困难。车辆查控中环境复杂,嫌疑车辆逃窜方向不明,查控范围较大,警察遭遇危险可能性很大,增援较为困难。这就要求我们组织指挥、协同作战不要墨守成规,要冷静、沉着、准确地制订实施方案,处理好指挥、组织、协同、增援等各方面的关系,审时度势,善于应变,努力克服各种困难,打破常规,出奇制胜。

(三)车辆查控的范围

车辆查控是警察依法对车辆本身、车乘人员、车载货物、随车物品、相关证件的检查,以及嫌疑车辆、嫌疑人员、可疑货物的追缉与查扣。

其查控范围主要是:

(1)查控被盗、被抢机动车辆和涉嫌人员;检查车辆的证件、牌照、外观，确认车辆的合法性；发现车辆被盗、被抢和驾车作案的痕迹物证。

（2）查控非法运营车辆、非法走私、组装、套牌机动车辆和涉嫌人员及查控非法驾驶、酒后驾驶机动车辆和涉嫌人员。

（3）查控车载的非法音像制品、非法出版物等违禁物品；对车辆装载货物、车内各种物品实施检查，以确认货物的性质，发现、收缴隐藏其中的赃物、危险物品和违禁物品以及凶器、作案工具。

（4）查控交通肇事逃逸车辆、肇事人员及查控潜逃、被通缉人员和被通缉车辆。

（5）查控假军车、假警车等非法车辆和涉嫌人员。

（6）查控其他利用车辆进行闹事、危害公共安全秩序和安全的不法事件。

（四）车辆公开查控的程序

1. 指挥受检车辆进入指定区域

根据警察上路执行任务的需要，着统一制服，配备必要的武器装备，针对某一类型的车辆、或具有某些特征的车辆、或路经的车辆全部进行检查。在检查区域前方设立警示标志，强制行驶车辆减速行进，并派专人指挥受检车辆进入指定的检查区域。

2. 控制车辆、驾驶人员及随车乘车人员

车辆检查，首先要控制车辆，防止逃窜或冲撞警察。在车辆截停以后，应立即控制驾驶员和乘车人员，防止袭击警察或弃车逃跑。在疑车停稳后，命令驾驶员熄火、交出车钥匙，摇下所有车窗，拉紧手制动后下车，并防止驾车者准备第二套车钥匙。如车上有其他人员，也应命令其下车并接受检查。在实施检查期间，未经允许不得离开原地擅自走动，更不容许随意靠近警察，以防有潜在的危险。准备路障拦截、安排警力警戒、准备车辆追击，对不听指挥的嫌疑车辆强行截停。

对车辆检查的程序是先证件检查，后车体检查。检查车体按先外后内，自前向后的顺序进行。也可以对证件与车体同时进行检查。

3. 检查相关证件和车牌

车辆的行驶执照、营运许可证、附加费、养路费及保险、驾驶执照等相关证件及车牌是车辆及车主上路行驶的合法证明。而盗窃、抢劫、走私机动车辆、非法运营机动车辆、非法驾驶机动车辆或利用机动车辆作案，往往在行车执照、驾驶证等相关证件和牌照方面有种种问题。有的伪造车牌、行驶证、营运许可证及购买假的附加费、养路费等；有的有牌无照，有照无牌；有的牌、照不符，牌、车不符，照、车不符；有的无牌、无照；有的挪用牌、照，污损、涂改牌、照。所以，检查时必须认真查验、核对牌、照等相关证件，特别是要将牌、照与车辆的种类、产权性质、使用情况等认真核对，从而及时发现并扣押嫌疑车辆。

4. 检查车体及锁具

机动车辆作案或交通肇事逃逸，使车身由于碰撞、擦蹭留下痕迹。而偷窃机动车辆多对原车辆的锁具进行过破坏，所以对车辆外观和锁具进行认真仔细地观察，可以发现违法犯罪的痕迹物证。检查时应由外及内、由前往后顺序，逐一地进行，不要有遗漏。要特别注意观察汽车的前保险杠、车灯是否有被撞的痕迹；车身、车底或车厢内有无血迹，车门、车身两侧以及摩托车车把是否有擦痕；车轮附着物、车辆四角是否有血迹和其他斑痕；摩托车锁具、汽车门锁具和点火装置是否有被撬、破坏的痕迹。车身上粘贴的标语、广告及车辆所属单位的喷漆字样是否有所改变等。

5. 检查车辆的内部系统结构及编号

盗抢、走私机动车辆或其他违法车辆，多数改动了发动机编号、车架号，对发动机进行过改装，或违法把右方向车改装成左方向车，或非法拼装、组装车辆等。对机动车辆的内部系统结构要仔细检查，要与车辆的行驶执照进行对比，从中发现确切有力的线索资料，发现被检查车辆的违法活动及犯罪嫌疑人或证据。

6. 检查随车货物及乘车人员携带物品

对车辆装载货物及其乘车人员携带物品的检查，要在确保安全的前提下进行。在警力布置时，最少两人共同检查，一人负责检查物品，一人负责安全警戒，控制可疑人员，对随时可能出现的危险作出即时反应。检查时一般是采用翻动、抽查的方法，必要时可卸车倒包检查。观察货物要注意货物层是否夹藏赃物、走私物品、危险物品、违禁物品和凶器、作案工具。对可疑货包要作重点检查。检查车内物品，首先要认真观察、搜寻，对座椅、后备厢等易藏东西的部位，要仔细搜寻，可用手反复触摸。对通报协查的可疑物品，要进行重点检查。在检查完毕前，未经允许，不得上下人员装卸物品。并对停车现场进行巡视警戒。

7. 对司乘人员进行问话

在对车辆进行检查的同时，或在发现可疑之处后，可对司机及乘坐人员进行问话。在问话时先简单询问，必要时对可将可疑人员带离现场进一步问话。在问话的过程中若发现被盘问的对象相互间对某一问题的表述不一致，或对某些本应了解的问题一无所知，或发现重大疑点，应一追到底，彻底查清。

8. 扣押嫌疑车辆、人员及违禁物品

驾驶人员违章驾驶车辆或携带、运载法律、行政法规规定的危害公共安全和社会秩序的违禁物品，应依法予以扣留。对于易燃、易爆、剧毒物品、放射性物品等都要妥善保管或移交有关部门处置。

9. 协查逃逸车辆

在实施检查过程中，发生车辆逃逸案件，应立即组织人员布置堵截和追缉，并根据犯罪嫌疑人的体貌特征、车辆类型、车辆颜色、车牌号码、逃逸方向，向协助堵截和追缉的有关单位提供线索。同时，向上级公安机关报告情况。

二、嫌疑车辆的识别与嫌疑车辆的现场查控

（一）嫌疑车辆的识别

警察在执行公务，查控嫌疑车辆的过程中，要想在大量车辆中及时、准确和发现、识别嫌疑车辆是件很不容易的事。在有关方面没有能提供足够、明确的嫌疑车辆的特征、信息资料时，主要靠我

们干警根据平时所积累的经验，从车辆的行驶状态、车辆的外部特征，车辆上的司乘人员，车辆的相关证件、单据及文字资料，随车货物及行李物品，去发现和识别嫌疑车辆。

1. 观察车辆的外部特征，发现疑点

（1）汽车牌照的位置是否合适、牢固。

（2）汽车牌照的金属性能、硬度、弹性及烤漆的颜色、反光性能，特殊标识有无异常。

（3）挂牌的方式状态及车辆型号与牌照所显示内容是否一致。

（4）车辆型号、颜色、牌照等特征是否与被通缉协查的车辆特征相似或一致。

（5）车辆表面的油漆是否异常，颜色与记录是否一致，有无更改、重喷的痕迹。

（6）前保险杠、车灯、车身有无碰撞、擦蹭留下的痕迹，车门、车身两侧以及摩托车车把是否有擦痕，车窗玻璃、车灯、挡风玻璃、倒后镜、保险杠有无变形或破损；车轮附着物、车辆四角、车身上是否有血迹和其他斑痕。

（7）车辆的新旧程度以及有无车辆被盗、被抢和驾车作案的痕迹物证。

（8）确认是否是有牌无照，有照无牌，牌、照不符，牌、车不符，照、车不符；是否是无牌、无照，挪用牌、照，伪造牌、照或污损、涂改牌、照。

（9）摩托车锁具、汽车门锁具和点火装置是否有被撬、破坏的痕迹等。

2. 盘查车辆上的司乘人员，发现疑点

（1）驾车者或和车上乘客对警察的盘查或对警察的突然出现是否表现出异常反应，是否表现出不自在、神情慌乱或激动，有无恐慌的表情等。

（2）驾车是否处于被劫持的状态，是否有挟持司机或其他乘客的迹象；或者出于某种犯罪目的和动机而恐慌驾车等。

（3）驾驶者驾车的状态。如非驾驶员驾车，驾驶技术不熟练、驾车者对车的状况不熟悉。

（4）同伙之间是否在用眼神、暗语或某种手势传递信息；身上是否有伤，是否有血迹和其他斑迹。

（5）是否对于某项检查表现出异常紧张或故意表现出不在意；是否在刻意掩饰着某种东西；是否有人想要悄悄接近某一位置或某种东西。

（6）有无酒后驾车，司机及乘客对警察的提问回答是否流利、口齿是否清楚、衣帽穿着习惯、口音、语言特点有无异常，穿着是否合体，是否与身份、季节相符。

3. 查验车辆的相关证件、单据及文字资料，发现疑点

（1）车辆挡玻璃上粘贴和放置的标志、收费单据、附加费、营运标志、通行证、合格证是否可疑。

（2）车身上标语和广告、反映车辆所属单位的文字、标志是否可疑。

（3）行驶证有无可疑，车辆的发动机号和车架的编号与行驶证是否统一。

（4）驾驶证有无被涂改过的痕迹，是否无证驾驶。

4. 查验随车货物及行李物品，发现疑点

（1）车辆所载物品是否与司机所讲的相符，有无携带管制刀具、枪支弹药武器、易燃易爆化学物品、剧毒、放射性物品、淫秽书刊、反动书籍等违禁物品。

（2）从车载或携带的物品上看：车上的货物是否有走私的可能，货物的外包装是否有作过伪装的迹象，是否有在货物中夹带其他违禁物品的迹象。

（3）是否携带有与所述的出行目的不相符的物品，所携带大量现金的存放和包装的方式可疑。

（4）携带的物品是否与有关通缉、通报案件的赃物或作案工具一致或相似，工具上有无附着血迹、污迹或其他痕迹等。

（5）是否非法携带枪支、弹药、毒品和其他违禁物品；对某些物品有刻意隐藏的迹象等。

5. 查验车辆内部系统结构及编号，发现疑点

（1）发动机编号、车架号有无涂改过的痕迹；

（2）发动机等内部系统结构有无违法进行过改装；

（3）右方向车有无违法改装成左方向车，或非法拼装、组装车辆等。

6. 从车辆的行驶状态上观察和发现疑点

（1）在警察、警车突然出现时或在关卡前突然有车辆调头、急转加速逃离的，或车辆在关卡前犹豫不前、突然加速或减速的，拦截时有闯卡的动向的；

（2）车辆在驾驶的过程中出现驾驶动作慌乱、车辆行驶摇摆不定、对交通标志和信号不作反应的；

（3）在关卡前驾车操作失误，有撞击其他车辆或物体的危险、或转向幅度大、开错车灯、不开转向灯或不关转向灯的；

（4）发现刹车生硬、停车和起车不稳、换挡时找不到挡位或挂错挡、启动车时熄火、停车时车的位置摆得不正等反常现象的。

（二）对嫌疑车辆的现场查控

1. 对普通嫌疑车辆的现场公开查控

普通嫌疑车辆由于多数不具备暴力犯罪的倾向，如交通肇事、车辆违章、酒后驾驶、无牌无证车辆驾驶等。警察在查控此类嫌疑车辆时，危险性较小，嫌疑车辆一般服从警察指挥、听从警察的检查。但警察在执行任务时，思想上也不能麻痹大意，有许多潜在的威胁。如嫌疑车辆闯卡、暴力抗拒检查等。在对普通嫌疑车辆的现场查控时，要注意以下几点：

（1）警察不急于靠近嫌疑车辆或登车检查，在准备接近被拦截的汽车或登车检查前，应命令被拦车辆的司机关掉发动机，然后警察再接近嫌疑人车辆。车虽停住，但当发动机转动时，警察此时上前检查最为危险。在必要的情况下，用车载话筒命令其停车、熄火、下车，不要乱动。这样可以避免嫌疑车辆的突然启动而对警察构成威胁。

（2）警察在接近嫌疑车辆时，要始终保持高度的警惕性，眼睛

应始终看着驾驶员的双手和双肩,并留意车上的其他车乘人员的双手和双肩有无异常动向,而不应只盯着对方的眼睛。当确认开车的嫌疑人有违法或犯罪行为时,应命令开车的嫌疑人坐在原位不要动,双手放在方向盘上或双手托住车顶。

(3)在接近嫌疑车辆时,警察应由车后方向车头移动,采取向前探望的姿势,慢慢向前移动步伐,迫使想要观察警察动向的车乘人员回头观望,增加心理上的压力,而且可以避免嫌疑车辆突然冲卡时撞击警察。并命令嫌疑车辆摇下所有的车窗玻璃,有利于警察对车内的观察。

(4)警察的站位应于车辆的侧后方,不要过于接近司机一侧的车门或车门侧,应距车门有一些距离,并用命令控制车内人员。避免嫌疑车辆驾驶员在逃跑时突然用车门撞击警察。

(5)警察应命令车上的所有人员的双手不得乱动,没有得到警察的允许,不得出示证件,避免以出示证件为借口,乘机掏出凶器行凶。

(6)警察在接近嫌疑车辆时,应时刻做好随时出枪的准备。枪的携带状态是不关保险,打开枪套上的安全扣带,右手扶住枪把,左手查看相关证件。一旦需要便可迅速拔出枪,快速上膛控制对方,避免在紧急情况下的被动。

(7)警察在填写相关单据时,应与所查验车辆和人员保持一定距离。没有得到警察许可,不要让嫌疑人员随意靠近警车,避免遭到不必要的袭击。

(8)警察在由后往前靠近嫌疑车辆时,除了眼睛要注意观察车内动向外,同时还应用手摸一下汽车尾箱的盖缝,看看箱盖是否依然锁着,许多暴力持枪犯罪分子喜欢藏身于车尾箱中,避免警察在查到疑点时遭到尾箱中犯罪分子的袭击。

2. 对暴力犯罪嫌疑车辆的现场查控

警察在对暴力犯罪嫌疑车辆实施现场查控时,具有较大的危险性,应特别注重检查的方式方法,防止警察受到伤亡。在执行此类任务时,除应有较强的警力与火力保障安全外,还应注意以下几点:

（1）警车的停放位置。

在对暴力犯罪嫌疑车辆进行现场查控时，应充分利用警车作为掩护警察的遮蔽物，及充分利用警车来保护警察自身的安全，车辆的车头发动机和车轮胎能有效地挡住子弹。在实战中，警察可以根据现场情况，在最佳位置停放好警车，用警车拦截、堵截嫌疑车辆冲卡及逃窜。如犯罪嫌疑人向警察开枪，警察则能躲在车头的发动机及轮子后面，得到有效的掩护。值得注意的是，车门较薄、防护能力较差，在实战中子弹易射穿车门，所以在不得已的情况下，警察不要以车门为遮蔽物。

（2）警察之间的相互配合。

在对暴力犯罪嫌疑车辆进行现场查控时，由于任务具有一定的危险性，执行任务的警察之间应相互配合、做好分工。如果警察是二人一起执行任务，应一人负责安全警戒，做好开枪的准备，对嫌疑车辆、嫌疑人员及周围环境做好警戒。另一人则负责喊话、检查嫌疑车辆及嫌疑人员。一旦当嫌疑人员袭击警察或准备逃跑时，负责警戒的警察迅速行动，采取有效的措施，控制嫌疑车辆和嫌疑人员，掩护负责检查的警察。

（3）对暴力犯罪嫌疑车辆的查控措施。

在对暴力犯罪嫌疑车辆进行现场查控时，警察不能轻易地靠近嫌疑车辆，更不能直接上前去拉车门，这样做将非常危险。当追缉拦截的警车和人员将严重暴力犯罪嫌疑车辆拦截停下时，应通过车载话筒向犯罪嫌疑人喊话，并首先声明，"警察，执行公务，例行检查；关闭发动机，扔出车钥匙，摇下所有的车窗玻璃，打开车门，慢慢下车。"同时命令路上无关车辆、行人不许围观，离开该地区，避免误伤。

（4）对暴力犯罪嫌疑人员的查控措施。

在拦截严重暴力犯罪嫌疑车辆之后，警察并不能急于上前检查，而应命令嫌疑车辆内的每一个人员逐个下车，首先是司机，其次是其他乘车人员。警察应命令每个嫌疑人员高举双手，或双手抱头，背对着警察慢慢向后退。应控制嫌疑人下车的节奏，通常控制一个后，再命令第二人下车，防止嫌疑人员趁乱逃走。

(5) 对嫌疑车辆及嫌疑人员的处置。

在对暴力犯罪嫌疑车辆进行现场查控时，应对每一个现场嫌疑人员作彻底的人身检查。对确认的嫌疑人员先上手铐扣押、后全面搜身，并立即把所有的嫌疑人员分开，逐个询问，争取口供与时间，从中发现可疑线索，清查控拿所有的犯罪嫌疑人员。对排除嫌疑的人员说明情况，争取对方的谅解与配合。当犯罪嫌疑人已全部下车被我方控制之后，警察应仔细查看车内车外各处，并搜查有关证据，留证。

三、车辆查控的战术手段

(一) 设 卡

警察在对嫌疑车辆的查控时，卡位的选择与建立是警察提高查控的效率与效益，最大限度地减少伤亡，避免失误的关键点之一。卡位的建立，可以分为观察识别卡和目标拦截卡。在对普通嫌疑车辆查控时，直接建立目标拦截卡，而在对暴力犯罪嫌疑车辆的拦截时，一般要设两道拦截卡：第一道为观察识别卡，目的不是拦截，而是为了识别、发现目标。第二道为目标拦截卡，对嫌疑车辆进行拦截。

1. 观察识别卡

(1) 此卡点可利用各种借口进行观察、识别嫌疑车辆，及时发现目标而不惊动嫌疑车辆。一旦发现目标，秘密地及时通报下一拦截卡点，做好拦截的准备，安全、准确、有效、无误地把目标拦截控制住，缉拿犯罪嫌疑人和嫌疑车辆。

(2) 观察识别人员应携带必需的武器装备，在战术上、思想上做好行动的准备，在条件成熟及必要时，也可以根据具体情况，变观察识别为拦截抓捕。即一旦有机会，战机不容错过，在发现目标、伪装拦截的同时，采取有效的战术手段，就地抓捕犯罪嫌疑人。

(3) 从车速上看，观察识别卡点在建立时，距目标拦截卡位必须有足够的距离，从观察识别卡到拦截卡，要有足够的时间让负责拦截的干警做好准备。

（4）观察识别卡点人员还负有堵截回窜嫌疑车辆的任务。即观察识别卡既不能让对方察觉，又要做好战斗准备，一旦嫌疑车辆在拦截卡前往回逃窜，立即拦截。

（5）卡位的建立，需配备必要的装备器材，如望远镜、夜视仪、对讲机、手机电台等，以及伪装所需的各种服装、车辆、观察通信器材等设施。

（6）观察识别卡的关键，是要能秘密地利用多种手段、借口，限制、控制车辆的行进速度，准确观察识别目标车辆。可以利用的借口有：交通检查、货物检查、车辆出事故而求救、道路稽查、道路维修限速、缓行、边路行驶等方式。

（7）在对重点拦截目标的车辆车型、嫌疑人员的人数、特征、嫌疑车辆逃跑路线、方位等资料有所掌握的情况下，警方快速设卡布控时，可以不设识别目标的观察卡而直接设置拦截卡进行检查。例如设置路障拦截，强行命令停车检查。也可利用上述各种伪装方式借口拦截检查。

2. 目标拦截卡

目标拦截卡在建立时，可分为目标直接拦截卡和目标间接拦截卡。即有明显警示标志、公开、着装的武装检查形式的直接拦截，和以各种伪装手段和借口，便衣警察上路设卡拦截形式的间接拦截。在例行车辆盘查、重点车辆拦截的行动中，不管是目标直接拦截还是目标间接拦截，目标拦截卡点的选位都是极为重要的，在卡位的建立时要把握以下内容。

（1）选择设卡点原则。

设卡点周围的环境不宜复杂，卡位应选在嫌疑车辆在被拦截后，犯罪嫌疑车辆不易冲卡逃窜、或调头逃跑，嫌疑人员也不易利用环境潜逃的地段。

设卡点的道路不宜过于空旷，设卡地点应较为隐蔽，只有当嫌疑车辆在近距离时才能发现卡点，嫌疑人思想上毫无准备，当发现卡点时已无法逃避被警察拦截检查。

设卡点的道路车辆流量不宜过大，卡点对嫌疑车辆的拦截与检查，不会引起大的交通堵塞、并且有利于警方的盘查和警察的自我保护。

警方在拦截、盘查、抓捕嫌疑车辆、嫌疑人员的过程中卡点选位，不会对其他车辆人员构成直接的威胁，尽可能避免交通事故的发生。

在高速公路收费站、道路上坡转弯等车辆必须减速、停车的地方设卡；或是在城乡接合部、主要公路桥桥头等车辆必经的要道处，丁字路口来车的前方、转盘来车方向的前方处等。

（2）设卡点选位不宜的地方。

在对嫌疑车辆查控中，不宜在行人较多的繁华地段、公共娱乐场所附近等地方的设卡，避免引起群众围观和局部混乱。

不宜在车速较快的城市主干道、高速公路行车路面上设卡查车，避免重大交通事故的发生。

不宜在城市大型立交桥上、车流量密集的繁华路段上设卡查车，避免交通堵塞，或是在上下班高峰时间易塞车的路段设卡查车。

不宜在树林、高苗地旁、居民区、大型工矿企业，或是在路况地形地物较复杂的地段设卡查车，避免嫌疑人员利用较为复杂的地形地物逃窜。

不宜在路面空旷、易于对方观察的路面设卡，避免嫌疑人员在较远距离观察警察设卡情况。

不宜在卡点前有岔路口的地段设卡，避免嫌疑车辆在发现卡点后，在卡点前方调头躲避检查。

（二）嫌疑车辆的拦截

对嫌疑车辆的拦截，是警察在接到上级有关查控嫌疑车辆的命令后，或者在接到有关嫌疑车辆的报案后，对道路车辆实施查控的重要手段。根据嫌疑车辆的性质，可分为对普通嫌疑车辆的例行性拦截检查，和对特定严重暴力犯罪嫌疑车辆的拦截。按拦截的方式方法，可分为隐蔽间接拦截和公开直接拦截。

1. 隐蔽间接拦截

隐蔽间接拦截是指不以公开武装拦截的形式出现，而是以各种伪装手段、以各种借口，秘密地进行嫌疑车辆查控的一种战术方法。

（1）隐蔽间接截的作用和使用范围。

隐蔽间接拦截操作起来比较安全，不易暴露警察的行动意图，容易对嫌疑人员、嫌疑车辆发动突然袭击，在对方毫无思想准备的情况下行动，达到"出其不意、攻其不备"的战术效果。

隐蔽间接拦截由于某些特殊原因而无法实施时，如对方情况不明且有人质在手，或因环境因素干扰严重，无法实施隐蔽拦截方案等等。警察可以在不打扰对方的情况下，变隐蔽间接拦截为观察识别，并向上级汇报有关的情况，采取相应的行动。

隐蔽间接拦截主要针对严重的车辆暴力犯罪，在嫌疑车辆的特征、犯罪性质、逃跑路线等情况清楚，采用别的方法又难以达到安全保障要求的情况下使用，特别是对在各种公共客车中实施犯罪或利用公共客车逃窜的犯罪嫌疑人实施拦截尤为有效。

（2）拦截方式。

以交通检查，货物检查，道路稽查，道路车辆、货物检查拦截的方式进行拦截。执行任务的警察，使用伪装的各种制服、告示牌等器材装备，伪装成各式检查人员上路查控嫌疑车辆。

以车辆发生故障、车辆缺油缺水、伤病员急需搭车、人或物品需要搭乘而寻求帮助为借口，达到拦截嫌疑车辆目的。

以道路维修、道路交通事故等种种方法，人为地造成局部塞车，迫使通过的车辆放慢通行速度，伪装的查控人员在不与嫌疑车辆上的涉嫌人员接触的情况下，对嫌疑车辆及涉嫌人员进行观察，在发现或核实疑点后采取拦截查控行动。

（3）注意事项。

在实施伪装检查拦截时，查控警力应注意做好各种准备，在检查过程中如发现、核实、了解嫌疑情况后，发出预先约定的暗号，所有人员一起突然行动，首先控制司机和主要嫌疑人员，然后实施公开的盘查。

在实施伪装求助拦截时，卡点应注意设在道路比较弯曲狭窄、车速较慢的地方，注意伪装的严密性和合理性，利用经验丰富的查控人员伪装求救，引其上钩。

在实施控制车速拦截时，关键要做到利用各种地段和借口，压低车速，做到观察准确，隐蔽接近犯罪嫌疑人，动作突然。

在实施隐蔽间接拦截时，注意不要引起太大的交通堵塞，伪装查控警力要充足，预定的信号要明显。

做好追击堵截的准备工作，防止嫌疑车辆突然冲卡。注意对四周环境的安全警戒，在行动时注意防止被其他犯罪嫌疑人袭击，做好疏散围观群众的准备工作，快速行动、完成任务则快速撤离。

2. 公开直接拦截

公开直接拦截是警察查控嫌疑车辆的一种主要的手段，是公开着装、有明显警示标志的武装查车，是对嫌疑车辆实施强制拦截、强制检查的一种车辆查控形式。

（1）公开直接拦截既有例行车辆检查，又有针对性的目标拦截检查，但多数情况下是在犯罪嫌疑人在暗我方在明的情况下拦截检查。严重暴力犯罪的嫌疑车辆混杂在其他车辆中，警察在没有掌握对方车辆明显特征的情况下实施拦截盘查，具有一定的危险性，与隐蔽间接拦截相比，发生冲突的可能性较大，对抗性强。

（2）公开直接拦截卡点在建立时，要注意卡点的选择，原则是有利于警察的自我保护和防止意外的交通事故，防止误伤群众，能较有效、可靠地实施拦截，并能防止嫌疑人员潜逃，嫌疑车辆冲卡。在嫌疑车辆调头逃窜时，可以及时变拦截为追击，做好追击车辆的准备工作。

（3）公开直接拦截时，警察应带足所需装备与器材，充分注意个人防护装具的携带与使用，备足枪支、弹药，准备必要的拦截器材，可使用便携式阻车钉、防撞架等，或者用大型车辆封路等。

（4）公开拦截卡前一定要设有标志明显的警示查车标志，并要有着装警察专人负责指挥来往车辆和行人，疏通交通，指挥需检查车辆进入指定的检查位置。

（5）对特定严重暴力犯罪嫌疑车辆进行拦截，一般情况下要设立复式卡，即在公开拦截卡前方，设立观察识别卡，以提高行动的效率和效益，减少不必要的损失。

（6）需特别强调的是，如果嫌疑车辆不顾警告强行闯卡，在没有对警察自身生命和群众生命构成直接威胁的情况下，不要轻易开枪，特别是不要对准车乘人员开枪，除非能确认车上只有严重暴力犯罪分子，没有人质和其他车乘人员。对目标不能确认的闯卡车辆，警察可以请求前方卡位实施封闭拦截并进行尾随追击。强制迫停之后，对闯卡车辆及人员实施控制。

（7）在某些不具备直接拦截的情况下，如嫌疑车辆上的犯罪分子，以劫持的人质作为威胁要求放行，或以爆炸物相威胁时，现场指挥人员可以根据现场情况灵活地加以处置，及时向上级汇报，暂时放行，保持一定距离，尾随追击，也可中途变换地方车牌隐蔽尾追，在条件成熟时相机采取行动。

（三）嫌疑车辆的追缉

对嫌疑车辆的追缉是指负责查控的公安机关，掌握了嫌疑车辆逃跑路线、车辆特征、利用机动车辆快速出警，缉拿犯罪嫌疑人的一种紧急抓捕措施。如嫌疑车辆强行闯卡后警方出动车辆的快速追击；110接报嫌疑车辆作案后的紧急出动等。以犯罪嫌疑人作案的手段和性质可分为对普通嫌疑车辆的追缉，对严重暴力犯罪嫌疑车辆的追缉。根据追缉的特点又可分为公开追缉和隐蔽追缉。

1. 公开追缉

公开追缉是身着制服、使用警车，或是公开表明身份的情况下征用民用车辆追缉嫌疑车辆和嫌疑人员。它主要是针对一般违法犯罪嫌疑车辆而采取的一种战术，或是在紧急情况下对严重暴力犯罪嫌疑人采取的抓捕措施。在进行公开追缉时，要注意以下几点：

（1）公开追缉危险性较大，发生意外的概率较高。通常在闹市区、繁华地带、公共娱乐场所附近，以及高速公路路面、城市快速主干线上、大型城市立交桥上进行公开追缉嫌疑车辆时，应以尾随为主，条件不成熟不要强行超越拦截。尽可能地避免误伤群众和发生重大交通事故。

（2）公开追缉应在车辆器材、通信工具、警力保障、路面状况等多方面条件成熟的情况下实施。在追缉时，严格使用枪支，在对嫌疑车辆情况不明时严禁向车乘人员开枪。

(3) 公开追缉由于车辆行进的速度较快，警车应打开警灯，拉响警报，利用车载扬声器通知来往车辆及行人避让，注意控制车辆速度，小心驾驶，避免交通意外的发生。在追缉过程中，应及时把追缉情况向上级汇报，通知前方卡位及其他警车在被追缉车辆行驶前方实施拦截，尽可能地协同作战。

(4) 在公开追缉的车辆有条件实施超越拦截的地段强行超越、拦截嫌疑车辆时，尽可能地避免车辆相撞击。必要时，可实施火力惊吓，威慑对方停车检查。

(5) 公开追缉的特点是快速反应，快速出击，不给犯罪嫌疑车辆以逃跑的时间，它对警方在指挥系统、车辆保障、车辆驾驶、战术意识、武器装备等多方面要求较高。

2. 隐蔽追缉

隐蔽追缉是警察采用秘密手段，身着便服，紧急征用民用车辆，在嫌疑人员不知情的情况下，对嫌疑车辆进行的秘密追击。在追击过程中，以各种借口靠近嫌疑车辆，寻找各种机会捕歼犯罪嫌疑人员。在进行隐蔽追缉时，要注意以下几点：

(1) 隐蔽追缉时切忌暴露身份和追缉的意图，征用无任何警用标志，外表特征不明显、性能良好的小型民用车辆追缉。在追缉过程中不要急于行动，忽快忽慢，麻痹对方。在难以行动时，追缉车辆应与被追车辆保持一定距离，在适当时候，如到达收费站口，遇有前方塞车，或遇有我方人员卡位检查等时机，以各种借口靠近嫌疑车辆，寻找最佳战机，等待或设法诱使对方停车，在对方不知情、无防备之时实施抓捕，出其不意将嫌疑人员抓捕。

(2) 在隐蔽追缉的过程中，负责追缉的人员应及时通过有效的通信工具，向上级机关汇报有关嫌疑车辆的类型、车牌号码、颜色、性能等特征，以及车辆所在方位、行驶路线等。在展开行动前，要尽可能地了解犯罪嫌疑人手中是否有枪支、爆炸物、人质等情况，避免在行动时发生意外。

(3) 在隐蔽追缉的过程中，如有增援的警力，在行动前一定要作好协调工作，通报追踪车辆的类型、牌号及特征，注意配戴相互识别的明显标志，确保通信的畅通，避免在行动时发生误伤。

（4）隐蔽追缉过程中，应充分注意嫌疑车辆回窜，发现回窜迹象应做好尾随追缉拦截准备，必要时可利用各种借口实施伪装拦截，或变为公开武力拦截，紧急调用过路民用车辆堵塞回窜嫌疑车辆通路，强制对方服从检查。

四、几种特殊形式的车辆查控

（一）无牌无证走私摩托车查控术

无牌无证走私摩托车及摩托车非法营运是滋生、诱发摩托车飞车抢夺，及乘坐人员被抢、摩托车车主被抢、被杀等恶性案件的根源，同时它也引发多起恶性交通事故。无牌无证走私摩托车及摩托车非法营运在交通肇事后往往逃逸，成为影响社会治安的不稳定因素，必须对此加以收缴、取缔。

1. 查控特点

摩托车非法营运车辆少则三五辆，多则十来辆聚集在一起，在收缴、取缔无牌无证走私摩托车及摩托车非法营运过程中，对方一旦发现警察便会四处逃窜，给周围行人构成威胁。由于摩托车机动性能强，在追击过程中，极可能引发交通事故。而在追击过程中，往往由于警力有限、警察顾虑较多，逃窜的摩托车机动性能好，追缉行动不易见效。

2. 设卡拦截

设卡拦截摩托车时，卡点选位是关键，一般选择车辆流量适中、路况不复杂、不易逃窜的地方。卡点要求选取前方来车不易观察，无岔路口，检查卡点车辆速度较慢，路面较窄，不易冲卡的地方。或是在道路拐弯处或较隐蔽的地方选择一处卡点，前方摩托车手不易观察到卡点情况。当摩托车行至卡点前，发现卡点时无思想准备，想避开卡点、或是想冲卡都已来不及，而设卡人员则可以较从容地来一辆收一辆。在拦截摩托车停下后，警察首先要拔掉摩托车的车钥匙，并命令其下车接受检查，防止其在检查过程中突然点火逃窜。

3. 便衣小分队查控术

执行收缴非法营运摩托车的小分队，人数在 8～12 人左右，全部便衣上路，准备货车一辆。行动人员伪装成搭乘摩托车的行人，每人坐上一辆摩托车，或与摩托车主故意讨价还价，在指挥人员发暗号时，所有人员一齐行动，控制住摩托车主，使其不得逃窜，收缴非法营运的摩托车。这种战术不但一下能收缴多辆摩托车，而且安全、有效。

（二）对飞车抢夺犯罪的查控

飞车抢夺是近年来在南方大中城市及乡镇，由沿海向内地蔓延的一种新的犯罪形式。它是以摩托车为主要交通工具，实施抢夺、抢劫犯罪，一般两人为一组，前一人负责驾驶，后一人负责抢夺。

1. 作案特点

犯罪危害性大，作案手法狠毒。被害人乘坐自行车、摩托车被抢时，犯罪行为人常将受害人猛然拉下车来，摔倒在地，实施抢夺、抢劫，常造成受害人伤残、致死等，对社会治安影响极坏，引发了诸多社会问题。

在打击飞车抢夺犯罪的战斗中，我警方人员以车追车，易造成伤亡，或者会引发交通事故，造成其他人员的伤亡。

作案工具均为摩托车，多数是性能较好的 125 型摩托、250 型摩托、或者是各种排气量较大的赛车型摩托。为了方便抢夺，摩托车一般没有后尾箱。

作案快捷。犯罪分子多数对摩托车的挡位进行过改造，换挡提速较快，作案时间短，得手后逃窜快，不易抓捕、拦截。由于摩托车速度快、而飞车抢夺大多在人流较密集，来往车辆较多的地方，警察一般不能开枪，顾虑较多。

作案交通工具均来路不正。作案用的摩托车多数是无牌无证的走私摩托车、脏车或是自己组装的摩托车，有的不挂牌或者挂上了假牌，有的把车牌人为破损，残旧不堪，或是涂上泥土，难以辨认。

2. 作案对象

飞车抢夺的作案对象，一般选择行人脖子上戴的金项链、金首饰,或者是行人手拿的手提包、手机,腰间挂的手机包等。

3. 作案场所

飞车抢夺是快速作案、快速逃跑,在作案的场所选择上,多数选择城乡接合部,或车辆较多、人流密集交通方便而周围地形复杂的繁华路段,或小巷纵横、易于逃窜的场所。在这些公共场所,由于人流较多、路况复杂,加之摩托车速度快,警察在拦截摩托车时,为了不伤及无辜,一般不轻易开枪。由于摩托车的机动性强,路面行人车辆多,作案得手后易于逃脱。

4. 作案方式

作案人员有两人,前一个负责驾驶,多数戴着摩托车头盔,而后一人负责抢夺则一般不戴头盔。

当作案的嫌疑人发现目标后,由后方跟踪受害人。待时机成熟,作案人驾车向目标高速驶近,在摩托车距离目标 5~10m 的时候,嫌疑人挂空挡、熄火高速滑行。

当摩托车高速、悄然驶过受害人的一瞬间,坐在车后的作案嫌疑人伸双手进行抢夺。在抢劫的一瞬间,负责驾驶摩托车的作案嫌疑人立即打火,加大油门逃窜。

5. 查控措施

在打击飞车抢夺的过程中,基层公安干警经过与犯罪分子长期斗争后,摸索出以伏击为主要打击手段的方法。

在摸清了飞车抢夺作案手段、作案时间、出没地点等规律后,根据作案嫌疑人的作案方式和特点,组织行动小组上路伏击。行动小组多由 8~12 人组成,分工清楚、职责明确,配备不带警用标志的小车两辆、摩托车多台,其他人员每人手持 2~3m 的木棍(竹棍或者铁棍)。

行动人员全部便衣上路,木棍藏在街道的两旁方便拿取的地方。小车、摩托车负责拦截和追缉,其他行动人员负责观察和拦截。小车埋伏在街道的两头,摩托车在附近巡逻,当行动成员发现目标,及时通知各参战人员做好准备。一旦目标开始抢夺,立即用车辆进行拦截。

当摩托车开始逃窜时，小车、摩托车立即开始追击。如果作案人员在警方追击下仍不停车，必要时，可用小车、摩托车撞击对方摩托车。在我方车辆追击不便的情况下，小组其他成员可手持木棍在街道中心拦截。当摩托车在向我方冲来时，我方人员向一侧躲闪，同时用木棍向对方猛击。或是在摩托车经过身旁的一瞬间，把木棍猛地插进摩托车的前轮。

在木棍不便使用、隐藏时，或者犯罪分子有所防备，不便伏击时，可使用飞抓。飞抓一般有三个钩，但不能太锋利，它由一条比较结实的绳子拴在小车、摩托车或路边柱子上。当摩托车从身旁逃跑时，看准摩托车将飞抓抛出。只要飞抓钩住对方身体或摩托车的一部分，就可以将对方拉下来。

用一条 5～6m 较粗、较为结实的绳索，把这条绳索按一定的技巧叠成一个小圈，原则是方便绳索抛出。在便衣警察上路伏击飞车抢夺时，绳的一端握在手里，一旦摩托车作案从身边经过，以较高速度逃窜时，便衣干警稍稍向侧面一闪，迎面将绳索朝摩托车手抛出去，利用绳索与车手之间的高速摩擦，将车手勒下来。

6. 注意事项

在打击飞车抢夺的战斗中，参战人员须特别的小心。在使用枪支时，更应慎之又慎。在没有绝对的把握下，不要随意开枪。

在街道中心拦截的人员，要注意来往车辆。防止交通意外。骑摩托车的干警，不要轻易用摩托车去撞击对方车辆，此法容易摔伤自己。在使用飞抓时，绳索的一端不要拉在手中，因牵拉力量过大，手容易受伤。

使用绳索时，一定要将绳索抛准，抛在车手的身上、手臂上。飞抓和绳索使用过程中，要小心不要对别的车辆、摩托车构成威胁，抛出时一定要准。因此，使用飞抓、绳索的人员必须经过专门的练习。也因它容易发生意外，不要轻易使用。

五、车辆例行盘查中突然袭警情况的处置

经济的飞速发展，道路上的车辆越来越多，涉及的盗窃、抢劫机动车辆案件也逐年增多。在基层公安一线，因反盗窃、反抢劫机

动车辆的需要,例行盘查的任务相当艰巨。警察在例行盘查中,经常遭遇犯罪嫌疑人袭击而防不胜防,怎样保护执行任务警察的安全,是我们亟待解决的问题。

(一) 车辆例行盘查的特点

(1) 车流量大,需要例行盘查的车辆很多,盘查的任务繁重。

(2) 路面车辆型号较多,犯罪嫌疑车辆特征不明显,查控目标难以确定。

(3) 当警察截停车辆后例行盘查时,可疑人员为了逃避检查、暴力犯罪人员为了躲避抓捕,常突然袭击警察,造成警察牺牲和伤亡。

(二) 车辆例行盘查防止袭警的措施

1. 查控人员

例行盘查的小分队,应根据实际执行任务的需要,警力上要得到足够的保障,人数最好有6人以上。

2. 查控分工

一人负责安全警戒(专职负责警察执行任务时的安全保卫);一人指挥来往的检查车辆。如小分队警力较足,可安排1~2人发动汽车或摩托车,负责追击、拦截逃窜的车辆;其余的人员负责查车。

3. 安全警戒

为了保障警察在执行任务中的安全,防止犯罪分子袭击警察,设立安全警戒,也是在基层工作中摸索出的一套行之有效的方法,它主要分为着装武装安全警戒和便衣警戒。在例行车辆盘查中,武装安全警戒和便衣安全警戒不同时使用,但在查控危险性较高的持枪、持爆炸物的严重暴力车辆犯罪时,武装安全警戒和便衣安全警戒需同时使用。

(1) 武装安全警戒。

穿着警服,手持微冲,高度警惕来往车辆。利用微冲的强大火力,起强大的威慑作用,使嫌疑人员不敢轻举妄动。但武装安全警戒也容易刺激犯罪分子,使犯罪分子感到安全受到威胁,孤注一掷,可能对警察造成伤害。武装安全警戒在实际的例行盘查工作中用得较多。

（2）便衣安全警戒。

便衣警戒。专职负责警察执行任务的安全保障，这种警戒方法隐蔽，不会刺激犯罪分子，经实践证明效果非常好。

便衣安全警戒人员要求警惕性较高、视力较好、枪法较准、反应灵敏。要求从同一建制干警中，抽责任心较强的警察担任。

便衣安全警戒人员要求着便衣，携带手枪，可伪装成摩托车手、小车司机、行人，密切注视、盘查周围的情况。

当犯罪嫌疑人准备冲卡或者袭击警察时，总要先观察警察的动向。在犯罪嫌疑人有所行动时，便衣干警立即出击。由于犯罪嫌疑人高度紧张，对便衣没有防备，往往被打个措手不及，能够达到战术上的突然性。

在多警种、多建制警察上路协同作战，便衣担任安全警戒时，衣着上一定要有明显的标志，以便于区分，防止忙中出错。

4. 装　具

（1）例行盘查时，执勤警察思想上不能麻痹大意，一定要头戴钢盔，身穿防弹衣，在夜间执行任务时，要着反光衣。

（2）摩托车、汽车的警灯要打开，有利于使来往车辆和群众配合，也给现场造成一种紧张的气氛，给犯罪嫌疑人施加心理上的压力。

（3）车辆的性能保持良好，随时准备追击；通信工具保持通畅，枪支的携带呈战斗准备状态。

5. 注意事项

（1）在车停下而发动机转动时，不要急于上前检查，此时比较危险，嫌疑车辆可能冲撞警察。

（2）命令司机关掉发动机，交出车钥匙，摇下车窗玻璃，下车接受检查。

（3）警察打开车盖，俯身检查车辆车架号、发动机号等情况时，易受到犯罪嫌疑人袭击，需在搭档配合下进行。填写有关车辆处理单据时，应与受检查者保持一定距离，不要让嫌疑人员轻易靠近警车。

（4）在有保安参与的车辆盘查中，应注意：按照有关规定，保安是不能佩带武器的，不能因车辆查控的警力不足，而让保安携带武器上路查车。

六、对道路抢劫车辆犯罪的战术处置

道路抢劫车辆是指犯罪分子在交通道路上，以抢劫车辆或是以抢劫公路上营运车辆上旅客的财物为主要目的实施的犯罪活动，它严重威胁人民的生命财产安全，严重影响社会治安秩序，危害极大。

（一）对抢劫营运车辆犯罪的处置

1. 犯罪特点

（1）抢劫营运车辆的犯罪团伙组织严密，分工负责，它由多人组成，携带枪支刀具或爆炸物，在长途汽车站随旅客一同上车。上车后分坐于车辆的前后各部位，其中一人负责控制司机，一人控制车门。

（2）抢劫犯罪团伙在营运车辆行至偏远地方时，在犯罪分子头目发出抢劫信号后，统一行动，开始抢劫。在抢劫得手后，威胁司机停车，快速逃离现场。

（3）此类犯罪分子特别凶残，用枪支、爆炸物威胁旅客交出财物，甚至强奸妇女。对稍有不满或所交财物动作稍有迟缓者，举刀就砍。更有甚者，为了防止旅客反抗，一开始抢劫就先砍倒几个，以此威胁别的旅客。

（4）犯罪分子抢劫了所有乘客的财物后，破坏了车辆的通信工具，收缴了旅客的手机电话，使受害者不能在第一现场报案。往往警察赶到现场时，犯罪分子已经远远地逃离现场，抓捕工作造成困难。

（5）由于在高速公路上行驶的营运车辆多是豪华大巴，旅客人数较多，所携带的行李、钱财物品也较多，被抢劫的财物数量大，受害者人数也较多，案发对社会治安影响非常恶劣。

（6）多数犯罪团伙选择在夜间抢劫营运车辆。作案地点多数在高速公路、城市郊区干线、市郊国道上。当营运车辆行至偏僻、无人之处开始实施抢劫。

2. 查控措施

（1）加强高速公路上警力的配备，加强对司乘人员的安全教育，在营运车辆上安装一定性能的秘密安全报警系统，在发案的第一时间，秘密向警方报警。警方再根据联网资料所显示该车辆的运行位置，快速采取有效的行动。

（2）在公路上巡逻的警察，要注意辨别营运车辆转向灯、防雾灯、危险灯是否长时间开着、车况行驶是否有所异常；注意车的运行状态、运行速度及车上的旅客是否有异常状态，及时对营运车辆拦截盘问，或通知前方警力拦截检查。

（3）在抢劫多发路段，安排便衣观察伏击，或是组织警车上路巡逻，建立快速反应机制；或是组织便衣上车伏击，对犯罪嫌疑人现场抓捕；或是在高速公路收费站出入口处组织警力上车盘查，及早发现目标控制事态。

（二）对公路上抢劫其他车辆的战术处置

1. 犯罪特点

（1）犯罪分子在高速公路路面上，放置特制空心铁钉，专用来扎破来往车辆的轮胎，或是在公路路面上设置障碍物、或是用石块砸来往车辆。

（2）犯罪分子埋伏在路边草丛山林中，等待来往的车辆轮胎被扎破，迫使停车实施抢劫；或在车辆前方放障碍物，当司机停下车来察看车辆情况或是换胎时，犯罪分子冲上去实施抢劫。

（3）当车辆一停稳，犯罪分子挥舞着各种凶器一拥而上，对稍有不从者，立即实施暴力。

（4）在抢劫得手后，有的把劫来的车辆自行开走，有的只劫车上的财物而弃车逃窜。

（5）在高速公路抢劫的犯罪团伙，多数只劫财物，不要车辆。而以抢劫车辆为主要目的的，则多数杀人灭口，抛尸荒野。

作案时间多发于早晚。作案地点选在易于隐藏、埋伏、逃窜的偏远地区。

2. 查控措施

（1）根据高速公路路面情况，安排多辆不带警用标志的车辆巡逻。

（2）每辆车上3~4名便衣上车，带长短枪支、望远镜。

（3）巡逻车辆在高速路上低速行驶，行动人员用望远镜观察路面情况、周围山头情况、观察来往车辆是否异常。特别注意路面有无空心钉、停在路边的车辆有无可疑之处。

（4）当观察人员发现空心钉后，立即报告指挥员。指挥员则应立即指挥所属干警，迅速到发现空心钉的附近路段埋伏。

（5）巡逻车辆为了不引起犯罪分子的疑心，则继续前进一段路程。在犯罪分子视野之外，车上干警除司机，其他所有人员携带武器迂回包抄，埋伏在可疑路段。

（6）当有车辆被扎破轮胎、犯罪分子上前抢劫时，所有埋伏人员立即展开抓捕。

3. 注意事项

（1）行动人员在埋伏时应特别小心，不能打草惊蛇。

（2）行动时注意来往车辆，避免交通意外的发生。

（3）设伏时应在高速公路的两侧安排警力，以放置空心钉的一侧为主，而另一侧干警在战斗打响后负责接应，防止劫匪逃窜。

（三）夜间车辆查控

犯罪嫌疑人在夜间作案易于隐藏、易于逃窜，也是犯罪嫌疑车辆作案的理想时间。警察在夜间对犯罪嫌疑车辆进行查控时，由于夜间光线昏暗，不易于警察的观察与识别，对潜在的危险不易发现，具有较大的危险性。因此，在夜间对犯罪嫌疑车辆进行查控时，要注意以下几点：

（1）由于夜间来往车辆的灯光非常刺眼，不便于警察观察来往的车辆，而且天越暗，车灯越刺眼，因此一定要加强现场灯光照明。在车辆查控的路段选择时，除特殊情况外，一般要选择路面光线较好的地段实施。

（2）在夜间车辆查控时，可利用警车的大灯对准查控的嫌疑车辆，便于警察观察嫌疑车辆的内部情况，可对出现的危险情况作出及时的反应。同时，警车的大灯也可以照得犯罪嫌疑人睁不开眼睛，无法观察现场警察的动向，使其不敢轻举妄动。

（3）由于夜间车辆查控具有较大的危险性，因此警察上路要做好各种防护措施，如穿好防弹衣、戴好钢盔等。为保证车辆查控的顺利进行，应配备火力强大的自动武器，如微型冲锋枪等。

（4）由于夜间车辆行驶的速度较快，容易发生交通意外，因此警察若公开查车一定要在车辆查控现场前方足够的距离设有明显的警示标志，以强制接受检查的车辆提前减速。警察在上路时，也要穿好反光衣，避免不必要的交通事故的发生。警车警灯也应不停地闪烁，给车辆查控现场增加一种紧张的气氛，把潜在的危险降低到最小的程度。

第八节 对持枪犯罪嫌疑人的抓捕战术

一、持枪对抗的特点和抓捕战术要求

（一）持枪对抗的特点

持枪犯罪是刑事犯罪活动中对社会危害最大的严重暴力性犯罪。抓捕行动中的枪支使用则是警察强制对方服从的手段。持枪对抗是警察与犯罪分子及犯罪嫌疑人双方使用枪支进行的战斗。持枪对抗具有以下特点：

1. 危险性大

持枪对抗的危险性主要表现在以下几个方面：

（1）持枪犯罪的疯狂性：持枪犯罪嫌疑人多是仇视社会、报复心强、视钱如命的亡命之徒。他们自犯罪开始，就抱定与法律对抗到底的决心。为了逃避惩罚，他们对抓捕人员往往采取主动进攻的方法，甚至滥杀无辜。

（2）如果行动失误，即可能被歹徒击中。由于射弹的瞬时致伤效应，抓捕人员一旦被射弹击中，就会造成不可逆转的伤残或死亡。

（3）社会不良影响大。一旦发生了枪战，就会在一定范围内和相当一段时间内形成热门话题，造成一定的不良社会影响，构成社会恐慌感，甚至刺激、诱导他人效仿，导致恶性循环。

2. 突发性强

持枪对抗突发性强具体表现在以下方面：

（1）目标事先不易确定：在暴力犯罪现场或遭歹徒袭击前，犯罪嫌疑人（特别是担任掩护的犯罪嫌疑人）往往混杂在人群之中，犯罪嫌疑人难以辨认，其是否持有枪支不易确定，发生持枪暴力犯罪突然性强。

（2）对抗具体时间难以确定：枪支便于隐蔽，犯罪嫌疑人在暗处，我方在明处，犯罪嫌疑人何时发动攻击难以觉察。

（3）对抗具体位置难以确定：枪支是一种远距离射击武器，犯罪嫌疑人将处在多远距离及处于何处向我方攻击难以预料。

3. 交火时间短暂

（1）受携弹量影响：以64式手枪为例，其战斗射速为30发/分，每射一发只需要2秒，一个满弹匣7发只能发射14秒，20发子弹只能发射40秒。采用动态射击时，射速更快，耗弹所要时间更短。

（2）受杀伤力的影响：手枪子弹击中有生目标要害部位，其停止作用能使其在5秒钟内丧失战斗力，瞬时杀伤力较大。

（3）受突发性的影响：在大多数突发的遭遇战中，对射只持续3～5秒，通常为2～3秒，通常第一次交火就将决定后果。

4. 较强的条件制约性

（1）受环境和法律因素的影响：犯罪嫌疑人对开枪拒捕毫无顾忌，即使滥杀无辜也毫不犹豫。警察进行的是执法战斗，受法律的制约。用枪时，要顾及周围环境和无关人员的生命及财产安全，要考虑将伤亡和财产损失减少到最低限度。

（2）受心理因素影响大：持枪对抗爆发的突然性、持枪对抗的危险性和环境的复杂性是客观存在的。抓捕人员处在危险紧张的情况下，心理压力增大。

心情紧张，会引起生理上的一系列变化，使心跳加快、血压升高、呼吸急促、四肢颤抖；分辨时间、距离、颜色的能力下降；身体的灵活性和协调性降低。生理上的变化会影响反应能力和正确动作的发挥。特别是未经受过实际的作战训练和技术不过硬的人员，在持枪对抗的情况下，受心理障碍因素的影响更大。

（二）对抓捕人员的要求

持枪对抗的特点，决定在持枪对抗行动中，抓捕人员的伤亡和犯罪嫌疑人的脱逃可能随时发生。因此，在抓捕持枪犯罪嫌疑人时，要求抓捕人员必须具有强烈的自我防卫意识。善于运用灵活机动的反击战术和过硬的抓捕技术，有效地保护自身安全，提高抓捕行动的成功率。

1. 强烈的自我防卫意识

（1）保持高度的警惕性。

犯罪嫌疑人不会因为警察出现而束手就控制。正因为是警察，才使他感到受到威胁而向警察开枪。特别是当他认为警察妨碍其逃跑的时候，更是如此。通常，那些认为自己警龄长、见多识广、充满自信，执行任务时草率、漫不经心的警察，最容易成为犯罪嫌疑人的攻击目标。犯罪嫌疑人面对被捕后果严重的情况下，他们会毫不犹豫、毫不留情的向抓捕警察开枪。因此，警察在接受任务的同时，就要自觉地想到自我防卫。在奔赴现场前要作出周密的计划，预料可能发生的武装遭遇，多做发生持枪对抗的准备。每前进一步，都要注意犯罪嫌疑人伺机向警察射击的可能性。应当设想依据当时环境如何先发制人或进行及时有效的还击。无论执行什么任务，都要形成这种习惯性思维，按这种习惯行事。

（2）具有隐蔽和掩蔽的意识。

隐蔽和掩蔽是有区别的。隐蔽是遮住和隐藏，掩蔽是隐藏和保护。隐蔽是为了防止被歹徒发现，掩蔽则主要是为了防止被歹徒击中。隐蔽可能使目标避免被对方击中,但隐蔽本身不能防弹。隐蔽物是能挡住视线但挡不住弹头的物体。掩蔽物是既能挡住视线,又能挡住弹头的物体。掩蔽物既能起到隐蔽的作用,又能有效防止对方实施贯穿射击时受到射弹的致命打击。显然,警察只具有隐蔽的意识是不够的,还需具有掩蔽的意识。通常利用墙壁等弹头不能击穿的物体进行掩蔽,利用灌木丛、烟幕等能挡住视线的物体进行隐蔽。

隐蔽和掩蔽的意识是建立在高度警惕的基础上的,是自卫意识的具体体现。在运动中利用地形和遮蔽物隐蔽自己的行动企图,是最基本的战术手段;在作战中善于利用掩蔽物保护自己,是对"先为不可胜,以待犯罪嫌疑人之可胜"的具体运用,是制伏查缉目标的前提条件。

2. 灵活机动的战术意识

持枪对抗情况是多种多样、错综复杂和难以捉摸的。拿破仑说得对:"这是一道连牛顿那样的人也会被吓退的代数难题"。持枪对抗与其他事物相比较,的确具有很大的或然性及较少的确定性,对持枪对抗的谋划和判断,只能是概略的,难以达到绝对可靠。这是因为持枪对抗的双方都是活人,相互保密、欺骗,情况随时变化。很多时候没有办法或者来不及完全弄清情况,突发偶然事件时有发生。这就要求抓捕人员随机应变、快速反应、灵活运用战术,达到制伏犯罪嫌疑人目的。

持枪对抗虽较其他社会现象更难捉摸、更少确定性,但它也是世间的一种必然运动,它仍有规律可循。只要平时按实战情况多设置几套应变战术方案,并加以反复演练,练就几个确实有效的快速应变战术动作,在作战时就能下意识地作出快速有效的战术反应。从而扭转持枪对抗之初可能存在的被动局面,取得持枪对抗的胜利。

3. 掌握过硬的抓捕技术

(1) 自我防卫与控制技术。

自我防卫与控制技术由格斗技术、擒拿技术和控制技术三部分组成。在抓捕持枪对抗的犯罪嫌疑人时，格斗控制技术占有十分重要的地位。由于枪支使用的快速灵活性及其严重危害性，要求警察在平时必须练就几招实用、快捷而准确的实战格斗控制技术，确保在抓捕行动中一招制伏犯罪嫌疑人、以最短的时间有效制伏犯罪嫌疑人。

（2）熟练的枪支使用技术。

枪支对抗获胜的先决条件，就是善于合理、合法地正确熟练使用枪支。执法警察对手中枪支的性能、构造原理、射击要领和射击方法、枪支的佩带、保管和保养、使用武器的有关法律规定是否熟悉，会直接影响枪支的快速熟练使用。因此，每一个执法警察都应在平时不断加强业务培训和枪支实战技能培训，掌握枪支使用技术，提高对枪支的控制和操纵能力；熟悉开枪射击的适用条件，掌握开枪射击的时机和力度。为在枪支对抗中争取主动，夺取最后胜利打下坚实而牢固的技术基础。

（三）抓捕持枪犯罪嫌疑人的基本战术要求

在已知持枪犯罪嫌疑人所处位置，我方占有绝对的优势，稳稳地把握着处置的主动权的情况下，要避免任何形式的急躁情绪。反对片面强调速决，刻意追求抓捕进程的错误做法。指挥员和参与现场处置的警察，都要树立安全第一，进程第二的思想。尽量追求不付出伤亡代价的最佳处置效果。

抓捕持枪犯罪嫌疑人，要坚持智取为上的原则。抓捕时，要攻其不备、出其不意，尽量达成战斗的突然性。犯罪嫌疑人持枪顽抗时，应以火力予以控制，避免盲目趋近捕犯罪嫌疑人。一般说来，只要讲究策略，战术运用得当，伤亡是能够避免的。

1. 施计用谋，智取为上

为避免人员伤亡和减少财产损失，警察抓捕持枪犯罪嫌疑人，不能强攻硬打，而应运用"诡道"，设法造成各种于我方有利的态势，促使犯罪嫌疑人犯错误，以智谋取胜。当持枪对峙目标明确时，可采用以下方法智取：

（1）采用攻心之策，力争"不战而屈人之兵"。例如：采用政策攻势、亲情感化、分化瓦解、武力威逼等。

（2）示假隐真、相机制伏犯罪嫌疑人。利用谈判、劝降或以其他伪装手段为掩护，虚与周旋，伺机发起攻击，将其抓捕或击毙。

（3）精确枪击：狙击手远距离精确瞄准射击。

（4）采用多种非制命性警械制伏犯罪嫌疑人。例如：根据案情，利用地形，采用特种防暴枪、麻醉枪、催泪弹、爆震弹、震爆弹等。

（5）采用非常规战术手段予以捕歼。例如：火攻、水攻、烟熏、电击、爆破、高压水枪、泡沫喷射、警犬扑咬等。

（6）造成其人枪分离或有枪无备时发动突然袭击。例如：利用其洗澡、游泳等时机；采用秘密贴靠、借故贴近或利用其熟睡之机等。

（7）欲控制故纵、易地处置。例如：采用围三缺一、网开一面、虚留生路、暗设口袋的方法智取。

（8）以逸待劳，逼犯罪嫌疑人就范。合围格局形成以后，攻心攻不下、引诱不动、强攻伤亡大，在犯罪嫌疑人的危害不可能扩大的情况下，可以围而不攻。使其在断水、断粮的情况下，利用其生理和心理承受的极限，逼其冒险突围，钻入我方口袋；或逼其自杀或坐以待毙，或拖其至饥渴难耐而投降等。

智取方法远不限于上述几条。"故善出奇者，无穷如天地；不竭如江河。""故兵无常势，水无常形。"能因犯罪嫌疑人变化而取胜者，"谓之神。"因此，在抓捕持枪犯罪嫌疑人的战斗中，要善于随机应变，善于因案、因地、因时、因势、因情、因人施策，运用灵活机动的战术，以智取胜。

2. 出其不意，达成战斗的突然性

出其不意，达成战斗的突然性，是夺取和保持主动权的重要方法，是积极创造和抓捕战机，取得抓捕战斗胜利的重要条件。出其不意，达成战斗突然性的基本方法如下：

（1）隐蔽行动企图，为超出犯罪嫌疑人意料之外创造条件。

要成功地控制暴力场面和抓捕持枪犯罪嫌疑人，不被对方发现我方布置和意图是关键。为了隐蔽自己的行动企图，最好的办法是尽量变敌暗我明为敌明我暗。为此，在接近现场和进行追缉堵截时，应做到：①着便装或化装，以一定的身份和名目为掩护。②对警用车辆和装备加以必要的伪装隐蔽。③注意隐蔽接近犯罪嫌疑人，悄无声息地接近。

乘车接近时，车要停在与现场同一侧的一定距离上。特别在夜间，接近时要避免使用应急灯和警报器；转弯时不使轮胎发出刺耳的声音；停车前关掉马达和前灯；沿路面滑行最后几十米；使用紧急刹车闸，以不使刹车灯开亮。出车门后尽量轻地把车门关上；对讲机的音量事前也要关小，以避免引起好事的围观者及犯罪嫌疑人的注意。徒步接近现场时，应尽量利用地形和遮蔽物接近。夜间应尽量使衣服颜色与夜色融为一体。

（2）公开处置时，安排一定的便衣警戒人员，以便及时发现和处置对方的秘密警戒。

（3）善于乘犯罪嫌疑人之隙，为出其不意提供可靠保障。

乘犯罪嫌疑人放松之隙，就是抓住犯罪嫌疑人的弱点和错误，予以突然打击。犯罪嫌疑人的弱点和错误通常表现在行动和精神心理两方面。行动上有如戒备疏忽、态势不利、处于不利地形等情况；精神心理上，如有畏惧、恐慌、情绪低落、麻痹松懈等。一旦发现有隙可乘，我方应果断突袭，快速行动。以迅雷不及掩耳之势，运用犯罪嫌疑人意想不到的战术方法，实施突然打击或予以抓捕。

（4）善于造成犯罪嫌疑人之错觉和制造意外情况，为出其不意寻求有利战机。当查缉对象无隙可乘时，则应采取各种手段进行欺骗、引诱和迷惑对方。如示之以弱、示之以利、隐真示假、声东击西、虚张声势、佯动、袭扰等；造成其判断和行动上的失误，陷犯罪嫌疑人于被动地位。待条件成熟，战机出现，立即奇袭，速战速决。

3. 火力控制为主，近距离抓捕为辅

持枪犯罪嫌疑人具有较大的危险性和危害性。当其与我方形成对峙以后，不便于生擒活捉时，不应勉强趋近缉捕犯罪嫌疑人。应主要使用火力予以控制，必要时将其击伤或击毙。对固守野外险要地点或固守乡村孤立房舍的顽固持枪犯罪嫌疑人,还可以用重火器予以歼灭。

使用火力控制时,应防止伤及群众和误伤我方人员。为此,火控措施要得当,要正确掌握各种火力控制的战术射击方法。这些战术射击方法通常有:单发射、短点射、长点射、抵近射击、多点控制射击、齐射、集火射击、拦阻射击、压制射击、歼灭射击、掩护射击、火力惊吓、火力追击、贯穿射击、精度射击、侧射、斜射、交叉射击、跳弹射击、短兵射击等。

二、抓捕持枪犯罪嫌疑人的战术

(一) 临战准备

不打无准备之仗,不打无把握之仗,每仗都应力求有所准备。这是警察抓捕持枪犯罪嫌疑人的一条最基本的原则,也是有备无患的原则。警察在抓捕持枪犯罪嫌疑人时,往往发生一些不该发生的差错,造成我方伤亡或导致抓捕行动失败,这多与临战准备不充分有关。因此,做好临战准备,是抓捕成功的前提条件。临战准备包括战术准备、技术准备、心理准备、枪支弹药准备和器材准备等。

1. 战术准备

在预知可能发生武器对抗的情况下,应根据案情,收集犯罪嫌疑人的有关情况,并制定出相应的战术方案。

(1) 获取情报信息。

"知己知彼",是正确指导查缉战斗的前提。获取并核实持枪犯罪嫌疑人的有关情报信息,是制定抓捕战术方案的基础。收集的情报范围主要包括:

①犯罪嫌疑人犯罪动机和所犯罪行的性质。

②犯罪嫌疑人的数量、性别、年龄、职业、体貌和衣着特征。

③身体素质及反应能力。

④所持枪械的种类、性能和数量;是制式枪械还是土法自造。

⑤自动还是半自动或全自动;所拥有的弹药数量等。

⑥有可能在何种场所出现,或正处在何种场所;所处建筑物的

内部结构及周围环境如何。

⑦是否已进行过持枪暴力犯罪,对武器的熟悉程度如何。

⑧其心理状态和性格特征,戒备防卫状态。

⑨有无人质,与其在一起的是什么人,有多少。

⑩若犯罪嫌疑人正在逃窜,了解其逃窜方向、路线、逃跑时间、使用何种交通工具。

在进行抓捕持枪犯罪分子的临战准备时,一定要有强烈的信息情报意识。要充分利用先进的技术侦察手段,多渠道获取情报信息。要沟通信息传递渠道,减少信息传递环节,提高情报信息的传递速度,以便根据获取的情报信息,尽快地拟制出有针对性的战术行动方案。

(2) 处置方案的准备。

根据所掌握的持枪犯罪嫌疑人情报信息,应尽快拟定既周密细致,又简明实用的抓捕方案。抓捕方案应从尽量避免我方付出伤亡代价出发,立足于施计用谋、奇袭智取。但又要从重考虑,以可能会出现对抗、对射局面设计行动方案。

①同步处置方案。主要包括:建立指挥系统,明确指挥员及其职能;警力的调动、布置,各参战警种、人员的任务区分;战时通信网络的布建、通信联络的方式方法;将抓捕犯罪嫌疑人放在首要地位,明确追缉、堵截、清查、搜索、盘查、监控、围捕、聚歼等战时处置行动的具体实施原则、方法步骤、谋略设计与战术运用;案发现场的围控、调查、勘验的组织实施(采痕取证首先应服从抓捕犯罪嫌疑人的需要);武器弹药、警用装备器材、车辆油料、饮食物品的保障方法。

②具体抓捕方案。具体抓捕方案,应根据持枪犯罪嫌疑人具体情况、现场地形、我方警力、抓捕人员身体素质、战斗技能、经验特长及友邻单位配合情况具体制定。制定具体抓捕方案时要求:

明确上级的决心和意图,指定现场指挥员;进行战术设计,是诱捕、袭击还是强攻;抓捕组、围控组等战斗编组的构成、人员分工;各小组及个人进入指定到达位置的方法、攻击行动的动作配合及协同方法;武器弹药的具体配备、开火时机及武器使用程度;警用特种装备、警械器材等的配备；现场情况发生变化时的战术应变措施；通信联络方法和信（记）号规定。

2. 技术准备

技术准备主要指抓捕人员的个人实战技能准备，主要靠平时训练养成。进行临战准备时，无论是抓捕组或是围控组成员，都应根据已知抓捕对象的具体情况，优选并确定自己最过硬的简捷实用的控制技术。必要时，应与同伴进行配合演练。对枪支使用技术，也应进行复习熟练，以确保抓捕行动的万无一失。

3. 心理准备

做好战时心理准备的目的，主要是为了增强自身防卫意识和战术意识。在掌握有关犯罪嫌疑人的一定情报信息基础上，对势态的发展、可能出现的情况变化，作出一定的判断，并做好充分的心理准备。这样才能克服临战时的心理障碍，避免失误，从而成功地进行自卫和制伏查缉对象。

（1）克服轻视犯罪嫌疑人的麻痹思想。

过去没受到过枪击，不等于这次就一定不会受到枪击；过去没有失败过，并不意味着这次一定不会失败。警察伤亡的教训不止一次证明：按照常规赶到现场，也依照常规遭受枪击。这是一个非常简单的道理，只有克服过于自信的轻视犯罪嫌疑人思想，才能成功地进行自卫。

（2）克服不敢使用武器的思想。

在对犯罪分子使用枪支时，警察必须明白：抓捕行动是迫使犯罪分子或犯罪嫌疑人服从我方意志的一种强制行为。与犯罪嫌疑人的持枪对抗，就是以流血的方式强制其服从。持枪犯罪分子是凶恶的犯罪嫌疑人，必要时，必须剥夺其生命才能拯救自己或其他人的生命。战时的任何"手软"的做法和"仁慈"的想法都是错误的和十分有害的。该出击时必须果断出击。

对持枪犯罪嫌疑人依法使用武器，是法律赋予人民警察的权力。只要符合开枪射击的适用条件（警察必须熟悉开枪射击的适用条件），就应及时果断将持枪犯罪嫌疑人击伤或击毙，只有这样，才能保护人民群众的生命财产安全，才能维护法律的尊严。

（3）克服紧张心理。

只要根据已获取的情报信息，对犯罪分子或犯罪嫌疑人的人数、人员素质、所持武器状况、所处环境等进行了综合分析，作出了较为正确的判断，并做好了相应的思想准备，就能克服或缓解临战时的紧张心理。

"艺高人胆大"，只要平时练就了过硬的实战技能，熟悉并掌握了自卫战术，也可消除或减轻临战时的不正常紧张心理。

4. 武器弹药准备

作为抓捕人员个人，对配备的枪支弹药应进行战前的认真检查，使武器弹药保持良好的战备状态，带齐所需警械器材，以确保抓捕行动进展顺利。

（1）武器检查。

检查外部：查看枪膛是否有污垢、锈痕和其他填充物；枪管和其他金属部件是否碰伤、裂缝、变形、折断和碎落。准星、缺口有无变形或碰伤，准星和准星座上的刻线（手枪缺口刻线）是否与射效矫正结果一致；准星、表尺（手枪缺口）是否松动。

狙击步枪瞄准镜在枪上应顺利地装卸、固定后不应松动。眼罩不应破损，遮光罩没有变形；物镜上不能有油污和擦伤，镜片没有生霉生雾及密封脱胶等现象，照明装置的电路应完好。检查弹匣是否有压坑、变形、托弹簧是否装反或装倒，往弹匣内装填子弹是否顺利。

机能检查：主要是检查送弹—闭锁—击发—开锁—退壳，查看发射一次的循环过程是否正常、保险时各部机件是否正常。

装弹：把装有教练弹的弹匣装入握把或弹匣槽内，弹匣要能顺利到位，并能被弹匣卡笋确实定位。打开保险，拉套筒（或枪机）向后到定位，然后松手，看其在复进簧作用下复进是否有力，是否顺利复进到位。若复进到位，则第一发枪弹应进入弹膛（注意，此时最好不要扣动扳机，防止误装实弹时造成走火）。

退弹：按压弹匣卡笋，取出弹匣（弹匣要能顺利落地），打开保险，拉套筒或枪机向后，退出膛内子弹。

空枪击发：检查是否能顺利击发（必须确认膛内无子弹时才能扣动扳机，即使空枪击发也要将枪口指向安全的地方）。装上空弹匣，再拉套筒或枪机向后，检查空仓挂机是否正常（七七式手枪无空仓挂机）。

枪机在前方位置时关上保险，手扣扳机，看扳机能否扣动；手枪关上保险，压击锤向后，然后用拇指向前顶击锤，看击锤是否处于原位不动。

进行装卸子弹检查时，枪不能出现卡弹卡壳现象。

为确保武器机构动作可靠，有条件时，可到靶场发射实弹进行检验。

（2）检查子弹。

子弹型号必须统一。子弹不能锈蚀，弹头不能松动、缩入或突出，底火不能有发绿现象。弹壳不应有影响进膛的碰伤和变形，弹壳口部裂缝不得超过斜肩部。

要认真检查子弹携带的数量，做到心中有数。不能出现战斗尚未结束，子弹早已打光的现象。如果是与持枪犯罪嫌疑人对射而又无支援时，出现子弹打光的情况是极其危险的。

（3）做好警械器材准备。

警械：驱逐性（或称制服性、非杀伤性）警械，如电击器、麻醉枪、催泪弹等；约束性警械，如警绳、手铐等；震慑性警械，如警笛、红色回转警灯等；自卫性警械，如防弹衣、头盔等。

器材：伪装器材、路障、交通工具和通信工具等。

有备才能无患，警察只有认真做好了战前的战术、技术、心理、武器装备和警用器材等准备工作，才能在抓捕持枪犯罪嫌疑人的战斗行动中立于不败之地。

（二）抓捕持枪犯罪嫌疑人的战术

抓捕持枪犯罪嫌疑人，应依据不同的时间、地点、不同的场合因案、因敌制宜。运用相应的战术，这是取得抓捕胜利的基本保证。

1. 抓捕室内持枪犯罪嫌疑人

抓捕室内持枪犯罪嫌疑人，是在处置严重暴力案件中经常遇到而又较难处置的特殊战斗形式。抓捕室内的持枪犯罪嫌疑人,应在以参战各警种领导组成的统一的作战指挥部指挥下进行。采取的方法步骤通常是:

(1) 统一号令,统一行动。

参战警种必须由作战指挥部统一布置和调度,统一通信联络频道、呼号,严格通信纪律。抓捕组应由建制单位的人员组成。有非建制单位的人员参加时,应规定识别记号和口令、密语;必要时,应统一开火时机和使用火力的强度及限度。

(2) 快速反应,形成包围。

抓捕室内持枪犯罪嫌疑人,应首先考虑迅速将其秘密包围在所处的建筑物内,封锁其可能逃走的所有通道,使其成为瓮中之鳖,然后再趁机抓捕。

包围圈通常设置两道。第一道包围圈的任务是监视、封堵持枪犯罪嫌疑人,防止其逃跑,并寻找战机,趁机捕获或击伤、击毙持枪犯罪嫌疑人。因此,第一道包围圈的围控人员应隐蔽占领距现场较近的有利地形,封锁所有门窗、楼道、阳台、易攀登的围墙、房顶出入口等。第二道包围圈的围控人员应布置在距第一道包围圈稍远的交通要道和路口,其任务是秘密监视进出车辆和人员,防止持枪犯罪嫌疑人化装潜逃。行动公开后,负责劝导和疏散附近居民和围观群众,并随时做好战斗准备,防止持枪暴徒冲破第一道封锁线,以及随时准备向一线围控人员提供支援。

(3) 抓捕措施。

由于持枪犯罪嫌疑人具有较大的危险性和凶残性,必须坚持以智取为上,偷袭为主的原则。避免打响而造成人员伤亡和财产损失。当抓捕对象未发现我方行动企图时,通常应采取以下抓捕措施:

①采取化装方式,寻找借口近犯罪嫌疑人抓捕。
②调虎离山,用计谋将其调出室外,趁机抓捕。
③趁其不备,强行撞入,突然袭击将其抓捕或击伤、击毙。

当抓捕对象发现我方行动企图后,仍要以智取为主,尽量避免强攻硬拼。通常采取以下抓捕措施:

①首先切断持枪犯罪嫌疑人所在建筑的水、电、气源；切断其同外界的通信联系；疏散居民和围观的群众；设置警戒线，严禁无关车辆和人员进入。孤立犯罪嫌疑人，防止其破坏、趁乱溜掉以及发生对射时伤及无辜。

②采用攻心之策，力求"不战而屈人之兵"。利用犯罪嫌疑人作案后后悔、自责、悲观、恐惧、绝望和求生等心理，结合其犯罪动因和危害后果，运用政策法律威慑、亲情感化。晓以利害，指明出路，瓦解其意志，诱使其缴械投降。

其他方法：

①使用催泪弹逼犯罪嫌疑人出房，趁机捕获或枪击。

②围三缺一，虚留生路，设伏捕歼，易地处置。

③创造或抓住战机，精确枪击。

④必须强行突入时，先向室内发射（或投掷）催泪弹、爆震弹、震爆弹等，使其暂时失去反抗能力；或先放警犬扑咬，在其方寸大乱之时。快速突入室内抓捕或开枪射击（当持枪犯罪嫌疑人劫持人质时，应按解救人质战术处置）。

（4）入室抓捕时的战斗动作。

①战斗前准备。隐蔽进行现地勘察，熟悉现场周围地理环境，选择接近犯罪嫌疑人路线；了解房屋结构、出入口位置、室内陈设状况，选择进入点，了解房屋门窗的结构状况（用材、质地、锁位、开启方向），选择强行破门破窗方式和准备相应破门器材。

熟悉持枪犯罪嫌疑人的体貌特征，掌握其起居规律；判明在我方攻击时嫌疑人所处位置，选择攻击时机。

了解室内其他人员情况，确定入室后的监控措施。

寻找愿与我方配合的抓捕对象的亲朋好友、熟人、邻居或抓捕对象的同伙，精心设计骗开房门的计谋。

②战斗编成。抓捕组人员的编成，应视抓捕对象人数和室内空间条件而定，以抓捕一名犯罪嫌疑人为例：

抓捕组组长1名：负责现场指挥，兼任机动、负责接应。

直接抓捕组2~3名：负责直接抓捕犯罪嫌疑人。

室内控制组2~3名：负责控制室内其他人员、搜查现场、取赃留证。

室外控制组2~3名：负责房间出入口和通道的控制。随时准备接应直接抓捕人员。（抓捕组队员分别编号为1、2、3号队员，室内控制组队员分别编号为4、5、6号队员）。

③战斗实施。行动发起后，室外控制组首先秘密进入预定位置，封锁所有出入口。

待室外控制组到位后，室内控制组和抓捕组秘密进入建筑物位于门的两侧。

采用以计诈门时，组长带抓捕对象关系人上前叫门。关系人叫门时，抓捕组长应位于室内控制组之后隐蔽。

待骗开房门或由4号队员破门后，4号队员乘势冲入位于门内右侧。5号队员冲进门内贴靠左侧。两队员出枪逼住室内所有人员，同时大喊："不许动！警察！"。抓捕组同时从房门中央进入，以迅雷不及掩耳之势直扑抓捕对象。1号队员将抓捕对象扑倒压住，2、3号队员各控制抓捕对象的一只手，相互配合将抓捕对象上手铐并搜身。6号队员随3号队员之后冲入，快速将在场其他人员逼向一边，面壁举手趴墙而立。组长随6号队员之后进入控制全场。随即4、5号队员对抓捕对象所处位置及房间重点部位进行搜查，取赃留证。

对抓捕对象搜身后，2、3号队员在其左右各抓握其手臂迅速将其押解脱离现场。1号队员持枪随后警戒。

当2、3号队员将抓捕对象押出房间后，室外控制组应上前接应掩护，配合将抓捕对象押往指定地点，防止其同伙袭警劫走抓捕对象。

组长指挥6号队员对其余人员逐一搜身，发现抓捕对象同伙或可疑人员，由5、6号队员将其押回审查。等房间搜查完毕和对室内其余人员搜身、甄别完毕，全体人员撤离现场。

（5）强行突入室内的捕歼战术。

对凭借房屋掩护，顽固不化、拒不投降的持枪对抗犯罪嫌疑人，有时必须强行突入室内进行捕歼。下面以在围控格局形成之后，强行突入均安有防盗网的窗户的两室一厅单元房内，捕歼两名孤立的持枪犯罪嫌疑人为例，简要说明其战术方法。

①战斗准备。了解房屋结构、出入口位置、室内陈设状况以后,确定从客厅正门突入。

突击力量的编成及任务:指挥员1人:配备54式手枪、子弹若干发、对讲机、防弹背心和头盔。任务是负责指挥整个突击行动,带领机动组,随时给予突击组有力支援。

突击组4人:分为两个小组;每个小组配备79式微冲和54式手枪各一支,子弹若干发;JYS-1手投震爆弹两枚;每人均配备97式软体防弹背心和头盔。其任务是直接突入室内捕歼犯罪嫌疑人。

机动组2人:配备54式手枪两支,子弹若干发;97式软体防弹背心两件、头盔两顶。任务是随指挥员跟进,作为突击组的机动力量,并掩护突击组行动。

破门组2人:配备破锁弹两枚(没破锁弹时用炸药代替);消防破门器一套;64式手枪两支,子弹若干发;防弹背心两件、头盔两顶。任务是负责突入点的破门工作。破门后转为室外警戒。

②战斗实施。利用该单元房视线死角隐蔽接近该建筑(或在第一道围控力量火力支援下利用地形接近)。突击力量一旦进入建筑物,其他人员应严格控制向建筑物内射击。

突击组掩护破门组用破锁弹破门,破门组安放好破锁弹后应退回掩蔽位置起爆。

破门后突击组向房门隐蔽靠近,此时不能冲入室内。应位于能隐蔽自己的门的一侧,向客厅内投入一枚震爆弹。投弹的同时我方人员目光要避开房间3~4秒,以防爆炸瞬间眼睛受到伤害。

震爆弹一旦爆炸,两突击组随爆炸声迅速突入客厅。若两持枪犯罪嫌疑人在客厅内,此时双目已暂时失明。两突击组应迅速上前控制双手将其制服,缴械并上手铐、搜身。若犯罪嫌疑人仍举枪顽抗,应予以坚决击毙。若只有一名持枪犯罪嫌疑人在客厅,则第一突击组上前制服持枪犯罪嫌疑人;第二小组的冲锋枪手向对着客厅的卧室房门进行贯穿射击,然后闪身于门外能隐蔽的一侧。若两犯罪嫌疑人均不在客厅,两突击小组应各负责一间卧室房门。首先向房门内实施贯穿射击,然后位于房门外能隐蔽的一侧,分别用破锁弹破门或用脚踹门。破门后同样先往室内投掷震爆弹一枚,爆炸后，先采用快速窥视法观察，然后突入室内，视情况将持枪犯罪嫌疑人生擒或予以击毙。

指挥员带机动组紧随突击组进入室内。针对当前情况，对突击组和机动组的行动调整布置和进行指挥，并注意监控全场情况。

机动组紧随指挥员突入客厅后，注意监控阳台、厨房和卫生间。首先向卫生间和厨房进行贯穿射击。然后闪身子于一边下蹲用手推门（若有门把手先用左手拧动）。门若能推开即向内射击。门若推不开，则证明里面可能有人。此时应该隐蔽于一侧，待突击组扫清两卧室后再行破门突入控制犯罪嫌疑人。

突击组突入客厅后，无论卧室、厨房、卫生间或阳台，应先从威胁最大的或离得最近的房门逐屋控制。

对击毙者要检查是否装死，同时也必须进行搜身。还应持枪在手，对室内的天棚、立柜和床下进行搜查。一是防止还有事前未弄清楚的持枪犯罪嫌疑人余党藏在里面；二是为了取赃留证。

2. 在城区街道抓捕持枪犯罪嫌疑人

城区街道人口密集、人流量大，抓捕对象容易逃匿。如果处置不当，极易造成较大的人员伤亡。但街区复杂的人流，也为警方提供了秘密跟踪和隐蔽接近的条件。

在城区街道抓捕持枪犯罪嫌疑人，要尽量避免双方动用枪支。应采用便衣自然贴靠，突然抓捕的战术方法。以抓捕一名在城区街道的持枪犯罪嫌疑人为例，其具体抓捕方法如下：

（1）抓捕组战斗编成。

指挥员1人：配手枪一支，子弹若干，负责抓捕现场指挥，兼任接应抓捕组的任务。

抓捕组2~3名：每人配手枪一支，子弹若干，手铐一副，实施贴近突袭抓捕。

控制组1~2名：每人配手枪一支，子弹若干，负责发现和对付犯罪嫌疑人的同伙；控制围观人群；随时准备对抓捕组予以支援。

（2）战斗实施。

①当在现场确认抓捕对象以后，抓捕组1号队员在右，2号队

员在后，3号队员在左，各自自然隐蔽进入预备位置。并注意观察抓捕对象动态。主要盯住对方双手。

②指挥员位于抓捕组侧后方跟进。认为条件成熟时，靠近最易得手的队员，发出行动信号采取行动。并随时准备接应抓捕组。

③抓捕组队员接到指挥员暗号后应立即采取行动。

1号队员先动手时，可采用"拧臂锁喉"将其制服。3号队员随即控制其左手上手铐。2号队员上前搜身，缴获武器。

2号队员先动手时，可采用"抱膝肩顶"将抓捕对象扑倒。同时，迅速跃身坐在其腰上，将两臂拉至背后，用双腿夹紧，并抓其头发后拉将其控制获。3号队员协助上手铐，1号队员搜身。

3号队员先动手时，可采用"后掏档切脖摔"将其扑倒，然后将其控制住。1号队员迅速控制其右手上手铐，2号队员上前搜身。

一旦抓捕成功，指挥员应指挥全组快速撤离现场。

抓捕组一旦行动，控制组应立即处于中心现场的左右或前后3~5米以外持枪警戒。注意发现抓捕对象的同伙，密切注意抓捕进程和制止围观群众靠近。当抓捕组抓捕成功，应掩护抓捕组撤离。控制组最后撤离现场。

3. 抓捕持枪抢劫犯罪团伙的战术

持枪抢劫犯罪团伙具有组织严密、预谋性强、智能化程度高、犯罪能量大、作案快捷、手段凶狠残忍、社会危害性严重等特点。在持枪抢劫中，有50%以上的犯罪是团伙犯罪。特别是持枪抢劫银行、珠宝行、储蓄所、现金存放场所、运钞车的团伙犯罪比较普遍。因此，警察与持枪抢劫犯罪团伙的战斗是经常的、长期的。

警察与持枪抢劫团伙发生战斗，大多数不是预期的，而是遭遇性质的。很多情况下，警察在巡逻中或执行某一任务路过时，突然获知或正好碰上某处发生了持枪抢劫，或是接到电话报警，得知附近某处发生了持枪抢劫行为，于是紧急赶往现场。在这种情况下，警察只知道发生了案件，而到现场将要面对的具体情况，则是无法预料到的。警察从获知案件开始，就要意识到一场遭遇战在所难免。此时，警察必须注重持枪自卫，注重充分运用战术和注重战斗预感，尽早进入战时心理状态。

(1) 接近现场。

①准备枪支。要持枪在手，子弹上膛，打开保险。这是争取主动，先于犯罪嫌疑人开火，赢得遭遇战胜利的基本保证。

②隐蔽接近。持枪抢劫团伙十分清楚自身前途的严酷性。为了逃避打击，获得自由，他们会毫无顾忌地犯下更为严重的罪行。他们从犯罪开始，就做好了对付警察的准备。只要警察出现在现场，他们就会毫不留情地向警察开枪，甚至滥杀无辜。这也正是持枪抢劫团伙的凶狠性、残忍性的体现。所以，警察如果缺乏自卫意识和战术意识，按照常规情况而赶往发案现场，就有可能遭到袭击而受到伤亡。因此，要求警察在赶赴持枪抢劫现场时，应注意以下几点：

第一，要成功战胜抢劫犯罪团伙和进行有效自卫，隐蔽接近、不被目标发现是关键。

第二，要尽量利用地形隐蔽向前运动。例如：要尽量利用停着的车辆、围墙、灌木丛等地物向前运动。有可能时，要尽量置身于有掩蔽物的地方。通过开阔地要快速运动，要尽量地从一个掩蔽点到另一个掩蔽点移动。

第三，要避免"鸵鸟效应"，不要因为警察看不见对方，就认为对方发现不了警察。对方在现场看见的情况可能与你完全不同。

第四，要采用一种出其不意的接近方法，在有机会认清面临的形势之前，不使犯罪嫌疑人知道警察已到达现场。

第五，要尽可能发现对方担任警戒的人员。

第六，接近目的地时，应观察附近所有的车辆和人员。持枪抢劫团伙通常在场外设有警戒或接应人员。例如：现场外停有一辆没有熄火的车辆、现场附近有人将衣服搭在手上或将手插在裤袋内左顾右盼，这自然应当引起警察警觉。

第七，要隐蔽前进到能最大限度地观察到现场的地方。进入现场时，要考虑找一个合适的掩蔽物，以备突然遇到紧急情况时对其有效地加以利用。

(2) 处置对方警戒人员的方法。

①若能予以突袭捕获时，应予以突袭捕获。突袭捕获对方警戒

人员，一是更有利于突袭室内正在实施抢劫的犯罪嫌疑人；二是可改变双方力量对比；三是可减少持枪对抗带来的人员伤亡和财产损失。所以，如能利用地形隐蔽接近或以路过群众身份自然靠近突袭捕获时，应予以突袭捕获。

②当确认对方为抢劫犯罪团伙接应人员（例如持有枪支），又不能突袭捕获（警察着制服且人少，无接近条件），对方又未发现我方企图时，应一面隐蔽监视做好战斗准备，一面上报情况请求增援。待入室抢劫犯罪嫌疑人出来进入对我方有利位置时，我方才可突然以火力予以控制。

③对方接应人员坐于车内且车未熄火时，我方应采取断然措施予以抓捕。对方若举枪反抗，应坚决予以击伤或击毙。

④当我方企图已暴露，应迅速抢占有利地形。在掩蔽物后用枪将其控制，并发出警告："不准动！我是警察！""转过身去！"。此时应观察其手中有无武器。若有武器，应立即发出指令："放下武器！""向前走！"。使其离开武器。若其拒不执行命令，向警察举枪或从身上掏出手枪，警察则应果断先于犯罪嫌疑人开火，将其击伤或击毙。

4. 对持枪抢劫犯罪团伙的处置战术

当我方人员是在巡逻或执行其他任务中恰巧碰上持枪犯罪团伙实施抢劫而介入时，一般都是敌强我弱的情况。持枪抢劫团伙一般多为 3~5 人或更多。而我方在此情况下通常只有 1~3 人。在犯罪嫌疑人与我方力量悬殊的情况下，警察只能依托有利地形，以火力进行控制和予以杀伤，不能趋近抓捕犯罪嫌疑人。

当抢劫不是发生在繁华场所时，警察应用火力封锁其出入口，断犯罪嫌疑人退路、等待后援。

（1）当抢劫发生在繁华场所时，警察不宜突入缉捕犯罪嫌疑人。以免发生对射，增大人员伤亡。而应在现场外设伏，待其抢劫逃走时，在近距离突然发动袭击。

（2）警察在人群聚集场所是不应开枪射击的。但不开枪射击将会导致更大的危害后果时，必须开枪射击。此时，开枪射击应做到以下几点：

寻找和选择最佳角度，抓住时机，尽可能避开人群和其他应当保护的目标；要让在场群众卧倒，避免误伤；

当警察与犯罪分子之间只有3m左右距离时，应突然蹲下，向上举枪，以仰角向犯罪分子腰部以上部位射击；

双方处于同一水平面上射击时，警察应沿枪身与目标连线的延长线进行快速观察，尽量避免误中不该命中的人或物体。射击时尽量抓住机会进行识别射击。

（3）对持枪犯罪团伙的射击方法和射击顺序。

当警察与企图逃窜的持枪抢劫团伙遭遇，抢劫团伙依仗人多势众向我方正面发起攻击时，警察应沉着冷静，予以坚决还击。射击时应把握正确的射击方法和射击顺序：

先射击距我方最近的目标。例如：距我方2m持猎刀的目标比距我方10m外的持枪目标更具危险性；

先射击对我方威胁最大的目标。例如：应首先射击最先对我方使用武器的目标；

先射击为首的或者最猖狂的目标；

先射击持大威力武器的目标。例如：持霰弹枪或持全自动武器的目标；

先射击大目标，后射击小目标。

射击时，无论情势多严重，每次只集中精力打击一个需要打击的目标。首先对其连击两枪，然后再射击下一个目标。如果发现前一目标并未停止反抗，再回过头来对其进行补射，使其完全丧失反抗能力。

射击时应打击目标身体的中心部位（心窝部位）。因为胸部和腹部是身体的宽大部分和要害部位（虽然脑袋是最要害的部位，但脑袋面积小，位置变动较为灵活）。打击这个部位命中的可能性大，又能及时打乱其生命维持系统，使其迅速失去反抗能力。如果击中目标中心部位的射弹没有产生效果，那么目标可能穿有防弹背心。警察应立即转向其头部或腹部射击。

对付最危险的犯罪嫌疑人，应在掩蔽体后对其实施迅速、准确的连续射击，直到其停止威胁行动。无论用多少子弹，都要这样做。因为目标站在那里向警察开枪，每一秒钟都会使警察走向死亡。射击时要尽量数着发射弹数，以便能及时更换弹匣。

战斗中，不要因为过于全神贯注于前方而忘记顾及自己身后。特别是有群众在现场，犯罪嫌疑人与我方阵线不是十分明显的情况下，犯罪团伙的成员可能会绕到警察背后进行袭击。例如：1999年1月，某市两名巡警在阻击持枪抢劫黄金制品的犯罪团伙时，一名抢劫犯罪人员狡猾地绕到巡逻警察背后开枪，这名巡警被击成重伤。

5. 战斗中的协同与配合

（1）运动中的协同与配合。

当有两个以上警察接近现场时，应散开一定距离利用地形和遮蔽物交替掩护前进。防止战斗打响时，因同时运动避免失去对目标的压制，从而造成我方人员伤亡或目标逃脱。不要相互挤在一起。散开后要保持相互能看得见，能彼此照应。一旦发现持枪犯罪嫌疑人有袭击我方的危险发生时，应大声提醒自己的同伴。运动中既要充分发扬火力，又要避免误伤己方人员。要防止我方人员处于同一条直线上向前运动，以避免目标出现在同一直线上时，后面的开枪射击误伤前面的同伴。如果目标出现时需要开枪射击，而我方又出现这种火力重叠的危险现象时，应由前面的人员开枪射击。处于后面的人员应迅速调整位置。

（2）火力配合。

战斗中，警察应在相互火力掩护下，分散占领有利射击位置。做到人员分散、火力集中。警察应密切协同，以不间断的火力相互支援、相互掩护。利用地形，组成正面射、斜射、侧射、交叉火力或立体交叉火力（即不在同一平面上的交叉火力），形成严密的火力配合。要最大限度地发扬火力，避免射击相互重叠，避免射击死角。要适时转移火力，实施火力机动，提高火力打击的效果，以对持枪犯罪嫌疑人实施有效的火力控制。要善于秘密、迅速的集中火力，在犯罪嫌疑人意想不到的时间、地点，以突然准确的行动向犯罪嫌疑人实施火力突击，使犯罪嫌疑人防不胜防。双方对峙时，警察应用部分警力在正面以火力牵制对方，掩护主力以迂回到其翼侧，封住其逃路。以侧射、斜射火力将其击伤或击毙。

射击时要严明射击纪律，严禁无目标、无目的、无把握地随意乱开枪射击。当我方人员突入持枪犯罪嫌疑人所在建筑时，室外人员不得再往建筑物内开枪射击（确实看清是持枪犯罪嫌疑人，且不会造成我方人员误伤时例外）。当持枪犯罪嫌疑人与我方人员及群众掺杂在一起时，我方掩护人员应尽量避免开枪射击。

6. 被动情况下的反击战术

当警察正全神贯注地接近案发现场时，可能突然遭到持枪犯罪嫌疑人的袭击：对方首先开枪或被对方用枪控制住。要从这种似乎"必败"的情势下活着解脱出来，完全取决于警察事前的计划和心理准备的程度，以及随机应变，运用出其不意的战术缩短反应时间，挫败犯罪嫌疑人行凶的能力。

（1）遭持枪犯罪嫌疑人突然袭击时的战术。

警察应在事前预测到可能的危险，在心里做好潜在的反应准备。当遭遇持枪犯罪嫌疑人突然袭击时，大脑的第一信号是"移动!"通过使用果断的、出乎对方意料的动作，打破对方的心理平衡，缩短时间，扭转局面。

快速移动一个位置反击。

这是一套有效、快捷的连贯动作。迅速降低身体高度、降低身体重心、全速横向跑动、离开原地，占领有利位置，快速出枪反击。

降低了身体高度，就减小了身体暴露面积，减小了命中概率。全速横向跑动、离开原地，迫使犯罪嫌疑人产生短暂的犹豫，了解当前所发生的事态并作出反应。这就为警察自身赢得了极其宝贵的几秒钟。快速横向跑动，增大了对方命中的难度，可有效地减小或避免犯罪嫌疑人火力的杀伤。占领了有利的掩蔽位置，就扭转了"必败"局面。这时举枪反击，警察就可能重新控制局面。

当持枪犯罪嫌疑人袭警的情况突然发生，警察来不及移动或无条件移动时，应迅速后仰倒下，形成仰姿射击姿势进行反击。仰姿射击姿势反击有三大优点：一是如果犯罪嫌疑人面向警察已经开枪，在警察后仰倒下瞬间，犯罪嫌疑人可能会误认为已将警察击倒，而停止射击慌忙逃窜。二是仰姿射击姿势大幅度降低了身体高度，使命中概率大大减小。军事上的统计数据表明，在战斗情况下，站立姿势被命中的概率约为80%；卧倒姿势约为50%；有效地利用掩蔽体射击时，其伤亡概率约为9%。三是在枪战中，犯罪嫌疑人通常会向正常的胸部或头部高度射击。在警察迅速坐下后倒的瞬间，犯罪嫌疑人会产生短暂迷惑，当其觉察警察的意图和确切位置并调整瞄准点时，警察已经准确地开枪反击了。

（2）被犯罪嫌疑人持枪控制时的反击战术。

有时，警察在赶往现场还尚未拔枪时，即被犯罪嫌疑人持枪控制。此时，警察应沉着镇静，惊慌失措于己不利。只要持枪犯罪嫌疑人尚未开枪，就一定还有自卫余地和反击的可能。此时警察迅速拔枪反击是不明智的。即使警察的拔枪动作十分熟练，面对持枪犯罪嫌疑人已瞄准好的枪口，警察的动作仍然要慢半拍。警察在此时仍然要善于创造、利用和把握战机，应利用人的思维盲点，抓住其注意力分散的瞬间，果断拔枪反击。

创造和可供利用的反击战机如下：

利用谈话分散其注意力进行反击：警察被犯罪嫌疑人持枪控制时，首先要使自己尽可能说出话来，并且要不停地说下去。犯罪嫌疑人如果能让警察说话，他就会将注意力略微转移到警察说的事情上来。当他思考时，就不可能同时向警察开枪，警察则可趁机采取反击措施。

引导犯罪嫌疑人视线转移进行反击：警察可突然扭头往犯罪嫌疑人侧后看一眼，犯罪嫌疑人势必误认为有什么动静。在其转头看的瞬间，其枪口的指向也会发生变化。此时警察可迅速反击。

利用犯罪嫌疑人使用武器的疏忽进行反击：注意观察犯罪嫌疑人手中枪支型号和状态。如果是单动而不是联动手枪，其击锤在前方位置时，犯罪嫌疑人要想打响，还必须有一个压击锤或拉枪机的过程。如果其保险是关着的，在打开保险前，其枪是一定打不响的。警察可抓住此时机拔枪反击。

利用同伴配合转移其注意力时进行反击：行动中应和同伴处在能相互目视的位置上，当同伴发现我方人员被犯罪嫌疑人用枪控制而又不能开枪射击犯罪嫌疑人时，应朝天鸣枪或大喊一声。警察可利用犯罪嫌疑人想弄个明白而转头的瞬间迅速拔枪反击。

利用抓投物体的时机进行反击：如果警察手中有什么东西或身旁有什么随手可抓的物体，可突然将其打在犯罪嫌疑人脸上。利用犯罪嫌疑人眼睛受到威胁，身体机制使其作出不情愿反应时，警察可迅速拔枪反击。

可利用外界意外的声响吸引犯罪嫌疑人注意力的瞬间进行反击。

近距离的反击动作：

当警察与犯罪嫌疑人正面相对，犯罪嫌疑人出枪威逼时，警察应用左手突然抓住其枪身，猛力将枪口推向一边，同时右手迅速拔枪射击。

一旦抓住了犯罪嫌疑人的枪或持枪的手，就不能松开。除拔枪射击外，还可用膝盖猛撞其裆部，用手猛击其咽喉和眼睛等。

当犯罪嫌疑人在背后用枪抵住警察头部时，警察应运用转身战术进行反击。反击时，突然低下头，同时向左转身，抬起左臂打击其持枪的手臂，使枪口离开自己的身体；同时左手抓枪，推开枪口，左手抓枪的同时完成转身动作。与此同时，用右手掌侧猛击其喉头，并用膝盖猛顶其裆部。接着迅速拔枪射击。

警察被犯罪嫌疑人持枪控制时，必须明白：迅速作出任何出其不意的动作，无论只能多么短暂的情况下分散对方注意力，都比等着被打死强。警察必须使自己处于这样一种状态：一看见枪支对着自己就要能迅速地、毫不迟疑的动作。一旦作出攻击动作，就要做到突然、敏捷、准确和猛烈。只有这样，才能反击成功，控制局势。

7. 接近持枪犯罪嫌疑人时的战术

战斗的结果，可能使持枪犯罪嫌疑人被迫投降，也可能使犯罪嫌疑人被击中而丧失了反抗能力。无论属于哪一种情况，警察都要接近持枪犯罪嫌疑人将其抓捕。警察不能因为犯罪嫌疑人倒地或准备投降而麻痹松懈，要警惕犯罪嫌疑人以诈降、诈死方式诱使警察靠近。也许持枪犯罪嫌疑人的同伙正在围观群众中准备伏击警察。

最后接近阶段,是遭遇战中最危险的阶段。

(1) 防止后援犯罪嫌疑人的袭击。

在持枪抢劫案中,绝大多数的犯罪嫌疑人都是在两人以上,并且他们也采用警察常用的警戒接应战术。当警察与抢劫的持枪犯罪嫌疑人战斗时,担任后援的犯罪嫌疑人可能正混在围观人群中间观战。担任后援的犯罪嫌疑人可能要等到警察进入最后阶段,陷入最复杂和最分散精力的境地时才出击。因此,警察必须对周围所有人都要保持高度戒备。

接近时最难防范的是警察自己的后面。犯罪嫌疑人往往绕到警察的背后进行袭击。所以,当警察最后向投降的或被击倒的犯罪嫌疑人接近时,应背靠墙或其他坚固的屏障。这样能减少背后受犯罪嫌疑人人袭击的风险。

情况允许时,警察应在掩蔽物后将投降或被击倒在地的犯罪嫌疑人用枪控制住,待后援到达后,在有掩护的情况下再向其接近。

(2) 受降战术。

当持枪犯罪嫌疑人被迫停止射击、要求投降时,参战警察应停止攻击。但不要急于走出去,仍要隐蔽在掩蔽物后面。命令犯罪嫌疑人将枪内子弹退出,然后将枪、子弹及其他凶器扔到警察能够看得见的空旷地。待看清其手中没有握有任何东西以后,令其转过身去不准动。警察不能让犯罪嫌疑人抱头走出来,以防止其手中藏有凶器。然后,按照二对一的搜身要领,两名警察以"L"形角度相互掩护,接近犯罪嫌疑人。收缴其武器,上手铐搜身,将其抓捕。

接近持枪犯罪嫌疑人并准备搜身时,应加倍警惕,防止其扔出一支枪后身上仍暗藏有枪。当其诈降,企图突然袭击我方接近搜身的警察时,搜身警察应迅速卧倒,负责掩护的警察应果断开枪射击,将犯罪嫌疑人击伤或击毙。

(3) 抓捕被击中倒地犯罪嫌疑人的战术。

犯罪嫌疑人被击中倒地以后,无论其是死还是伤,警察在接近他时都要设想其还活着。严防其还没有完全失去反抗能力或诈死袭警。

首先对其喊话，警告其不得乱动。然后，警察和同伴成"L"角度持枪靠近。一人从对方脚的一侧或头顶一侧接近，一人从其手拿枪的一侧（但不能对着枪口）接近。如果犯罪嫌疑人诈死，这样警察开枪不会形成火力交叉，误伤同伴。靠近犯罪嫌疑人身边时，用力踩住他的手腕，防止犯罪嫌疑人开枪射击。警察的另一只脚靠近其身体以保持平衡，两眼盯住犯罪嫌疑人。这时将枪插回枪套。然后右手握住犯罪嫌疑人手中枪支的套筒，以控制枪口方向。同时，用左手将他握枪的手指掰开。安全缴械之后，将其双手用手铐于身后，进行彻底搜身。防止其还藏有武器。再把缴获枪支的子弹退下，接着查看犯罪嫌疑人是否还活着。

无论持枪犯罪嫌疑人最后是投降或是被击伤、击毙，接近犯罪嫌疑人时的许多危险都是存在的。警察只有遵循了自卫原则，成功地运用了接近的正确战术，才能逾越接近的最危险阶段，才能避免警察的浴血奋战功亏一篑。

（三）抓捕持枪犯罪嫌疑人时应注意的问题

1. 注意警告方式

当需要警告时，应视情况采用适当的警告方式。可使用口头警告或鸣枪警告。在法律上，鸣枪警告、口头警告、信（记）号警告的效力是同等的。只要符合开枪射击的适用条件，警察应果断向犯罪嫌疑人开枪射击。当来不及警告或警告后将会产生更为严重的危害后果时，警察应先发制人，抢先开枪，以有效地制止其违法行为。

2. 注意必要时适时退出犯罪嫌疑人火力杀伤范围

执法警察与持枪犯罪嫌疑人的持枪对抗，有别于军事行动。有时必须主动撤离其火力的有效控制区，暂时让给犯罪嫌疑人一点地盘，避免火力对射。这不是贪生怕死，而是一种很好的自卫和战术意识。应当主动退出火力对射的时机是：

（1）犯罪嫌疑人手中有人质时。

（2）战斗现场有易燃、易爆、剧毒、放射性等危险物品时。

（3）战斗会严重危及无辜的旁观者生命安全时。

（4）犯罪嫌疑人处在警察看不见的狙击位置上开枪时。

（5）犯罪嫌疑人占据了极为有利的地形时。

（6）犯罪嫌疑人在武器上占有明显优势时。例如：当对方使用的是冲锋枪、霰弹枪或在数量上明显占优势时。

在上述类似的情况下，应适时撤离犯罪嫌疑人火力的有效控制区。

但撤离并不等于逃跑，而是为了避开犯罪嫌疑人的火力，占领新的能够监视、遏制犯罪嫌疑人的掩蔽位置。迅速上报情况，等待后援。

3. 注意控制犯罪嫌疑人的方式和战斗协同动作

接近嫌疑人抓捕是最紧张、最危险的时刻。警察如果不注意抓捕时的方式方法和相互的战斗协同动作，就很容易付出不必要的伤亡代价。接近犯罪嫌疑人抓捕时应注意以下几点：

（1）抓捕犯罪嫌疑人不能采用"抱"的方式。

当警察将抓捕对象抱住时，自身力量分散、两手被占用易受抓捕对象攻击。因此，警察在抓捕犯罪嫌疑人时不能采用"抱"的方式，而应做到：一是发挥自身优势，以枪支火力控制为主；二是抓捕时要及时有效地控制对方双手及身体要害部位；三是在无同伴协助或自身力量不如人时，采取拖延战术或暗中监视，等待后援。

（2）抓捕时要避开同伴的射线。

当有同伴用枪支控制抓捕对象时，应注意战斗动作的相互协同。上前抓捕的警察应当与同伴成"L"角度接近抓捕对象。应避开同伴的枪口上前抓捕，防止同伴开枪射击或枪走火造成误伤。

（3）抓捕时要防止"一拥而上"相互掣肘。

抓捕一名犯罪嫌疑人时，以不超过3人为宜。并且事前要明确分工。其余人员应担任警戒和随时准备接应。防止多名警察一拥而上。

（4）防止已上手铐的犯罪嫌疑人袭警。

对持枪或其他严重暴力性犯罪嫌疑人，应上背手铐并及时彻底搜身，防止其在上前手铐情况下从身上拔出枪支及其他凶器袭警或以手铐袭警。

将上背手铐的严重暴力性犯罪嫌疑人押上车后，应将其置于两名警察之间。不能将其置于车后不管。防止其将手铐越过臀部和双脚变为前手铐状态袭警或自残。

另外，警察不能将自己与犯罪嫌疑人的手铐在一起，防止犯罪嫌疑人自伤自残时殃及警察自身。

4. 注意处置紧急突发情况

在危急关头，警察若不善于处置突然出现的紧急情况，将会使自己处于十分危险的境地。在火力对抗中，经常遇到的紧急情况通常有以下几种：

（1）在关键时刻枪内子弹打完，需要重新装弹。

在犯罪嫌疑人火力下重新装弹十分危险，警察必须掌握在枪战中迅速重新装弹的方法：

①不要等枪内子弹打完才重新装弹。要善于利用对射暂停的间隙及时补充弹药或换上满弹匣。要在向前运动之前装好子弹。

②事前要与同伴约好暗号，装弹时要相互掩护。

③要利用隐蔽的地形重新装弹，不让对方察觉警察在重新装弹。

④只能摸索着重新装弹，装弹时必须加强战场观察。

⑤为使装弹迅速、方便，双手射击时，左手可握住一个备用实弹匣；冲锋枪则可将两个弹匣颠倒捆绑在一起。

（2）使用正确快速更换弹夹方法装填子弹。

由于驾驶车辆、攀登、格斗、一只手受伤等情况，不能双手操作手枪，无法使子弹上膛时，要用单手取出手枪，然后迅速利用腰带、裤带、袖口或利用靠近身体有棱角的硬物，抵挂手枪的缺口，向前推动手枪直至到位，使子弹上膛。

当枪内子弹打完，需单手换弹夹时，首先用拇指按压弹匣卡笋，退下空弹匣。将枪口朝前，弹匣口朝上，用双膝夹住手枪，用没受伤的手插入弹匣，轻拍到位。然后拿起手枪，按上述方法用单手使子弹上膛。

最好的重新装弹方式是准备两支型号相同的手枪，换枪射击比重新装弹动作更快。当警察打完一支枪的子弹时、被犯罪嫌疑人夺走一支枪时、当射击枪支出现故障时，适时使用备用枪支，可在危地困境中化险为夷、反败为胜。

警察对自己的弹药携带量和战斗中的弹药消耗情况一定要心中有数。在枪战中要注意节约子弹，避免无目的、无目标、无把握的射击。注意不要轻易将子弹全部打完，应留足备用弹药，以备意外情况应急之需。

（3）排除射击时枪支出现故障。

常见的故障主要是扣不动扳机、不发火、卡壳（不退壳或弹壳退出后卡在中途）、卡弹（不送弹或送弹不到位）等。

①当扣不动扳机或扣动扳机击锤解脱不了时，通常是保险没打开或枪机没闭锁。应迅速打开保险或用手将枪机推送到位。

②当击锤已向前击打击针，但枪没打响时，无论是什么原因，必须迅速拉套筒向后，重新装填一发子弹射击，切勿退下弹匣。因为不发火只是膛内一发弹不发火，与弹匣内子弹无关。64式手枪不能采用补火射击的方法：如果膛内有弹，第一次击发击针已经将子弹底火撞出"凹痕"，补火时击针只能在已存在的"凹痕"内撞击，并未撞着新的位置，所以补火射击是无效的。对射情况下十分紧张危险，不允许去退子弹检查，也不允许接连补火几次打不响。所以万一出现打不响时，无论膛内有无子弹，都应迅速快拉套筒向后重新装填一发子弹重新进行射击。

③出现卡壳故障时，应迅速隐蔽，取出弹匣，将抛壳口朝下，快拉套筒向后，如果是中途卡壳，弹壳即可掉下。如果弹壳留膛，应放回枪机猛拉几次，再不抛壳时，则可能是拉壳钩损坏。若拉壳钩损坏，在情况允许时，应将弹壳用捅条捅出；或使套筒在后方位置，用随身携带的小刀、旅行剪在抓弹钩缺口处将弹壳撬出，然后仍重新装上一发子弹。待犯罪嫌疑人认为警察枪支出现故障，或没子弹而放心攻击警察、身体暴露时，警察再给他致命的一枪。

④当出现卡弹或不送弹时，应迅速用手推套筒到位或更换弹匣重新射击。

在持枪对射中，无论出现什么故障，都不要惊慌失措，更不能让对抗的持枪犯罪嫌疑人知道。要迅速判明故障原因，争取时间，尽快排除。同时以各种方式通知同伴，以便掩护与协助。切不可在持枪犯罪嫌疑人面前处理枪支故障。更不能在对射中因枪支故障而慌忙起身逃避。只能保持沉着镇静,与持枪犯罪嫌疑人周旋。当确定枪支无法射击时,应寻找时机,撤出现场。

第九节 人质解救战术

一、行动特点与要求

劫持人质,是指犯罪嫌疑人以暴力手段或者以实施暴力相威胁,控制他人的人身自由,并以处死、伤害、折磨被控制者相要挟,强迫第三方或被控制者本人满足其某种要求,以此作为释放被控制者的交换条件的犯罪行为。由于被控制者成了劫持者满足其要求的"质押品",所以将其称为"人质"。劫持人质是严重暴力性犯罪行为,犯罪嫌疑人通常都持有枪支、爆炸装置或刀具等作案工具。

(一)劫持人质案件的常见类型

对劫持人质案件进行分类,目的在于认识不同类型劫持人质案件的性质,了解不同类型劫持者的动因和需求。以便对症下药,采取与之相应的处置模式和方案,增强处置的针对性。

1. 内部冲突型(非人质型)、外部冲突型(人质型)、内外复合冲突型

这是依据劫持者的需求与动因,涉案当事人的构成及其内部、外部关系状况的不同所作的划分。

(1)内部冲突型(非人质型)劫持人质案。

即矛盾冲突仅限于劫持者和被劫持者之间,不直接涉及第三方的劫持人质案件。劫持者劫持被劫持者的目的在于对被劫持者自身作出某种处置,或迫使被劫持者作出某种承诺、实施某种行为。被劫持者实际上是"受害人",而不是真正意义上的人质。这是一种特殊的劫持"人质"案件,劫持者提出的条件可以通过"人质"本人直接得到满足,而无须将"人质"作为筹码施加压力于第三

方。例如：有的劫持者是为了向"人质"逼婚或想长期占有"人质"。有的犯罪嫌疑人控制特定对象的人身自由，企图待一定时间之后将其伤害或与其同归于尽。被劫人员受控期间，实际已构成了劫持与被劫持关系。在此种情况下，劫持者缺乏理性，对"人质"的生命有现实威胁，有的甚至无视自己的生死。因此，警方把握、控制其行为的难度较大。

（2）外部冲突型（人质型）劫持人质案。

即劫持者将人质作为筹码，要挟与人质相关联的第三方满足其某种要求的劫持人质案件。劫持人质目的明确、具体，人质是用以要挟第三方的一个"质押品"，其根本目的不在于伤害人质，而在于要求的满足（通常包括要求警方提供经费或逃跑工具）。此种状态下，由于劫持者需要警方满足其要求，并且清楚地知道人质活着可以使自己免受警方攻击。所以，警方可以有更多的机会去把握、影响、控制其行为。

监狱内的囚犯为脱逃而劫持看守、被追捕的罪犯劫持人质以拒捕，均属此类。

（3）内外复合冲突型劫持人质案件。

即劫持者分别同人质及第三方存在着矛盾冲突的劫持人质案件。这类案件又可分为两种情况。

一种是原发型的。自劫持行为开始之时起，这种复合的矛盾冲突就存在。一方面，劫持者同人质之间存在一定的矛盾纠葛，对其人质的劫持本身就带有一种泄愤的动机；另一方面，劫持者又把人质作为要挟第三方的筹码。

另一种是转化型的。开始仅是一种内部冲突型的劫持人质案件。当警察出现后，劫持者又把人质作为抗拒缉捕的筹码，矛盾冲突由单项发展为双项。

以上三类劫持人质案件，劫持者的需求、动机、行为方式不同，处置模式也不尽相同。作为指挥员和具体处置人员，首要的任务是判断所面临的危机是"人质型"，还是"非人质型"的，即被劫持者是人质还是实际的受害人。主要依据劫持者对被劫持者的态度：被劫持者是用以要挟第三方的"挡箭牌"，还是仅仅是劫持者的施暴对象。解救内部冲突型的被劫持人质,只要条件允许,警察应尽量不与劫持者正面交锋,以免使之转化为内外复合冲突型的劫持人质案件。

2. 隐蔽型与公开型

这是依据劫持者劫持人质行为暴露程度的不同所作的划分。劫持行为连同劫持者未暴露的劫持人质案件称为隐蔽型劫持人质案件;已经暴露的,则称为公开型劫持人质案件。

(1) 隐蔽型劫持人质案件。

即劫持者以秘密的方式劫持人质并将其隐藏,在不暴露自己身份的前提下,用各种形式同人质的关系人沟通联系,胁迫他们满足其某种要求。在发案后的一定时间内,劫持者与人质均处于隐蔽状态。这类劫持人质案件多是经过精心预谋的。

(2) 公开型劫持人质案件。

即劫持者在不回避有关群众和有关当局者的情况下劫持人质,并公开向有关方面提出释放人质的条件和要求。这类案件既有预谋的,也有突发性的。

解救隐蔽型的被劫人质,应以秘密方式进行。首先要秘密查明劫持者的真实身份、去向和人质的生死情况及关押地点。侦察过程中应注意策略,以免使劫持者杀害人质。在查明基本情况采取行动前,应精心设计行动方案、行动中应周密安排布置,尽量避免形成公开对峙局面。力争智取或突袭,出其不意地救出人质,捕获劫持者。

对公开型劫持人质案件,应根据情况区别对待。若案件仅暴露在有关群众面前,劫持者尚不知警察已经出面或不希望警察出面,警察则可秘密围控,伺机处置。若警察已无可避免地要与劫持者正面接触,则可与其展开谈判,或适时对其予以武力处置。

上述几种对劫持人质案件分类的方法,是最常见的分类方法。依据其他一些分类标准,还可将劫持人质案件划分为其他一些类型,例如依据劫持者所凭借的犯罪工具的不同,可将劫持人质案件划分为持枪型、持械型、持爆炸装置和持易燃物体型等。

上述的分类相互之间有一定的交叉,但从处置需要出发,从不同角度进行划分是必要的。警察受理解救被劫持人质任务后，首要的就是要弄清案件的类型，分析特定类型中劫持者的心态；一旦劫持者铤而走险，可能引起的后果是什么；影响处置活动的因素有哪些。在此基础上视情用谋，因案施策。

（二）人质解救的行动特点

1. 风险性大

由于犯罪嫌疑人劫持人质后一般都处于隐蔽状态，并且其心理变态，情绪、精神和人格异常，凶狠残忍、奸诈狡猾、胆大妄为。若处置不当，劫持者铤而走险，必将导致人质被害或财产的重大损失。

2. 解救难度要求高

人质解救要求同时达到四个目标，即：安全救出人质、有效制服劫持者、警察不付出伤亡代价、处置过程中不伤及无辜，不造成重大财产损失和社会负面影响。要兼顾和达到这四种处置效果，就必然使处置的手段和措施受到极大的限制，这就决定了处置战术的难度要求高和谋略性强。

3. 战机稍纵即逝

劫持者既胆大妄为，又奸诈狡猾。劫持者十分清楚其犯罪目的和犯罪手段会带来的严重后果。因此，其警惕性特别高，防范戒备意识特别强。在隐蔽型劫持人质案件中，为了逃避打击，劫持者往往频繁变更其指定的投放赎金地点，或规定特殊的投放地点和方式。这样，供警察捕捉的战机便极其有限。在公开型劫持人质案件中，为严密防范警察的攻击，劫持者始终严密控制着人质。即使与人质脱离，时间也极其短暂。供警察可利用的时间条件极为有限。

4. 随机应变性强

劫持人质案件及其处置的随机性表现在以下几个方面：

（1）犯罪目的多种多样。

（2）犯罪行为复杂多变。除对人质实施暴力控制外，随时可能实施伤害、杀人、爆炸、纵火等犯罪行为。

（3）犯罪过程发展突变性强，往往出现难以预料的情况。犯罪结果难以确定。人质可能安然无恙，也可能伤残或死亡。劫持者可能投降，可能自毙，可能被警方捕获或被击毙。警察、群众可能无伤亡，没有造成社会负面影响或社会负面影响极小。也可能后果相反。

犯罪结果随劫持者的犯罪目的的满足程度、犯罪欲求和犯罪行为变化及警方处置是否善于随机应变、处置措施是否得当而难以确定。

5. 指挥效能要求高

劫持人质案件的特殊性，导致解救行动的胜败得失首先取决于整个行动指挥是否正确高效。对，可一言定鼎，错，则功亏一篑。为此，解救人质行动的指挥必须坚持指挥的统一性、层级性、准确性和及时性。强调指挥的强制性、灵敏性、果断性、灵活性和同步性。要求现场指挥员必须才、权兼备，有较高的业务素质、敏捷的思维和应变能力、果断坚定的工作作风，以及实事求是、勇于负责的科学态度，以保证指挥的科学性和权威性。

（三）解救人质的战斗原则和要求

依据解救人质战斗的特点，为了达到无伤亡或付出最低限度的代价解救人质、制服劫持者的处置效果，处置活动必须遵循下列原则和要求：

1. 确保安全

（1）将确保人质、群众及警察的安全放在处置活动的首位。

人质解救行动面临双重任务，一是解救人质，二是制服劫持者。确保安全的原则，就是要求以保障人质的安全为先决条件。在处置公开型劫持人质案件中，凡制服了劫持者而人质遇害，就不能认为人质解救行动获得成功。

处置行动中，警察要及时疏散群众，设置现场警戒线，防止群众遭受伤亡或被劫持者控制成为新的人质。警察要有强烈的自我保护意识，力争通过优化策略和战术，在不付出或少付出伤亡代价的前提下救出人质，制服劫持者。

（2）不能采用可能直接伤害人质或群众的处置措施。

禁止在没有把握的情况下使用致命性武器攻击控制人质的劫持者。

(3) 不能采用可能刺激劫持者伤害人质的处置措施。

①除非能迅速剥夺劫持者的反抗能力，否则不得向劫持者发起攻击行动。例如：某市警察在解救人质时向劫持者发射催泪弹，激怒劫持者将人质杀害。

②对劫持者不搞分化瓦解，以免激怒一方伤害人质。

③大规模的人质解救行动，当谈判无果，需要发起攻击时，策略、战术、时机要选择得当，将人质伤亡减小到最低限度。

(4) 沉着应战，相机处置。

为确保人质、群众和警察安全，在无充分把握的情况下，不能莽撞行动、急躁处置。应该缓兵待机，积极创造战机，相机制服劫持者。案件处置进程应因案而异，当快则快，当慢则慢，不能急于求成，一味求快。指挥员应考虑怎样在不伤害人质，不伤害一个群众和一个警察的情况下取胜。

2. 统一指挥

(1) 统一指挥的必要性。

只有实行统一指挥，才能有效协调各个侧面的工作，确保处置行动步调一致；只有实行统一指挥，才能避免群龙无首或多头指挥、令出多门，提高指挥效率；只有实行统一指挥，才能避免警察在处置过程中出现偏离处置意图的行为，确保人质安全。

(2) 明确指挥责任。

人质解救原则上实行属地指挥，以充分发挥发案地指挥员人员熟、地形熟、情况熟的优势，便于顺利处置全案。

现场总指挥应由发案地公安机关的负责人担任。在总指挥未到达现场之前，先期到达的人员应视情况确定一个临时指挥员。在任何情况下都不能使现场失控。

现场总指挥一经确定，应保持相对稳定，一般不宜随意更换。

(3) 实行靠前指挥。

指挥位置靠前，能减少信息传递层次，便于总指挥直观掌握现场情况，根据现场情况及时下达命令，适时采取处置措施。

靠前指挥时，指挥位置应确定在能观察到现场上对峙各方的地点。现场总指挥不能远离部属。

指挥位置的确定,应便于指挥、便于控制、便于掩护、便于保密。

(4) 实行分层指挥,理顺指挥关系。

①宏观指挥层。指位于现场总指挥之上的指挥层。案件处置时间跨度大时才设立此指挥层。宏观指挥层通常对原则性问题或确有把握的问题对现场总指挥可进行指令性指挥,但对处置方法、策略、战术、处置进程等具体问题,只宜进行指导性指挥。宏观指挥层不能越过现场总指挥直接指挥处置一线的警察。

②现场总指挥。现场总指挥行使对全案处置活动的实质性指挥。根据案件发展变化的实际情况,把握案件的处置进程,决定采取相应的处置策略和战术,负责处置全案。

对来自宏观指导层及一些现场以外的领导的指示,现场总指挥在贯彻执行时,应结合案件的特定情况,有所发挥,有所变通,有所创造。

③组织执行层。这个指挥层系指各处置小组的指挥员。其职责是:组织所辖人员认真实施现场总指挥下达的各项指令;根据现场总指挥确定的处置原则,依据案件的发展变化,把握战机,机动灵活地采取处置措施。

现场总指挥通常只对各处置小组的指挥员下达指令,情况紧急时也可直接对一线警察下达指令。

上述三个层面的指挥者应各司其职,各尽其责,既不越位,又不推诿,这样现场处置行动的指挥才不会出现混乱,才可保证现场总指挥实施统一、高效的指挥。

3. 谈判与武力相结合

(1) 刚柔相济,双管齐下。

使用武力可制服劫持者,但也可导致人质的伤亡。谈判既可"不战而屈人之兵",又可保障人质安全。但对劫持者一味采取柔和的谈判措施,多数情况下,劫持者就会顽固坚持自己的非分要求。单纯的武力手段或单纯的谈判手段都有其局限性,必须将两者有机结合起来,才能达到预期的处置效果。

(2) 谈判与武力处置的同时运作。

①谈判既能使劫持者缴械投降,又能为武力处置创造有利条

件。谈判应贯穿处置活动的始终。

②武力解决的筹划和运作不受谈判进展顺利与否的影响。

③谈判进程中，只要武力解决的条件成熟，即应不失时机地使用武力。

④谈判与武力解决两种方式，无优劣之分。哪种方式能达到解救目的，就应优先采取哪种方式。谈判与武力的结合方式包括：谈判以武力为后盾，但武力又不能影响谈判的进行；通过谈判麻痹、调动劫持者，为武力解决创造条件；谈判组与武力处置组双方的进展情况应互为了解，以协调行动。

4. 机动灵活，以智取胜

（1）公开、正面、直观的攻击。

①不使劫持者感到武力处置的来临和逼近。

②采取隐蔽的、侧面的、迂回的奇袭攻击方式。

③武力攻击一旦发起，应速战速决，不给劫持者以还手之机。

④解救隐蔽型的被劫持人质，以偷袭方式处置。

⑤解救公开型的被劫持人质，可先秘密围控，而后设计处置。

（2）智取的形式。

①谈判是智取的方式之一。

②利用劫持者思维上的盲点，麻痹劫持者，出奇制胜。

③制造假象，转移劫持者防卫重点，声东击西。

④设法拉大劫持者与人质之间的空间距离，打空间差。

⑤设法使劫持者放松对人质的控制，打时间差。

⑥欲取先予，欲擒故纵。

以智出奇制胜之法"无穷如天地，不竭如江河"。

5. 统筹计划，同步处置

对劫持人质案件的处置是一项系统工程。各项活动必须围绕处置目的，统筹兼顾，采取同步措施，进行全方位布置。切不可各行其是，顾此失彼。为此，必须做到：

（1）一线处置活动与二线辅助性活动同步展开。

（2）搞好一线谈判与武力处置之间的密切配合。

（3）二线辅助活动要明确分工，落实职责。

6. 快速反应，把握战机

（1）快速反应要求做到：

①基层和职能部门上报案情快。

②职能部门向主管领导报告快。

③有关领导组织力量、下达处置命令快。

④处置力量接到命令后出动要快。

⑤处置力量捕捉战机和果断处置要快。

（2）武力解决中对战机的把握应做到：

①善于利用战机：利用其对人质控制和对警察防范的空当，及时处置。

②善于积极创造战机：伺机行事，打破僵局，促成更多的战机。

③善于把握瞬间战机：临机应变，当机立断，牢牢把握稍纵即逝的战机。

二、人质谈判

解救被劫人质的方式有两种：一是谈判方式；二是武力方式。这两种方式不存在谁优谁劣的问题。两者同为制服劫持者，安全解救被劫人质服务。任何一种劫持人质案件，单纯地依靠谈判或单纯地依靠武力，都难以达到预期处置效果。谈判和武力，犹如鸟之两翼，车之两轮。只有将两者紧密结合起来，互为补充，才能使解救行动达到目的。

人质谈判，即在劫持人质案件中，解救人质一方和劫持人质一方，就恢复人质自由问题所展开的对话。

（一）人质谈判的作用

人质谈判既是一种和平解决劫持人质问题的手段，同时也能为武力解决赢得时间和创造战机。谈判的具体作用在于：

（1）缓解劫持者紧张情绪，平稳局势，控制事态。同时，也可使警察避免做无把握的强攻，防止警察与人质无谓的伤亡。

（2）通过与劫持者对话，全面深入了解案情，获取情报，为行动的策划和准备服务。这种获取情报的途径直截了当，内容全面。这种获取情报的努力从获知最初情况开始，一直持续到整个解救处置全部结束为止。

（3）为武力处置创造条件。通过对话，使劫持者麻痹懈怠，放松警惕，露出弱点，为武力解决创造战机。

（4）通过对话，以政策感召、亲情感化、启发诱导、阐明道理，促使劫持者迷途知返。无条件放出人质，和平解决劫持案件。收到"不战而屈人之兵"的最佳处置效果。

由此可见，谈判是解救行动的基础。一般说来，没有谈判就没有行动。谈判应贯穿于整个解救行动的始终。人质未释，谈判不止。若被劫人质最终依靠武力解救，也并不意味着谈判的作用和意义降低。

（二）人质谈判的准备工作

1. 选择谈判人员

（1）谈判人员要具有丰富的业务经验和生活阅历。

具体讲，谈判人员应具备以下素质：

①感情成熟，要有极强的心理承受能力。面对劫持者的讽刺、挖苦、谩骂而不感情用事。在焦虑、恐惧、混乱等压力下仍能保持清醒头脑和平稳心态。

②有丰富的社交经验，善于倾听、善于交流、善于协调，容易与人建立信任。能与社会各阶层的人打交道。

③思维逻辑性和语言表达能力强，善于以理服人。

④责任感和应变能力强。不随意放过任何棘手问题，善于处理不确定的局面。

⑤熟悉谈判技巧。

⑥熟悉武力处置战术。当谈判无进展时，对武力处置能予以密切配合。

（2）选择谈判人员注意事项。

①处置现场总指挥不能充当谈判人员。以给谈判活动留下一定

的回旋余地，并保证对整个处置活动不间断的指挥。

②选择谈判人员时，要考虑其口音、用语是否便于劫持者理解。

③应避免让曾依法打击处理过劫持者的警察充当谈判员。

④若邀请劫持者亲友协助规劝，应慎重从事：

不能让劫持者反感的亲友出面；参与规劝的劫持者亲友必须有与我方合作的诚意；需向参与对话的劫持者亲友明确一定的规劝策略与方法；不能让他们单独接近劫持者，以防局面更加复杂化。

2. 谈判人员的构成和分工

（1）谈判组长：全面控制谈判，并负责与现场指挥员及武力处置组联络。

（2）谈判手：直接与劫持者进行谈判。

（3）协助员：掌握并记录谈判进展，正确分析形势，适时传递信息。在谈判的内容和个人的心理、情感等方面给予谈判手支持和协助，帮助其摆脱困境、增强信心、有效地去谈判。

（4）情报分析记录员：建立形势分析表，对谈判情况需进行汇总、分析、记录并适时更新情报。将分析表放在谈判手和协助员随时可看见的地方，以便谈判人员随时掌握。

凡进行谈判，谈判员绝不要独自一人与劫持者谈判，至少应有一个助手。以便适时为谈判手出谋划策，无偏见地、现实地、正确地分析危险形势。

3. 了解劫持者及案件背景情况

在与劫持者对话之前，如果条件具备，应迅速了解劫持者的有关信息。

（1）基本情况：年龄、性别、体态特征、穿着打扮、所持武器、技能状况、组织状况、人数、首要分子、次要分子。

（2）背景情况：劫持者家庭情况、宗教信仰、教育状况、工作情况、从军情况、生活习惯、人格特征、健康状况、犯罪记录。

劫持者与人质之间的关系、犯罪动机、欲达到的目的、犯罪的发生发展过程、近期受过何种刺激、与哪些人关系密切、对哪些人怀有敌意、哪些人能对其产生影响等。

在谈判开始前，有时不可能迅速将上述内容全部了解清楚。或者现场的特定形势要求警察一到现场就必须立即与劫持者对话。在这种情况下，可以边对话边了解背景情况、边调整谈判思路和方案，以增强谈判的针对性。

4. 确定谈判所追求的目标

一般而言，谈判的目标一是力求和平解决，二是为武力处置创造条件。只要有可能，就应追求第一个目标的实现。条件不具备时，将目标调整到为武力处置服务。

追求第二目标时，可结合案情将目标具体化。例如：通过谈判使劫持者与人质出现空间上的分离；使其手指离开引爆装置；使其注意力转移，放松对某一方位的防卫警惕等。

5. 确定对劫持者所提要求的对应之策

（1）食品：不要给他比他要求更多的东西。

（2）饮料：酒精性饮料原则上不能提供，除非能确实证明劫持人酒后会变得温和、高兴，方可冒险一试。

（3）交通工具：提供交通工具会给警方的指挥、通讯和控制带来很多问题。但在特殊情况下，例如需易地处置时，它又是一个最好的办法。

（4）释放人质以免受处罚：警方对此必须有一个明确的答复，在法律的原则范围内可以考虑。必要时可以施诈，满口承诺，事后仍依法处理。

（5）金钱：是一个相当正常而普遍的谈判交易。如向劫持者交接钱款时突然袭击或易地处置有把握时，可以答应。但要讨价还价，尽量拖延时间，使武力处置准备更加充分。

（6）交换人质：以人质换人质是一个下策。无论是劫持者提出与何人交换，原则上均不能答应。除非想借机采取措施制服劫持者，则另当别论。

（7）武器：不能提供。但有两种情况例外，一是失效武器；二是有把握使劫持者在接受武器时露出弱点受到突然攻击。

（8）媒体：是否允许劫持者要求媒体介入应视情况而定。

6. 确定谈判方式和方法

根据现场环境、现场条件、犯罪工具的性能、劫持者的戒备状态及意向确定谈判方式。

谈判方式通常有：扩音器材喊话、电话、对讲机交谈、利用掩体隐蔽交谈、面对面交谈、书面语言交谈。

（1）电话或对讲机谈判。

①电话谈判既保证了交谈的"私人化"，又保证了谈判人员的安全。

②谈判人员应主动给劫持者打电话。

③列出谈判计划。"说什么""怎么说""劫持者有什么样的行为反应"要心中有数。

④将所有相关资料放在身边，保证随时获知有关的信息。

⑤找一个能够集中精力，免受干扰的地方。

⑥适时总结谈判进展。

⑦每次谈话结束要体面的退出。

⑧克制自己情绪，善于倾听对方倾诉。

必要时，应进行电话录音，以帮助分析谈判的进展。可以将录音作为证据；可用于今后的研究和日后的培训。

（2）面对面谈判。

①要考虑到益处（容易建立信任）和风险（谈判人员生命之忧）。

②不要过早进行面对面谈判，要先通过其他谈判方式与之建立信任之后才进行。

③要劫持者保证不会伤害谈判人员。

④面谈前要先介绍一下各自体态特征。

⑤不要一次与对方两人以上进行谈判。

⑥不能让劫持者用枪指着谈判人员，要坚持对方把枪放下。

⑦不要背对着劫持者。

⑧注意身体距离，防止靠近时给对方带来压力。

⑨要保持眼睛接触。

⑩最好在掩体之后进行谈判。
⑪穿防弹背心，带武器，但均应进行有效伪装。
⑫预留一条逃生路线。
⑬正确认识并控制自己的焦虑。
⑭取得武力处置组的配合。
⑮当劫持者身上携带炸药时尽量不要面谈。
⑯要获得现场总指挥的批准。

（三）人质谈判的战术运用

谈判就是要利用犯罪嫌疑人的需要和动机来解决人质劫持案件。在外部冲突型和内部冲突型劫持人质案件中，由于劫持者的需求、动机和行为方式不同，因此这两类案件处置的模式也不尽相同。

1. 外部冲突型人质谈判

处置模式：武力威慑——讨价还价——降低期望——丧失信心——改变行为。又称讨价还价技巧。

（1）劫持者的心理过程。

犯罪嫌疑人劫持人质以后，一般都要经历三个心理过程：紧张敏感阶段、清醒理智阶段、寻找解决办法阶段。

犯罪嫌疑人在劫持人质与警察对峙初期，紧张敏感、感情冲动、缺乏理智，挟人质自重。往往觉得自身力量强大，足以对付警方，占据主动。通过谈判人员策略性地讨价还价，并辅之以警方强有力的武力威慑。随着时间的推移，他们最终会清醒地发现：形势根本没有向他们设想的那样发展，他们的要求并不能得到满足。他们的期望值不断降低，并逐渐丧失控制局面的信心。这致使他们最初的劫持动机发生变化，或愿意接受更低的条件，甚至缴械投降；或意志消沉而自杀；或因绝望而孤注一掷，与人质同归于尽。

（2）初谈时的战术。

谈判之初，劫持者处于紧张敏感阶段，不应就实质性问题直接展开谈判。首先，应在思想上给予其一定的压力，使其重新衡量一下自身的力量和处境。因此，应向劫持者展示警方强有力的武力

(警方的包围、警力调动、狙击手严阵以待)而不实际使用。意在告诫行为人坐到谈判桌上与警方谈判,并向警方作出妥协才是上策,对抗对他不利。只有力量才能限制力量,实力是谈判的基础。

在此基础上,谈判人员进入谈判角色。谈判伊始,双方需有一个互相沟通、了解的过程。谈判人员首先向劫持者自我介绍:"我是某某单位的警察,我愿意帮助你"。不必涉及任何头衔和职务。向劫持者表明谈判人员对他并无恶意,而是抱着对他负责的态度,与他一道共同探讨妥善解决问题的途径。

谈判人员要以提供帮助,共同度过现时危机的面目与劫持者谈判。展示诚意,给劫持者以诚实、正直的感觉,建立信任气氛。无论谈判者的本意如何,都应以诚来打动他。接着,要求劫持者谈一谈自己的情况,以及他为什么要采取这种方式解决问题。谈判人员不要盛气凌人的训话,以免增强其焦虑感,激化矛盾,徒生恶果。

(3) 探讨条件时的战术。

通常情况下,劫持者都会单刀直入,直截了当地提出条件和要求。谈判人员要善于利用讨价还价技巧,策略性地处置劫持者的各项需求和"最后期限"(即劫持者限令警方要在什么时间之前作出什么事,否则就杀害人质),拖延时间,使其要求得不到满足,降低其期望和信心。

①对付劫持人要求的战术。首先,谈判人员应树立一个观念:任何处置活动都是为了一个目的,这就是制服劫持者,解救出被劫人质。对劫持者提出的每一个要求的第一反应应该是:能否借机将其制服。如果有隙可乘,即可答应其要求。否则,则应采取能推则推,能拖则拖的战术。对付劫持者要求的方法如下:

不要主动问及劫持者有何种要求,只告诉他警方会尽力为他提供帮助。

对话中尽量回避提及劫持者的要求,好像他没提过这个要求似的,以分散其对该要求的注意力。

对劫持者要求不要满足太多太快,以避免激起他更高的欲望。

劫持者从我方手中得到任何一样东西都要让他付出艰苦努力。

满足了他的一项要求,要尽量从他那儿得到回报。哪怕是他一个小小的承诺或一个行为的改变。例如，曾经有过以一支雪茄换回一个人质的实例。

记住劫持者从我们这儿得到的任何东西，并在必要时加以提及。

不要提及未能满足劫持者的要求，除非对警方有利。例如：有时为了分散其对"大要求"的注意力，可提及以前未能满足的"小要求"。

建议劫持者放弃原先的要求另作他求。

不要因为劫持者的某些要求微不足道而不去理会，要好好利用他的任何一个要求，哪怕是一支香烟。

不要直接拒绝。对不能满足的要求回绝时口气要婉转。

由指挥人员而不由谈判人员最终决定是不是满足劫持者的要求。这样有利于谈判人员更好地与劫持者周旋，有利于指挥员更好地把握、控制全局。

指挥员虽有最终决定权，但任何一项要求的满足，都必须通过谈判人员来"传递"给劫持者，以利于建立信任。

②处置劫持人的"最后期限"的方法。在期限之前，即要与其谈判。谈判原则上不要过早进行，否则会加大劫持者的压力，导致其不切实际地漫天要价。适当的时间可以使他更理智、现实。

通过谈判，把这个期限"谈"过去。据国外统计资料表明，真正在期限到后杀害人质的只占 3.6%。

软化、回避这个期限。如果他说"30 分钟之内给我 50 万元和一辆轿车"，可以对他说"是的，我知道你尽早要一些钱和交通工具。但是，银行不可能给出这些钱。半小时从哪儿取出这些钱？"

要利用现时的危机与混乱状况，作为不能（不能及时）满足行为人要求的借口。

要利用各种规章制度作为不能（不能及时）满足要求的借口。

不要给自己定时限，给自己以回旋的余地。不要问劫持者"我们必须在什么时间内满足你的要求"，不要明确我们满足劫持者要求的时间，只告诉他我们抓紧在办。

促使劫持者作出别的选择。告诉他"尽管我们已尽力，但仍不能达到你的要求",促使其另作他择。由他自己重新"开价",推翻自己。

记住所有最后期限并报告指挥员。

(4) 劝降战术。

经过艰苦的讨价还价,劫持者的期望值降低、信心已丧失。在劫持者产生悲观绝望的心态之时,是改变其行为的最好时机。谈判人员这时应不失时机地鼓励并敦促劫持者投降。一般说来,人都有求生的欲望。只要谈判人员心理疏导有方,利弊分析得法,策略和战术运用适当,劫持者(尤其是无命案在身的劫持者)极有可能最后接受和平解决方案。

①劫持者可能想投降,但不知如何进行。谈判人员应向其指明投降的方式。

②向劫持者强调他这时如果"走出来",将会看到什么,将会得到什么。

③降低劫持者的罪恶感。告诉他不管前面干了什么,他仍然是有"机会"的。不要告诉他交火中有警察受伤或有群众伤亡,以免其孤注一掷。

④保住劫持者的脸面。给其感觉是在谈判中获益,双方都是赢家,劫持者并没有失败。

⑤问劫持者他要求警方作出何种保证。劫持者与警方达成的投降协议,可视为劫持者在投降时防止警方攻击的一个警方承诺。

⑥在与武力处置组先期协商或请示指挥员后,向劫持者建议可供选择的投降方案。

⑦如果劫持者要求私下向谈判人员投降,须谨慎从事。

⑧绝要不从劫持者手中拿下武器。让他自己放下武器,自己解下爆炸装置,然后举手走出来。

2. 内部冲突型人质谈判

处置模式:积极倾听——同情理解——建立信任——因势利导——改变行为。又称危机干预技巧。

内部冲突型劫持人质案件,常常是由于劫持者不堪于精神压力,思想、感情、行为偏离正常控制状态所致。这种非正常状态主要表现为：劫持者性格内向、孤独、无归属感；视野窄、对前景悲观；正常处理问题的能力缺乏，解决问题的方法混乱；感情冲动、理智丧失；自身危机意识强烈，尤其是最近某一事件的发生，进一步强化了他的这种意识，导致其极端行为的产生。谈判的任务就是对劫持者进行"危机干预"。要向劫持者展示诚意，耐心地倾听其发泄愤懑。理解他的经历与情感，了解他的郁结与需求，分散其紧张情绪。建立信任，引导、启发、帮助其恢复正常精神状态。从功利的角度讲，就是通过与他交朋友来"摧毁"他。在这种危机状态下，警方过多的武力威慑，会增加其精神压力、激发其敌意，有碍于谈判人员与之建立信任，甚至会激发其极端行为。采用非威胁性的积极倾听技巧，常常能收到较好的效果。

（1）谈判的基本观念。

①谈判人员不要轻易将劫持者视为暴徒。要把他们当成有血有肉、有感情、有需要的普通人。一旦掌握、控制了他们的需求和感情，他们并不可怕。

②人质危机谈判并没有什么特别的秘诀，最重要的就是倾听对方的谈话，说出自己的感受后（宣泄其感情），问题就会变得更容易解决。善于倾听不仅能使对方打开话匣子，侃侃而谈，获取相关信息，而且能使对方感到被重视、被关心、被尊重，赢得对方的好感的信任。

③要从劫持者的谈话内容听出其感情信息。人的交流有两个层次，一是言谈内容，二是包融于言谈内容中的感情。要从劫持者对"简单事实"的陈述中听出深层次的"复杂感情"。行为原因是感情因素导致其精神偏离正常状态，把握、控制其感情可帮助控制其行为。

④理解劫持者的经历和感情。对劫持者的处境不仅要同情，更重要的是要去理解（对其说出感情认同的话语即是理解）。虽然警方谈判人员可能并不赞同对方，但绝不要将自己的价值观强加于对方，要尽量理解对方。对方只有在被理解后才会接受谈判人员，谈判人员才能更好地去影响对方。

⑤退让并不代表软弱。不过分展示警力，不采用威胁、命令的

语言。向劫持者显示和平的意愿，可以有效地降低和分散其焦虑和愤懑，帮助其恢复理智，有利于危机的解决。

⑥谈判人员不要承担本应是劫持者自己承担的责任。每个人面临困境时的情感和行为反应不一样。我们可以尽力帮助其从中解脱，但最后的决定权仍属于劫持者自己。谈判员不要因为劫持者最终（杀人后）自杀或顽抗而有失败感。

⑦谈判人员应避免犯的错误有：一是自己说得太多；二是急于解决问题，性情烦躁，缺乏耐心和自制力；三是权威意识重，居高临下，语言生硬粗鲁。一些会加剧行为人紧张心理，激发其敌意的言词，应予以回避。

（2）积极倾听技巧要点。

评价劫持者的感情：

①句式："你看起来""你听起来""我觉得你是什么样子"。

②对劫持人说话的感情而不仅仅是对内容作出反应。

③显示你在听并且在感受他的情感经历。

④告诉劫持者他看起来或听起来是什么样子（评价）。

⑤不要害怕评价不当，要毫不犹豫地去做。

⑥不要漏掉劫持者任何细小的感情信息。

⑦听劫持者情感中的冲突点，特别注意其感情与现时情形不协调的地方。

⑧以适当的感情姿态呼应对方的谈话，注意劫持者对你说的什么感兴趣。

阐述劫持者的话语：

①句式："你是不是说""你是不是告诉我"。

②对劫持者话语进行总结，或者换一个角度，换一种说法重复其话语。

③显示你在细心地听。

④可以帮助双方建立信任，澄清内容，获取更多的情报。

重复劫持者的结束语：

①重复最后一个词汇或句子。

②谈判人员对劫持者的反馈应是最精确的。

③不指明语言行进的方向，促使其谈话，获取更多情报。
④找不到更好问题提问时，也可应用此法。

有效停顿：
①适时沉默。
②很多人不习惯交谈中的沉默而不断地用说话去填补。
③当你想说重要的事时；当你刚说完重要的事时；他想从你那儿套取信息时，可应用此法。

微小的鼓励：
①句式："噢""什么时候""真的吗""这么严重"。
②你的发声可以让劫持者知道你依然在那儿听着（特别是通过电话谈判时），帮助建立信任。
③不干扰劫持者言语进程，鼓励其继续讲话。

表明自我感觉：
①句式：当你侮辱我时（他的不合作态度或攻击性语言），我感到很失望（我的感觉），因为我只是想帮你，我们必须共同来解决这个问题（具体原因）。
②告诉劫持者，他的行为给你什么样的感觉，为什么会有这种感觉，他应该为此做点什么。

上述表述不要用威胁性语言，以免强化其敌意。

当劫持者对你有敌意，不配合或对你进行语言攻击，影响交流的顺利进行时；当劫持者试图控制你时；当你需要重新集中精力对付他时，可应用此法。

开放性问题：
①句式："如何""什么时候""什么东西"等。
②使劫持者不能仅靠"是"或"不是"来回答你的问题。
③开放性的问题，可以促其自由说话，获取更广泛的信息。同时，在他的不断说话中，可以有目的的观察其特殊的感情、行为反映。
④限制性问题类似审讯，会使劫持者不快，并且迫使你总得想问题提问。

（四）谈判中应注意的问题

解救人质谈判，无论是作为和平解决的目的行为，还是作为为武力解决创造条件的一种手段，在谈判中都要注意以下问题：

1. 对劫持者不宜搞分化瓦解

如果劫持者不止一人，对话时可对他们进行劝导教育，却不宜进行分化瓦解。以免劫持者在对待人质问题上产生分歧以后，主张顽抗的一方加害人质。

2. 不能策动人质采取无把握的自救行动

在谈判过程中，谈判人员要以适当的方式稳定人质的情绪。不能要求人质与劫持者硬拼，不要策动人质采取无把握的自救行动。应暗示人质在被劫期间要保持平静、沉默、被动，原则上应采取不抵抗态度。以免自救方法不当而遇害。特别在内部冲突型劫持人质案件中，人质的态度对自身安全尤为重要。谈判人员应采用暗示、明示、高压、劝诫等方式，使人质放弃与劫持者的严重对立，以使自身脱险或使问题得到圆满的解决。

如果人质突然自发地采取了自救行动，谈判人员则应机敏地作出快速反应，迅速采取行动，以策应人质的行动，力争保护人质不受伤害。

3. 不能向劫持者提供烈性酒、有害药品

不能将烈性酒及兴奋剂等有害药品提供给劫持者。因为这类物品可能影响劫持者的神志和情绪。

警察不能利用劫持者索要食物时将毒物掺入其中，这可能会首先导致人质中毒，而且还会激怒劫持者而产生不良后果。

另外，还要提防劫持者假借抽烟、取火进行某项罪恶活动。

4. 谈判中不要轻易提出或接受交换人质的建议

要防止劫持者通过更换人质达到某种目的。比如借交换人质之机将新人质与原有人质一并控制。或借此控制"档次"更高的人质，以使其手中的筹码升值。

5. 重视"斯德哥尔摩效应"的影响

"斯德哥尔摩效应"是指人质对劫持者产生积极态度（好感），

人质对警方持消极态度（反感），劫持者对人质持积极态度的现象。1983年8月，一名劫持者在瑞典首都斯德哥尔摩劫持了四名银行职员。劫持者在与警察的对峙中，有三名人质曾主动将劫持者围起来，以保护其免受警方伤害。并且，事后他们也不愿意提供任何不利于劫持者的证词。"斯德哥尔摩效应"故此得名。

斯德哥尔摩效应的益处是：在斯德哥尔摩效应形成后，劫持者变得难以伤害人质，可以保证人质生命安全。

斯德哥尔摩效应的弊端是：人质提供的信息的可靠程度降低；人质可能会阻碍警方的营救行动。例如：为劫持者通风报信导致警方行动受挫；不服从警察命令，让其卧倒偏要站着，导致在武力解救中的伤亡；有的人质被救出后又主动返回重新沦为人质。

斯德哥尔摩效应在劫持人质案件中经常发生，谈判人员必须有所预见、引起重视，设计好应付的措施。

6. 辩证的对待人质

人质通常在劫持者与警方对峙的初期和最终警方采取攻击行动时期最易受到伤害。谈判时，要及时争取伤、病人质的获释，以收集有关信息。警方对人质的关注是不言而喻的，一切解救行动本身就是为了人质的安全。但是，在谈判时，谈判人员对人质的关心则不能过多表露。谈判人员只能向劫持者了解人质状况，以促使劫持者关心人质。谈判人员对人质过分关心，无疑是增加了人质的重要性。一般说来，人质的价值越大，谈判人员所受的压力就越大。因此，谈判时，对人质只能予以一定的关心，以降低人质的价值。

警方真诚对待人质，但人质并不一定真心对待警方。与人质交流时，一定要注意斯德哥尔摩效应的影响。对人质提供的信息要保持适当的警惕。

人质不喜欢看到自己的生命不受重视，被他人当作筹码随意讨价还价。由于人质受到了虐待或隔离，未能形成斯德哥尔摩效应，一些人质为了让警方相信劫持者是个极度危险的人物，希望警方尽快采取行动解救他们，而故意夸大劫持者的犯罪意图、犯罪行为和携带武器情况等。

7. 重视对劫持者心理的探讨，因人施策

在国外，例如美国，反劫持专家依据精神病学分类法，将劫持者分为反社会人格、临界人格、不健全人格等不同类型。十分强调依据劫持者的需求和动因，通过耐心细致的谈判达到"不战而屈人之兵"的处置效果。他们对谈判的策略和技巧研究十分细腻。这是成功解决人质事件的基础，具有很强的实用性。目前，我国在这方面的研究还比较薄弱。我们应在实践中不断总结经验，吸取教训，加强研究。重视对劫持者的心理研究与分析，重视对谈判策略技巧的研究与掌握，努力提高处置不同类型劫持人质案件的实际操作能力。

三、武力处置战术

（一）对劫持者的公开围控

当大批警察到达人质劫持现场以后，应迅速对劫持者实施公开围控。

1. 编　组

（1）担负营救处置的一线警察的战斗编组。

①指挥组：负责整个解救处置行动的指挥。小组成员除总指挥和副总指挥外，还应包括适量的参谋人员，以负责沟通联系，搜集、整理情况，提出处置方案，传达、实现总指挥决定。

②谈判组：负责与劫持者开展对话，以达到劝降或为武力袭击创造条件的目的。

③武力处置组：负责相机实施武力解救。

（2）担负。

围控任务警察的战斗编组：

①围控组：担任外围控制与警戒。

②调查组：进行场外调查访问，为现场处置提供有用信息。

③勤务保障组：负责对现场中心环境进行调查，负责救护、消防、排爆和其他处置保障工作。

④机动组：机动待命，以应付突然出现的各种紧急情况；负责

易地处置的策略和战术筹划。

2. 前期处置行动

（1）指挥组：确定指挥位置。指挥位置既要体现靠前指挥，又要兼顾安全与保密的要求。指挥位置应选择在便于观察现场和安全隐蔽的地方。

总指挥到达现场后，应迅速了解现场情况，在明确战斗编组的同时，向各组下达口述战斗命令。

（2）围控组：控制出入现场中心必经的各个路口和通道；控制各制高点，防止劫持者逃离现场；疏散围观群众，设置警戒线，禁止无关人员进入现场。

围控组实施围控时注意不应强烈刺激劫持者，不要向其过于逼近，不要向劫持者喊话（喊话由谈判组实施）。不要给劫持者造成会立即发起警方攻击的感觉，以缓和劫持者心理压力，避免激怒劫持者而伤害人质。

（3）谈判组：做好对话准备，谈判组占据的位置应做到：便于尽可能接近与劫持者对话；便于掩护武力处置组人员的进攻和便于武力处置组火力的发挥。

谈判组中可安排擒敌高手，以便在谈判过程中伺机接近，制服劫持者。

（4）武力处置组：应配备防弹衣、钢盔和实用的破门器材和攀缘工具。隐蔽占领便于出击和便于发挥火力的阵地，待机出击。狙击手测好距离，选定好瞄准点，根据现场总指挥意图，寻机击毙劫持者。

（5）调查组：了解社情动态、有关劫持者的情况、寻找劫持者的亲友及关系人，为指挥组提供有用的情报信息，为实施正确处置方法创造条件。

（6）勤务保障组：了解现场的环境情况、查明有无暗道通往外面；切断水、电、气源；视情况调集消防、救护车、排爆方面的车辆和人员，防患于未然。

（7）机动组：做好机动出击准备，着手进行易地处置方案的拟订并做相应准备。

公开围控并不意味着将所有的围控警力、行动和布置都暴露给劫持者。公开围控只是告诫劫持者：警方已经到场，并且对其实施了严密包围，使其认真衡量一下自身的力量和处境，迫使其向警方妥协。对能达成处置突然性的战斗布置，应秘密进行。围控中各组的行动也并非是总指挥到现场明确任务后才同时展开。实际处置中，不但战斗编组应视情而定，各组行动也有先有后。例如：有时候是围控力量先期到达，对劫持者形成包围以后，其余处置行动才相继展开；有时候是少数武力处置力量首先追踪而至，大批警力才随后到达等。总之，围控中的先期处置行动并没固定的模式，一切处置行动都应因案而异，视情而定。

（二）武力处置战术

以武力制伏劫持者解救被劫人质应慎重行事，以免因处置错误导致解救行动失败。

采取武力处置行动前应当考虑：行动是否需要；行动是否有效；行动是否为法律和群众所接受；为何现在行动；现在的案情有了什么变化；其他危险程度低的措施有没有采用。

武力处置行动可以在谈判彻底陷入僵局后进行，也可以在谈判过程中伺机进行。具体何时采取行动，采取何种行动战术，必须依据现场情况灵活确定，因案施策。

武力处置的原则是"出其不意，攻其不备"。利用劫持者感觉、认识、行动上的错觉，快速出击，一招制敌，以智取胜。

1. 劫持者投降时的抓捕行动

如果劫持者答应投降，谈判手即应给予肯定和鼓励。此时，协助员应立即将情况报告现场总指挥。抓捕组、控制组和接应组应做好充分准备。

谈判手证实劫持者投降诚意以后，首先要劫持者放出所有人质。此间对劫持者深明大义的明智之举给予高度评价和赞赏，以坚定其信心，分散其注意力，防止其突然反悔。人质放出后，接应组迅速接应人质撤离中心现场。待人质安全撤离后，谈判手应叫其将所持武器和凶器扔出来，或将爆炸品原地放下（不要求其排除装置）。待劫持者解除武装后，谈判手令其高举双手从所处位置走出来。此时,控制组应在掩蔽物后持枪控制。待劫持者走到规定地点背向我方人员站立,观察其身上确已解除武器后,抓捕组迅速上前将其制服上手铐、搜身,然后押往指定地点。控制组转而彻底搜查现场、缴获武器、排除爆炸物、获取有关证据,然后撤离现场。

2. 正面接敌处置

警察应以劫持者能够接受的理由和方式接近劫持者,正确利用、寻找、创造和把握战机,出其不意、攻其不备,以迅捷的动作,使劫持者失去对人质的控制能力和攻击能力,救出人质。

(1) 接敌方式。

化装接近:

①以人质亲友等关系人身份接近。

②以劫持者亲友的关系人身份接近。

③以基层党政干部的身份接近。

④以送药或进行治疗的医生身份接近。

⑤以送饭的厨师、送水的服务员身份接近。

⑥以劫持者索要的交通工具驾驶员身份接近。

⑦以当时特定场景的其他合适身份接近。

以公开的警察身份接近:

①以规劝的名义接近。

②以谈判的名义接近。

③以敬烟、递水或向劫持者提供所需物品的名义接近。

④以劫持者规定的其他名义接近。

(2) 善于把握处置时机。

近敌处置必须稳妥、有效,不强求接敌后就一定要采取行动。有条件处置时才采取行动,没条件处置时就等待或创造战机,伺机行事。实在没有条件、无从下手,待观察清楚有关情况后即适时撤离,另寻借口接近处置。

(3) 接敌处置的战术要求。

①设法麻痹劫持者。

通过"能而示之不能;用而示之不用;远而示之近,近而示之远；虚而示之实，实而示之虚；取而示之不取，不取而示之取"来调动、刺激、麻痹劫持者。例如，通过一定内容的对话消除劫持者的戒备意识。或者利用满足劫持者的某一需要，提供某一物品的机会，诱使劫持者露出破绽。

②处置动作要突然迅猛，干脆利落，以迅雷不及掩耳之势一步到位，一招见效。

③处置行动要连贯配合，滴水不漏。

武力处置除击毙方式外，其他都不是单一的动作。要求战术动作连贯配套、协调一致，彻底解除劫持者的武装和彻底制服劫持者。要求接敌处置的警察事前应针对案情进行明确分工，周密计划。一旦出手，要配合默契，动作突然、准确、猛烈，不让对方有任何反抗的余地。

（4）接敌处置的战术方法。

接敌处置，必须在瞬间剥夺劫持者对人质的控制能力及自身的反抗能力，消除对人质和警察构成的直接威胁。为此，要求处置方法得当，措施得力。

①先消除犯罪工具中的破坏能量。首先使劫持者手中威胁警察和人质安全的犯罪工具失去效能，然后再对劫持者采取进一步处置措施。例如，劫持者若使用电发火爆炸装置，可先设法将用以引爆的电源夺走或打掉在地，可突然将导线剪断或突然控制电源开关。

②先消除劫持者的攻击力。先钳制其双手，必要时使用器物猛击其致命部位，使其昏迷或毙命。

③先使劫持者与犯罪工具分离。先设法使劫持者与犯罪工具短暂脱离，为处置行动创造一个时间差。例如：让劫持者伸手接钱、点烟、签字等方法，使其手指暂时离开引爆装置或暂时放下手中的枪支或刀具。尔后将其制服。

④先分离劫持者和人质。先设计使劫持者与人质脱离，然后再处置无所凭借的孤立之敌。例如：如果劫持者使用的犯罪工具为刀具之类，靠近劫持者后，设法麻痹他。趁其放松对人质控制的有利时机，突然将人质拉开。

3. 狙击手远距离精确枪击

在距劫持者一定距离之外，由优等射手使用射击精度高的枪支，利用劫持者与人质之间位移的空间差，隐蔽、突然地对劫持者进行精确瞄准射击，以剥夺其生命或消除其抵抗能力。

远距离精确枪击手段在解救人质中效果较好，因而被经常采用。采用远距离精确枪击手段时，应把握以下几点：

（1）狙击手技术过硬，枪支射击精度高。

解救人质中，子弹哪怕发生一点微小偏差，都可能导致人质的误伤。一发不中，便可能导致人质被害。因此，担任精确枪击的射手责任重大。狙击手绝不能滥竽充数，狙击手的心理素质要好，射击技艺要精。狙击手要从平时培养抓起，要制定出确定的量化考核标准，经考核通过，方能担任此职。

"工欲善其事，必先利其器"。狙击手使用的狙击步枪或其他射击武器要经过严格射击效果矫正。射击精度包含了射弹的密集度和射弹的准确度两项指标。射效矫正时，两项指标都必须严格把关；任何一项指标不合格的武器均不得采用，机构动作不可靠的武器不得采用。

（2）把握好射击时机。

狙击手射击应把握三个时机：

①劫持者与人质分离或劫持者致命部位暴露时。

②人质原则上不在同一射面（通过射线的垂直面）内。

③劫持者对犯罪工具的控制处于相对松懈状态。例如：手离开爆炸物引爆装置；枪口未对向人质等。

（3）采用齐射增大射击效果。

一名射手射击，可能命中不了目标或命中不了目标要害部位。以两名射手两支枪射击，命中的可靠性明显增大。

采用齐射方式应注意以下几点：

①对同一劫持者，以两支枪齐射为宜。枪支增多，命中目标的保险系数增大，但误中人质的可能性也增大。

②统一指挥，同时发射。一般不宜采用一先一后的射击方法，以防一枪不中激怒劫持者杀害人质。应由指挥员统一下达射击口

令，两支枪同时发射。

③如果精确枪击是使用的狙击步枪之外的武器，严禁使用点射。

④对两个以上的劫持者实施精确枪击，必须确保使所有劫持者同时丧失攻击能力。否则，应主动放弃，另图良策。

⑤严明射击纪律，严禁乱开枪射击。

较远距离的精确射击，只能由指定的狙击手担任，其他缉捕队员严禁开枪射击，以防误伤。

（4）精确枪击与强攻抓捕相结合。

凡进行远距离精确枪击，都要安排具有一定擒敌技能、反应灵敏的警察，隐伏到距劫持者尽可能近的地方作为突击力量，准备出击。以备在万一射击不中或未击中劫持者要害部位，而又失去补射条件时，可以及时到位对劫持者实施强攻抓捕。

以室内抓捕一名劫持者为例，具体实施方法如下：

①破门组和抓捕组秘密潜入到攻击出发地点待命。

②两名狙击手占领隐蔽射击位置，准备好枪支、目测好距离、确定瞄准点，待命射击。

③谈判手继续谈判，并设计将缉捕对象引诱到门、窗等便于狙击手射击的位置。

④射击指挥员下达射击口令，两名狙击手同时向劫持者头部各发射一发射弹。

⑤枪声一响，破门组立即破门。

⑥破门组一旦破门，抓捕组1至3号队员直扑劫持者并合力将其制服、上手铐和搜身。4、5号队员同时上前保护人质，并将人质快速带离现场。待人质全部撤离后，再押走劫持者。

⑦指挥控制组及技术人员进入室内清理现场，收集证据，并及时向上级汇报。若劫持者被击毙，应通知检察机关人员到场勘验。

4. 秘密偷袭

处置人员秘密接近劫持者，采取突然袭击方式，将劫持者击毙、击伤或捕获。秘密偷袭时，应利用劫持者戒备松懈、防范薄弱的机会发起突袭。

（1）秘密偷袭时机的选择和创造。

①利用案件发展演变过程中出现的机遇。

②利用劫持者疲倦困乏、注意力不集中之时。

③利用劫持者吃饭、喝水、吸烟、排泄之时。

④利用劫持者暂时放下武器或无意间稍离人质之时。

（2）设法吸引注意力，创造战机突袭。

①利用谈判、规劝等方法吸引劫持者注意力。

②利用某种行动和声响吸引其注意力。

③作出"让步"，使劫持者庆贺胜利而放松警惕。

（3）以非致命性警械为先导进行突袭。

利用诸如爆震弹、声光弹、催泪弹等非致命性武器，在使劫持者生理和心理上受到强制与干扰的有利时机突袭，从而将劫持者击毙或生擒。

使用非致命性武器制服其他暴力性犯罪分子效果较好。用来对付人质劫持者，很多时候弊大于利，应当慎重。这主要是因为：一是非致命性武器不能彻底解除劫持者的抵抗能力，达不到一招制敌的要求；二是对躲在人质身后或遮蔽物后面的劫持者，非致命性武器对其产生的效果将会大大降低；三是非致命性武器对心理承受能力较差的、年纪大的人质，仍可能造成致命危害；四是对非致命性武器弹药的用量若掌握不准，会直接影响处置效果或造成对人质不必要的危害；五是非致命性武器弹药从投射到发挥作用，有一个短暂的时间过程，这给反应机敏的劫持者伤害人质留下了反应时间。例如：用枪或刀对着人质的，完全可以施暴；手上有爆炸装置的劫持者完全可以起爆。

通常在以下情况使用非致命性武器效果较好：

①被劫人质系劫持者临时起意劫持的亲属，劫持者遭到攻击时对其下手尚不忍心或犹豫。

②被劫人质系懂战术、会采取自救措施的人员，遭非致命性武器弹药袭击时能主动卧倒在地。

③劫持者对人质控制、对警察防备、对武器使用较为松懈时。

④在上述情况下，人质非心脏病患者或老年人。

在解救人质行动中，当能采用其他方法和手段处置时，一般不要使用非致命性武器弹药。

（4）利用谈判人员突袭。

谈判中，谈判人员不必局限于"君子协定"。有条件时，身上可暗藏武器。利用劫持者在谈判时戒备状态的某种失误，出其不意地攻击劫持者。也可乘缉捕对象疏忽时，向我方攻击队员发出暗号，声东击西。当劫持者注意力转移到外面佯动警察的瞬间，谈判人员即由后突袭劫持者。

5. 易地处置

当现场处置难以实现或现场处置易受其他损失时，应顺应劫持者离开现场的要求，或主动诱使劫持者提出离开现场的想法。在此之前，警方应在劫持者的必经之处及预定目的地严密布置而凭借地形及准备上的主动和优势，将劫持者击毙或生擒，救出人质。

（1）易地处置的优势。

①现场不宜武力处置时，易地处置能保证处置效果。

②进行易地处置可在运动中获取新的战机。

③可避免现场处置带来的非战斗性损失。

④警方占有了地利条件。

⑤劫持者完全暴露，且防备方向增多，防备难度增大，使其更易遭受警方攻击。

（2）易地处置的适用情况。

①劫持者拒不中止犯罪，且防备严密。

②现场特定环境使武力处置难以下手。

③现场系繁华场所或要害地理位置。

④现场附近有易燃易爆或剧毒物品，现场处置可能引发更大的危害后果。

⑤劫持者主动提出离开被围困之地，且对我方有利。

（3）易地处置战术。

劫持者为了逃避打击，通常会主动提出离开现场或要求警察连同人质与其一道去办理某事的意见。警方应顺水推舟予以答应，或诱其提出离开现场的想法。例如，警方讲："只要你放出人质，我们保证你安全离开。可派车送你。"为了达到逃离目的,劫持者一般会要求与所挟持人质一同离开。

易地处置应把握以下几点:

①以保证行人安全为借口,由警方规定离开路线。以便于预设阵地。

②多方设想、多点准备、多管齐下,防止其逃离。要确保万无一失。

③在紧临现场可采取行动的必经之路,布设双重隐蔽伏击阵地,力争在此处置。

④在劫持者挟持人质逃离时若不便下手,视情可待其自认为安全,放出人质后再采取行动。

⑤若警察与劫持者随行,行至伏击阵地,在停车状态下,应借故或突然猛推开车门迅速离车。随行警察应使自己不成为处置行动的障碍,设法为伏击处置创造条件。

⑥随劫持者同行的警察应注意利用各种偶然的、瞬间的战机或积极创造战机制伏劫持者。

⑦易地处置时,可视情况将劫持者击毙或生擒。

"水因地而制行,兵因敌而制胜。故兵无常势,水无常形。能因敌变化而取胜者,谓之神。"在实战中,警方只有根据案件现场特定的环境、被劫人质的数量、劫持手段等不同情况,灵活地、创造性地运用不同的武力处置战术,才能有效地制伏劫持者,救出被劫持人质。

四、隐蔽型绑架人质勒索案件的处置战术

以侵财为目的的人质劫持案件,劫持者经过周密预谋,手法隐蔽,手段凶残,对社会危害极大,必须予以坚决打击。警察处置这类案件,要遵循确保人质安全、智取为上的原则,结合案件实际情况,随机应变、灵活处置。

(一)战斗编成与分工

1. 指挥组

总指挥一名,副总指挥和参谋人员若干名。由总指挥全权负

责，进行统一指挥。指挥组根据案件的实际情况，把握处置进程，制订处置方案，对全案处置活动进行实质性指挥。

2. 监控组

对被劫人质家庭实施全天 24 小时监控。其任务是：

（1）防止劫持者到被劫人质家里取钱，保护被劫持人质家人的安全。

（2）做好被劫人质的家人的思想工作，稳定其情绪，使其密切配合警方工作。

（3）掌握被劫持人质的家人与外界接触、联络的有关资料。

（4）指导被劫人质家人与案犯联络和周旋，摸清劫持者踪迹。

3. 调查组

负责社会调查。调查与被劫人质及其家人的所有关系人，排查出可疑对象，并秘密地对其进行逐一的甄别，千方百计来寻找劫持者线索。

4. 谈判组

对劫持者形成公开围控后，负责与劫持者对话，以达到劝降或为武力袭击创造条件的目的。

5. 机动处置组

随时准备出动，负责跟踪或缉拿劫持者和劫持者派出人员；在围控格局形成以后，负责对劫持者实施武力处置。

机动处置组至少应由 2 个以上具备快速机动能力的小组组成，以备劫持者变换交款地点或人质关押地点，以及于劫持者脱逃时实施快速出击。

机动组人员应穿好防弹衣，作好应付突发枪战的准备。

（二）查找人质

查找被劫人质主要通过查找劫持者进行。查找劫持者主要应从两个方面进行：一是调查组对被劫人质及其家人的一切关系人进行排查；二是围绕劫持目的，通过被劫人质的家人"引蛇出洞"。

1. 做好被劫人质家人的思想工作

在隐蔽型人质绑架案件中，被劫人质的家人担当的角色是无可替代的。劫持者绑架是手段、勒索钱财是目的。而劫持者手中的人质，是其进行敲诈的筹码。劫持者只有与被劫人质的家人取得联系，进行恐吓和威胁，才能达到勒索钱财的目的。因此，必须设法做好被劫人质家人的工作，使其积极配合警方的工作。这是侦破隐蔽型人质劫持案件的关键。

在做被劫人质家人的工作时，要注意以下几点：

（1）讲清保障人质安全是警方处置劫持人质案件的出发点和归宿，这和人质家人的愿望是一致的。要取得人质家人的信任。

（2）讲清绑匪的目的是为了勒索钱财，通常情况下不会轻易伤害人质，要尽量稳定被劫人质家人的紧张情绪。

（3）讲清能否摸清劫持者行踪，将劫持者引出来，关键在于其是否能按警方的意图，沉着巧妙地与劫持者进行周旋。以坚定被劫持人质家人配合警方行动的决心和信心。

与此同时，警方应采取以下战术手段和处置措施：

（1）采用电讯监控的技术侦察手段。对被劫持人质家及其亲友家，以及犯罪嫌疑人亲友家的电话、手机等通信工具实施严密监控。以便当劫持者利用这些通信工具进行联系时，迅速侦测出其踪迹。

（2）采用拖延战术。利用劫持者急于取到所勒索钱财的心理，让被劫持人质家人与之周旋。以筹款困难等为借口，反复讨价还价，尽量拖延和争取时间，摸清劫持者行踪。

（3）做好保密工作。警察不得穿着警服进入被劫持人质家门；不要频繁进出被劫持人质家门；警用车辆不得出现在被劫持人质家门口。教给被劫持人质家人应对的方法，使其沉着冷静、不露痕迹地与劫持者联系。

（4）对被劫持人质家进行严密监控，保护好被劫持人质的家人，防止劫持者到被劫持人质家取钱时连钱带人一起带走。当劫持者到被劫持人质家取钱时，应将劫持者捕获。

2. 以退为进，两手准备

解救人质应根据案件的具体情况，采取灵活的策略。为了防止意外，确保人质安全，警察在积极破案的同时，应让被劫持人质的家属筹措款项。当采取先处置劫持者、再解救人质的条件不具备时，可暂时向劫持者让步，让被劫持人质家属交付赎金。待人质安全获救以后，警察再顺藤摸瓜，采取进一步侦破措施，将劫持者捉拿归案。

3. 引蛇出洞，捕获取款犯罪嫌疑人

警方应利用被劫持人质家属向劫持者同伙交款之机，利用布控力量将取款人一举擒获。捕获取款人，是查清劫持者落脚点和人质关押点的关键。

（1）沉着应战，切勿急躁。

为防备警方抓捕，绝大多数劫持者在取钱时都不会轻易露面。而是利用现代通信工具指令被劫人质家属不断变更交款地点，以趁机对警方进行反侦察和打乱警方布置。警方对此一定要有充分的思想准备和组织准备。要沉着冷静，切勿急躁。抓住劫持者为满足金钱贪欲必会冒险一试的心理，与劫持者比意志、比耐心。利用其没拿到钱的情况下，时间越长越着急的心理，与劫持者斗智斗勇，变被动为主动。

（2）两线布阵，不使其漏网。

隐蔽型的绑票勒索，多为团伙作案。劫持者作案手法隐蔽，反侦察手段复杂。在交接勒索款项的现场附近，劫持者一般都设有暗中观察接应人员。当取款人被捉，可实施救助时，隐蔽的劫持者便会袭警进行援救；若警方力量较强时，隐蔽接应人员便立即撤退并通知其他团伙成员，转移人质或杀害人质。因此，警方在制定抓获取款人的预案时，一定要考虑到分层次地布置警力。除抓获中心现场取款的劫持者外，外层侦察员应对周围可疑人员和车辆实施监控，适时捕获接应人员。同时，防止取款的犯罪嫌疑人漏网而逃。

对交接勒索款现场附近的交通要道，警方应设机动车监控，防止劫持者驾车抢钱后逃窜。

（3）对取款犯罪嫌疑人的捕获战术。

①在交款地点预先设伏捕获。

②以被劫人质亲友的身份，利用陪同被劫人质家人前往交款时近敌缉捕。

③侦察员潜伏于被劫人质家人乘坐车辆的后排座内，待取款犯罪嫌疑人接近时突袭抓捕。

④当掌握犯罪嫌疑人手机号码时，可借助公用电话核实其身份后予以抓捕。

⑤利用技术侦察手段，在犯罪嫌疑人频繁向被劫人质亲属打电话时快速出击将其抓捕。

⑥必要时，可待犯罪嫌疑人取钱后跟踪抓捕。

⑦预设机动监控力量，当劫持者驾车抢钱逃跑时，在其前方拦截抓捕。

当劫持者频繁变动交款地点，警方准备不充分时，应以对方无诚意或其他理由，予以拒绝或拖延。变被动为主动，不能让劫持者无休止地调动下去。利用劫持者想拿到钱的贪欲心理，另寻战机将其捕获。

抓捕组的警察要随时提高警惕，当取款的犯罪嫌疑人企图持枪拒捕袭警时，警察应先敌开火，果断将其击伤或击毙。

4. 组织突审，快速突击。

捕获取款犯罪嫌疑人后，应进行突击审讯。尽快弄清人质关押地点，火速组织力量前往解救，防止看押人质的劫持者获知勒索失败以后进行"撕票"或转移人质。

突击审讯时应主要弄清以下问题：

（1）人质现状，关押人质的具体位置。

（2）看押人质的劫持者的基本情况。

（3）看押人质的劫持者所持犯罪工具种类及功能。

（4）劫持者的防范措施。

（5）人质关押处的地形和环境状况。

由于劫持者一般采用甲地关押人质，乙地索取款项的手法，关押人质的地点往往距离较远、地形复杂、社情不明。当查清人质关押地点以后，我方应立即与人质关押地公安部门取得联系。请他们派人配合行动或先期秘密围控。

（三）人质解救行动

1. 包围控制劫持者

为防止劫持者将人质劫持逃跑或杀害人质后逃跑，应首先对关押人质现场实施严密包围，从楼顶到地面形成立体封锁。

隐蔽接近，秘密围捕：

警察应着便装；不使用有警用标志的车辆；不制造任何暴露企图的声势；实行无线电静默，所有个人的手机、寻呼机一律关闭，指挥员的对讲机调至最小音量。

（1）现场勘察。

先以精干力量隐蔽接近或化装侦察，弄清现地情况和劫持者动态，并将情况向现场总指挥报告。

（2）占领有利地形。

控制出入现场的所有通道，控制外围制高点。

（3）确定现场总指挥位置。

现场总指挥位置尽量隐蔽靠前，对现场的视界良好。

（4）布置武力处置。

总指挥到达现场以后，应迅速了解现场情况，然后依据当时的案情、地形和我方情况制订多个解救方案，以便现场情况发生变化时能随机应变，缩短反应时间，掌握处置的主动权。

指挥员下达处置命令时，其内容应包括：敌情、我情、地形和武力处置组的任务。任务应明确处置活动所追求的目标和效果；处置组可以自行灵活处置的条件；劫持者开始残害人质时武力处置组应如何反应等。

武力处置组受命后，应秘密潜伏到距劫持者及人质最近的有利位置，相机处置。

对劫持者实施秘密围控过程中，尽量不要惊动当地群众，以引起群众围观而暴露我方企图。

2. 武力处置注意事项

处置隐蔽型劫持人质案件，应尽可能地优化策略和战术，以隐蔽突袭的方式捕获或歼灭劫持者，安全解救出人质，处置时应注意以下几点：

（1）当发现劫持者开始残害人质或确有把握制伏、击毙劫持者时，现场总指挥应及时下达命令；武力处置人员也可把握战机，机动灵活地果断进行处置。

（2）突入房间后，要注意识别、分辨劫持者和人质，防止误伤人质。

（3）突入后如遇劫持者反抗或企图伤害人质，应予以坚决制服或击毙。

（4）首先打击离人质最近的或最具威胁的劫持者。攻击时要注意火力使用的时机和力度。

（5）应尽快组织人质脱离现场，对受伤或体弱的人质进行及时救治。

（6）彻底搜查现场，获取有关犯罪证据。当击毙劫持者时，应保护好现场，通知检察机关到现场进行勘验。

对劫持者的围控形成以后，若不具备袭击条件或采取其他智取解救的方式一时不能奏效时，应考虑由秘密围控转为公开围控，与劫持者进行对话。通过谈判促使劫持者放出人质，缴械投降，或通过谈判为武力处置创造条件。

第六章 几种常见情况处置战法

第一节 队组战术

一、沟通

(一) 突出重点

警察之间加强沟通,言简意赅。

(二) 手语沟通

如果犯罪嫌疑人未察觉警方已经到场,可用隐蔽形式的手语进行沟通。注意保密,避免暴露战术意图(见图6-1-1、图6-1-2)。

图6-1-1 停

图6-1-2 突入

战术提示:

沟通时,根据现场情况选择使用沟通工具,如手机、对讲机、喊话筒等。

二、伸缩警棍与盾牌的配合战法

（一）站　位

两名警察前后掩护站位，持盾警察在前，持棍警察在后或在侧（见图6-1-3）。

图6-1-3　站位

（二）打　法

当遇犯罪嫌疑人袭击时，持盾警察以挡为攻，通过语言或肢体活动吸引其注意力；持棍警察观察目标，伺机攻击。击打部位可以选择目标的头部、持刀部位或腿部（见图6-1-4、图6-1-5）。

图6-1-4　击打

图6-1-5　击打

战术提示：

（1）持棍警察站在盾牌斜后侧，便于隐蔽和迅速击打。

（2）持盾警察挡防犯罪嫌疑人攻击的瞬间，是持棍警察击打目标的最佳时机。

（3）时刻注意犯罪嫌疑人的持刀手，如时机成熟，应该首先将凶器击落，再对其进行控制。

三、枪械与盾牌的配合战法

（一）站　位

两名警察前后掩护站位，持盾警察在前，持枪警察在后或在侧。

（二）战法配合（见图6－1－6、图6－1－7、图6－1－8、图6－1－9）

（1）当警察遭遇暴恐袭击时，持盾警察应以挡为攻，吸引其注意力，为同伴创造出枪条件。

（2）持枪警察迅速出枪，把握时机，对目标进行射击。

图6－1－6　站位

图6－1－7　移动

图6－1－8　迎击

图6－1－9　控制

战术提示：

（1）持盾警察要敢于主动站在同伴前方，利用盾牌为同伴出枪争取时间。

（2）持枪警察出枪时要与持盾警察保持一定夹角，射击角度应避开同伴。

（3）选择射击时，应在同伴与犯罪嫌疑人拉开一定距离后，再进行射击，以免误伤。

（4）形成控制局面后，持盾警察应迅速放下手中的盾牌，取出枪支与同伴进行配合，形成最大武力优势。

四、"盾、棍、叉"配合战法

（一）站　位

呈三角形站位，盾牌在中掩护。

（二）打　法（见图6–1–10）

持盾警察进行防守、持钢叉警察进行控制、持棍警察进行击打。

图6–1–10　"盾、叉、棍"对应战法

战术提示：

（1）在处置犯罪嫌疑人前，一定要做好分工，持盾警察要敢于迎击，吸引其注意力。

（2）使用叉时，主要控制胸部、腰部和腿部。

（3）根据叉的不同类型，充分发挥其拉、锁、扭、拽等功能，配合具体战法应用。

（4）当控制犯罪嫌疑人后，应先解除犯罪嫌疑人的凶器。

五、"盾、盾、棍"配合战法

（一）站　位

呈密集站位，警棍在掩护一侧。

（二）打　法

一名持盾警察吸引犯罪嫌疑人的注意力，另一名持盾警察撞击犯罪嫌疑人身体，破坏其重心，持棍警察寻找时机对其进行击打（见图6-1-11）。

图6-1-11　"盾、盾、棍"对应战法

战术提示：

（1）在处置犯罪嫌疑人前，一定要做好分工，持盾警察要敢于迎击，吸引注意力。

（2）在处置过程中，持棍警察应保持冷静，伺机击打嫌疑人腿部或者持械手。

六、两人警组棍盾配合

（一）站　位

两名警察前后掩护站位，持盾警察吸引注意力，持棍警察选择时机（见图6-1-12）。

图 6-1-12 站位

（二）打　法

持盾警察主动迎击，持棍警察在持盾警察侧后方，用棍击打对方（见图 6-1-13）。

图 6-1-13 长警棍、盾牌配合

战术提示：

（1）持棍警察站在盾牌侧后方，便于隐蔽和迅速击打。

（2）持盾警察挡防犯罪嫌疑人击砍的瞬间，是持棍警察击打的最佳时机。

（3）时刻注意犯罪嫌疑人的持刀手，有可能的话，尽量先将凶器击落，再进行控制。

七、三人警组枪械战法

（一）危险提醒

在遭遇袭击时最先发现的警察一定要大声发出危险警告，通知队友以及周边的群众。

(二) 迅速散开,出枪射击

快速呈弧形散开,三人迅速出枪射击(见图6-1-14)。

图6-1-14 三人警组枪械战法

战术提示:

(1) 彼此间要能够观察到自己队友的位置,避免火力交叉,影响队友相互掩护或撤离。

(2) 注意尽量要先转身再拔枪,不要先拔枪再转身,或者边拔枪边转身,以避免在紧张状态下,误伤自己的队友或者是周边的群众。

第二节 巡逻遇袭处置战法

一、徒步巡逻遇袭战法

(一) 遇刀斧砍杀处置

警察徒步巡逻时遇刀斧砍杀袭击,警察应相互掩护,迅速就近寻找掩体,大声提醒周围群众躲避危险,在避免火力交叉的前提下互为掩护并使用武器警械反击,同时择机向指挥中心报告现场情况。

(二) 遇爆炸装置处置

警察徒步巡逻时遇爆炸装置袭击,在判明遇袭方向的前提下,迅速原地卧倒，同时大声提醒周围群众卧倒（卧倒时脚底朝向爆炸位置），爆炸发生后或犯罪嫌疑人投掷的爆炸装置长时间未发生爆炸时，应远离爆炸装置迅速寻找掩体，躲避危险，观察判明袭击人员位置及是否有二次爆炸袭击的可能性，视现场情况使用武器警械反击。

（三）遇燃烧装置处置

警察徒步巡逻时遇燃烧装置袭击，在判明袭击方向的前提下，尽快远离遇袭地点，大声提醒周围群众躲避危险，寻找掩体或隐蔽物（勿选择车辆）并观察判明袭击人员，视现场情况使用武器警械反击。

战术提示：

（1）巡逻前警察应做好遇袭时的分工，根据不同遇袭情形设计相应站位。

（2）如只有一名暴恐人员，警察应迅速形成合力进行处置；如遇多名暴恐人员，无警力优势，则首先考虑战术撤退并请求支援。

（3）步巡时应带足装备，优先使用枪械，如果有盾牌，则由持盾牌警察先面向遇袭方向掩护。

（4）遇袭时如有人员受伤，应首先考虑掩护伤员。

（5）采取武器警械处置犯罪嫌疑人的过程中，须有警察负责掩护。

二、车辆巡逻遇袭战法

（一）戒　备

（1）机动巡逻车辆本身具有抵挡外物袭击的功能，但是如果封闭不严，容易被投入爆炸物，因此在巡逻时要将车窗关闭。

（2）在交通拥堵的位置应时刻保持警惕，防止被犯罪嫌疑人偷袭。

（3）熟悉巡逻车辆的性能，以及车门的开关方式，便于应急处置。

（4）车辆启动前需要检查一下车辆有无被动过的痕迹或可疑物品。

(二) 下　　车 (见图 6-2-1、图 6-2-2)

(1) 运兵车第一名警察下车，打开车门，持枪警戒，防止车门自动关闭影响队友下车。

(2) 当全部人员下车后，第一名下车的警察关闭车门，然后跟在队尾，对后方保持警戒。

(3) 警察要形成战术小组推进 (见图 6-2-3)。

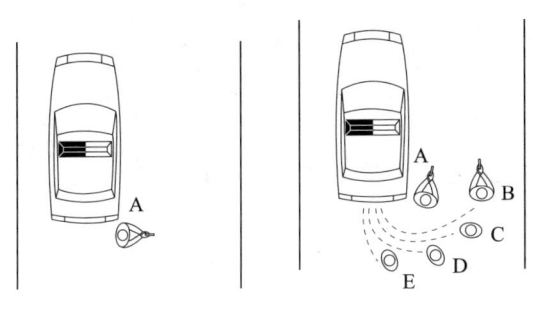

图 6-2-1　　　　　图 6-2-2

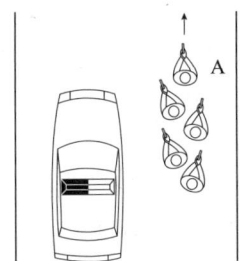

图 6-2-3

战术小组推进见图 6-2-3。

(三) 掩　　护 (见图 6-2-4)

(1) 警察可以躲在车身一侧，增加隐蔽性。

(2) 如果犯罪嫌疑人对警察砍杀，警察可以围绕巡逻车躲避或开车撤离。

(3) 可以拉响巡逻警笛吸引或逼退犯罪嫌疑人到便于处置的区域。

315

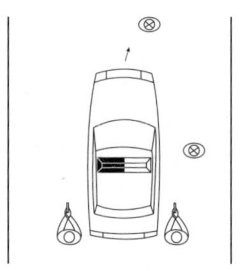

图 6-2-4 车辆掩体

（四）处　置

（1）车辆遭遇冷兵器袭击时，尽量不要远离车辆，利用车辆掩护。

（2）警察要占据车辆有利位置，利用角落，使用武器处置犯罪嫌疑人。

（3）可以利用车顶占据制高点，对犯罪嫌疑人实施打击。

（五）撤　离（见图 6-2-5）

（1）警方撤退时一定要确定路线，以免巡逻车开到死胡同，被犯罪嫌疑人合围。

（2）登车时，要有警察负责持枪警戒。

（3）如果犯罪嫌疑人携带炸弹，且距离巡逻车很近，不能把登车作为首要选择，应立刻找掩体躲避。

图 6-2-5 撤离掩护（换成运兵车）

战术提示：

（1）车辆始终不熄火，驾驶员最好不下车，或驾驶员下车后不远离。

（2）明确犯罪嫌疑人是否持有枪支或爆炸物，若持有爆炸物，则考虑将车停在远离爆炸物位置。

（3）发生暴恐袭击时，尽量不要往学校、医院等地撤离，以免产生更严重的后果。

（4）了解犯罪嫌疑人有无交通工具，如有则应考虑控制交通工具，不让犯罪嫌疑人乘车离开。

第三节　公共场所遇袭处置战法

一、针对砍杀的战法

（一）处　置

当犯罪嫌疑人砍杀群众时，首先要解救群众。先对犯罪嫌疑人进行阻挡，如利用警械、枪械或者就地取材，阻挡犯罪嫌疑人，为群众撤离争取时间。具体做法可将持防暴盾牌的警察置于前端，配合枪械和防暴棍实施防守反击，择时机进攻或撤退。

当犯罪嫌疑人追砍警察时，警察应先躲闪，避开对方的袭击，然后将犯罪嫌疑人吸引到便于处置的位置，并与其他警察组成战术小组共同对其进行处置。

战术提示：

（1）尽量选择犯罪嫌疑人不易发现的方向实施接近。

（2）在保护群众撤离时，如果群众出现慌乱或者待在原地等情况，应迅速将其带离现场。

（二）语言威慑吸引战法

在接近犯罪嫌疑人过程中，可先对其大声喊话或警告，吸引或分散犯罪嫌疑人注意力，阻止或减少其对无辜群众的进一步伤害。

战术提示：

（1）时刻保持警戒。

（2）语言要有威慑力。

（三）包抄、分割战法

该类战法通常是在警方具备较大优势的情形下使用。包抄时由部分警察吸引犯罪嫌疑人注意，其余警察迂回到犯罪嫌疑人后方和侧后方位置，将犯罪嫌疑人围在中间。完成包抄后，由处置小组将犯罪嫌疑人冲击分成若干小单元，分割处置。

战术提示：

（1）警察迂回包抄时，注意隐蔽性，正确选定迂回的方向和路线，如果有遮挡物，可考虑从遮挡物后侧绕过，以免被犯罪嫌疑人发现。

（2）包抄时警察要保持好可控制的间距，防止犯罪嫌疑人突破。

（3）包抄后，尽快形成作战小组，对犯罪嫌疑人处置。

（4）分割后要防止犯罪嫌疑人再次聚集。

二、公共场所爆炸事件处置战法

（一）遭遇投掷爆炸物袭击的处置

如果遇到犯罪嫌疑人投掷爆炸物且身边没有掩体的情况下，应立即卧倒，用盾牌护住上身及头部。做好防护后，快速观察周围是否有其他爆炸物以及犯罪嫌疑人的位置，使用武器进行还击。

战术提示：

卧倒时，应使用俯卧，将脚底朝向爆炸方向。

卧倒时，要大声提醒现场所有人员卧倒。

（二）持爆炸物威胁处置战法

将所有人员撤离到有掩体的地方躲避或远离现场。现场警察应该充分利用掩体，并出枪指向犯罪嫌疑人。如果犯罪嫌疑人企图引爆，应开枪制止，控制好现场后及时通知专业排爆人员。

战术提示:

不要贸然接近犯罪嫌疑人。

(三) 特别注意

(1) 涉爆现场处置具有较高危险性,警察应力保现场所有人员的安全。

(2) 除非依指令前往涉爆现场进行处置,否则发现涉爆现场应立即报告指挥中心。

(3) 涉爆现场发现的可疑物品、装置,均应视其为爆炸物,按程序处置。

(4) 在专业排爆人员到达之前,不要尝试拆除或移动可疑装置。

(5) 负责外围封锁的警察,应注意甄别在外围策应的犯罪嫌疑人。

(6) 注意防范犯罪嫌疑人通过爆炸设伏,引诱大批警察前往处置,再次袭击警察。

第四节 室内暴恐应对战法

一、封控战法

(一) 外围封控 (见图6-4-1)

(1) 警察封控站位可以选择建筑物拐角处,便于同时观察两侧拐角线的状况。

(2) 外围出入口、窗户等点应设专人警戒。

(3) 外围制高点设立封控点。

(4) 外围封控警察要及时沟通所观察到的情况。

(5) 外围封控尽量使用警戒带。

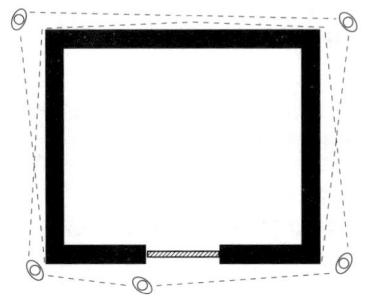

图 6-4-1 外围封控

（二）内围封控（见图 6-4-2）

（1）封控警察的站位要便于观察和撤离。

（2）出入口、电路开关处、窗户等关键点应设专人警戒。

（3）封控警察主要负责现场秩序，除非群众处于危难等不得已情况下，不要主动靠近犯罪嫌疑人，观察犯罪嫌疑人情况，并报告指挥部门。

（4）封控警察要时刻保持戒备状态。

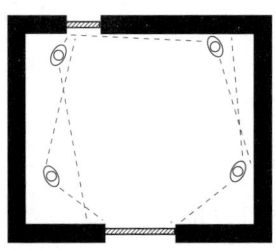

图 6-4-2 内围封控

（三）对犯罪嫌疑人的控制（见图 6-4-3）

（1）警察站位要合理，避免火力对射。

（2）警察利用武力将犯罪嫌疑人控制在安全可控区域。

（3）对犯罪嫌疑人的控制要保证警力优势。

第六章 几种常见情况处置战法

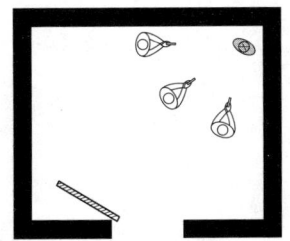

图 6-4-3 对犯罪嫌疑人的控制

战术提示：
（1）通过封控，防止暴恐事态的扩大。
（2）有效限制和掌控犯罪嫌疑人的活动空间范围。

二、室内清查战法

（一）站　位

警组 3 名警察呈"之"字形站位，相互照应，视线通透（见图 6-4-4）。

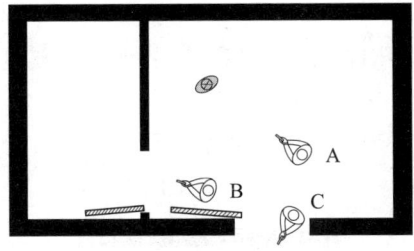

图 6-4-4 站位

（二）戒　备

注意警察间的站位及枪口指向。警察间保持安全距离并控制犯罪嫌疑人。

（三）命　令

入室警察必须将室内所有人员控制在视线范围以内，并向室内的人发出清晰的指令。

（四）室内遇袭处置

（1）遇袭警察可合理利用身旁设施阻挡犯罪嫌疑人的进攻（见图6－4－5）。

图6－4－5 利用设施阻挡

（2）在保持外围警戒的前提下，其他警察要迅速向遇袭警察靠拢增援。

（3）入室后发现室内人员数量明显多于我方警力时，应根据现场情况退出危险区域，寻求支援（见图6－4－6）。

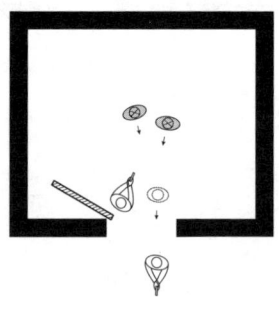

图6－4－6 两人撤离

（4）控制后，对犯罪嫌疑人实施上手铐搜身，将犯罪嫌疑人带离现场。

战术提示：

（1）充分利用建筑物结构，占据有利地形。

（2）充分利用室内物品，来制服犯罪嫌疑人。

三、撤退战法

（一）顺　　序

最接近明显威胁的警察首先撤出，然后距离危险较近的警察依次撤出，直至所有警察到达安全区域（见图6-4-7）。

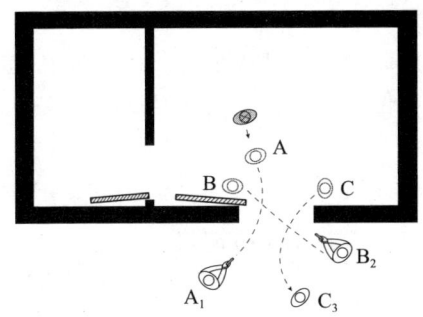

图6-4-7　撤退路线

（二）掩　　护

在人员撤退时，应始终有人负责掩护，撤退时应尽量利用掩体并避开同伴的火力线。

（三）封　　锁

当全体警察撤离后，应该建立外围封锁，请求增援。

战术提示：

（1）撤离时，加强彼此间的沟通。

（2）撤离时，不要在门口停留。

第五节　公安机关遇袭应对战法

一、应急处置战法

（一）安全警戒

（1）利用对讲机或大声呼喊，向单位全体人员发出警情警报。
（2）迅速关闭单位前后门。
（3）按响警报装置。
（4）启动预案。

（二）通信增援

（1）向上级或联动单位请求增援，确保信息及时发出。
（2）通知本单位的外勤警察迅速赶回单位支援，形成内外夹击态势。

（三）快速武装

（1）迅速领取武器并佩戴防护装备，进入战斗状态。
（2）接到指令的警察应迅速按预案要求到达指定位置，展开工作，并报告。

战术提示：
（1）要根据预案，平时注重反复演练，以备不时之需。
（2）发生暴恐袭击时不要慌乱，先观察对方情况。
（3）除非是近距离的威胁，否则以防御为主。
（4）借助现有设施进行防守和反击。

二、院外堵截战法

（一）封　控

（1）收拢外勤警察，携带武器装备，迅速向事发地集结，到达指定位置并报告。
（2）对事发现场进行外围武力封控，防止犯罪嫌疑人外逃、寻求外援。

（二）打　击

（1）依据指令实施武力打击。

（2）配合武力处置对犯罪嫌疑人实施抓捕。

（三）驱　赶

部分警察把守出入口，对企图进入院内的犯罪嫌疑人进行目标选择性打击，在无枪械的情况下可以选择使用警棍、催泪喷射器等警械，逐个驱赶。

战术提示：

（1）想办法阻止犯罪嫌疑人进入院落，可以采用鸣枪警告、语言威慑等方法。

（2）充分利用制高点。

（3）有些犯罪嫌疑人会向院内投掷爆炸物或燃烧瓶，院内警察应准备好灭火器、盾牌等以做好防护。

三、院落内抵御战法

（一）打　击

警察利用制高点、房间窗户、走廊窗户等确保整个院落在视野范围以内，使用武器警械对犯罪嫌疑人予以打击。

（二）防　御

警察把住出入口和窗户，防止犯罪嫌疑人进入建筑物，若犯罪嫌疑人试图冲进建筑物，可以使用枪械、警械、就地取材等办法来打击进入者。

（三）隐　蔽

警察迅速寻找隐蔽物或进入建筑物内，躲避犯罪嫌疑人的袭击。

战术提示：

（1）尽量拖延与犯罪嫌疑人周旋的时间，等待增援。

（2）充分利用院落的地形。

四、撤离战法

（一）隐蔽撤离

警察可选择从后门隐蔽撤离。若没有从后门撤离的可能，可以先找个隐蔽处躲避，趁犯罪嫌疑人不注意，迅速向外面跑出。

（二）协作撤离

警方利用院墙撤离时可两人协作，第一名警察踩第二名警察的肩膀，爬到墙上后，再将第二名警察拉上来，共同撤离，等待支援。

（三）掩护撤离

撤离的时候最好以小组配合形式，相互掩护撤离。

战术提示：

（1）要充分评估当时情况，有目的地进行撤离。

（2）在撤离时防止被犯罪嫌疑人围攻。

（3）若是个人撤离，建议贴着墙根走，切记不能在墙角停留。

（4）撤离后应马上和上级机关或指挥中心联系。

参考文献

[1] 罗亮. 巡逻民警警务技战术训练的几点建议 [J]. 警察实战训练研究, 2013, (1): 34-37.
[2] 何剑. 公安院校警务技能师资现状与执教能力分析 [J]. 中国人民公安大学学报 (自然科学版), 2009, (2): 102-105.
[3] 闫立新. 警务技能教官应具备的教学基本技能 [J]. 才智, 2011, (36): 117.
[4] 闫伟民. 借鉴"新木桶理论"完善警务战术教官素质之我见 [J]. 云南警官学院学报, 2008, (1): 14-17.
[5] 牛津, 高勇. 浅谈如何进行在职民警警务技战术的模拟实战训练 [J]. 北京人民警察学院学报, 2005, (4): 76-77.
[6] 蔡宏光, 徐驭虎. 对民警查缉犯罪嫌疑人的战术及方法的研究——盘查的策略与技巧 [J]. 吉林公安高等专科学校学报, 1999, (2): 9-11.
[7] 张宏伟. 香港警队的实战技能训练 [J]. 人民公安, 2008, (22): 40-42.
[8] 李建国. 警察执法战斗法律法规教程 [M]. 北京: 中国人民公安大学出版社, 2002: 21.